改正入管法対応

キャッチアップ
外国人労働者の税務

中央大学教授 酒井克彦 [編著]

ぎょうせい

はしがき

　平成30年12月8日、出入国管理及び難民認定法（入管法）改正案が国会で可決され、平成31年4月から施行されている。これは、深刻な人手不足への対応のための外国人受け入れ政策である。

　改正入管法においては、新しい「在留資格」が設けられることとなった。在留資格とは、外国人が日本に滞在中、生活したり、働いたりするために必要な資格であるが、現在は「技能実習」「家族滞在」など28種類あり、それぞれの資格ごとに、日本で行うことのできる活動や滞在できる期間が定められている。従来、働くことを認められていたのは医師や弁護士など17資格のみであり、高い専門性を必要としない「単純労働」は認められていなかった。しかしながら、近時、日本で学んだ技能を母国に伝えることを本来の目的とする「技能実習」の枠組みで滞在している外国人が、企業に事実上の単純労働者として雇用されているという現状があった。

　改正入管法では、日本語能力や仕事をするのに必要な技能を試験で確かめ、「特定技能」があると認められれば、就労資格が付与されることになる。

　この新たな「外国人労働者」制度は、インバウンドを増加させるとともに、日本経済に非常に大きなインパクトを与えるものとなることが予想され得る。もちろん、租税領域もその例外ではない。かかる新しい制度を見据えて、税理士をはじめとする租税専門家はいかに対応すべきであろうか。租税専門家としては、同制度の理解とともに、その税務に与える影響をあらかじめ検討しておく必要があろう。

　本書は、かような問題意識に立って、アコード租税総合研究所のメンバーを中心に執筆されたものである。

具体的には、第1章「入管法と租税法」において、入管法の概要及び今回の改正法の概観を行うとともに、外国人労働者に直接関わりのない消費税への影響を論じることとし、第2章「インバウンド税制」において、外国人労働者を巡る租税法の理論と実務を論じている。他方、入管法の改正は、各種の納税環境整備における租税情報制度についても大きな影響がある。そこで、第3章「情報」では、租税行政的視角から検討を加えている。そして、第4章「対談」では、外国人の申告実務に精通した成田元男米国税理士との対談を通じて、外国人納税者の現状や問題点を明らかにし、改正入管法の影響や今後税理士等の租税専門家に求められる役割などについて論じている。

　なお、このキャッチアップ・シリーズは、既にその趣旨を『キャッチアップ仮想通貨の税務』において論じたところではあるが、租税法上の理論及び実務が現状に追いついていないのではないかという不安を抱える領域について、かような状況を改善すべく、情報やそこに内在する問題点などを伝達することを目的として書籍化するものである。

　本書は、ぎょうせい社のご協力を経て出版に漕ぎつけた。アコード租税総合研究所の研究へのご理解に深く感謝申し上げたい。また、本書の校正作業においては、アコード租税総合研究所の事務局長の佐藤総一郎氏にご尽力いただいた。秘書の手代木しのぶさんには、この度も表紙のデザイン案を使わせていただいた。ここに深く御礼申し上げたい。

　　令和元年6月

　　　　　　　　　　　　　　　　　　　　　　　酒井　克彦

目 次

はしがき

凡　例

▶ 序　章

はじめに ･･ 2

1　出入国管理 ････････････････････････････････････ 3

2　外国人労働者の受入拡大策 ･････････････････ 4

　1. 外国人労働者の実態 ･･･････････････････････････ 4

　2. 入管法改正 ･･･････････････････････････････････ 7

3　入管法改正による外国人受入政策の拡充 ･････････ 8

4　本書の構成 ･･･････････････････････････････････ 10

▶ 第1章　入管法と租税法

1　入管法概要 ･････････････････････････････････ 12

　1. はじめに ･･････････････････････････････････ 12

　　⑴　日本における外国人を取り巻く状況／12

　　⑵　日本の入国管理制度／13

　　⑶　受入事業者側におけるコンプライアンスの重要性／13

　　⑷　昨今の流れと入管法の改正／14

　2. 入管法に基づく在留資格制度 ･･･････････････････ 15

　　⑴　在留資格とは／15　　　　⑵　在留資格の種類／16

　　コラム●コンビニエンスストアで働く外国人 ･･･････････ 17

　　⑶　資格外の活動に対する罰則／19　⑷　在留カード／20

　　コラム●在留資格別の就労可否判断 ･･････････････22

1

(5) 企業活動との関係で問題となりやすい在留資格／22

**コラム●外国人学生が日本でインターンシップを行う場合の
在留資格は？** ･････････････････････････････････････29

3. 入管法上の諸手続 ･････････････････････････････････30

(1) 在留資格認定証明書交付申請手続／30
(2) 上陸審査手続／30

コラム●「ビザ（査証）」と「在留資格」の関係？ ･･･････････32

コラム●転職の場合に必要となる手続 ･･･････････････････33

(3) 再入国許可／34
(4) 在留期間の更新・在留資格の変更手続／35

コラム●外国人労働者の企業内配置転換 ･････････････････36

(5) 退去強制手続／37　　　(6) 非正規在留／39

コラム●同性婚の在留資格 ･････････････････････････････40

4. 不法就労に関する罰則 ･･･････････････････････････････41

(1) 外国人労働者に対する罰則／41　(2) 受入事業者側に対する罰則／41

5. 近時の摘発事例 ･･･････････････････････････････････････42

2 入管法の改正と実務上の問題点 ･･････････････････43

1. 本改正の経緯とポイント ･･････････････････････････････43

2. 新しい在留資格（「特定技能1号」「特定技能2号」）の概要 ･･･45

(1) 在留期間、家族の帯同等／46　　(2) 雇用条件／47
(3) 技能試験等／47　　　　　　　　(4) 受入対象国／48

コラム●「特定技能」の新設に伴う特例措置 ･････････････52

3. 受入事業者側に求められること ･･･････････････････････53

(1) 受入事業者自体が満たすべき主な基準／53
(2) 受入事業者が遵守すべき主な義務／54
(3) 受け入れる際に必要な手続の概要／55

4. 出入国在留管理庁の創設等 ･･･････････････････････････58

5. 改正が実務に与える影響 ･･････････････････････････････59

(1) 適切な労務管理の必要性／59
(2) コンプライアンスリスクの増大／59

コラム●宿泊分野の在留資格は？ ‥‥‥‥‥‥‥‥‥‥‥‥ 61

　　コラム●介護分野の在留資格は？ ‥‥‥‥‥‥‥‥‥‥‥‥ 62

3 入管法と消費税等 ‥‥‥‥‥‥‥‥‥‥‥‥‥‥‥‥‥‥‥ 64

1. 消費税の課税対象 ‥‥‥‥‥‥‥‥‥‥‥‥‥‥‥‥‥‥ 64

2. 入管法の改正と消費税の取扱い ‥‥‥‥‥‥‥‥‥‥‥ 65

3. 特定役務の提供 ‥‥‥‥‥‥‥‥‥‥‥‥‥‥‥‥‥‥‥ 68

　⑴　特定役務の提供の意義／68
　⑵　特定役務の提供から除かれるもの／69
　⑶　課税方式／70

4. 国際観光旅客税との関係 ‥‥‥‥‥‥‥‥‥‥‥‥‥‥ 72

　⑴　国際観光旅客税の概要／72
　⑵　従業員が海外へ出国した際の「国際観光旅客税」を法人が負担した場合の取扱い／72
　⑶　個人事業主の海外出張に係る所得税法上の取扱い／73

▶ 第2章　インバウンド税制

1 居住者・非居住者の判断と税務 ‥‥‥‥‥‥‥‥‥‥‥‥‥ 76

1. 納税義務者の区分と外国人労働者 ‥‥‥‥‥‥‥‥‥‥ 76

　⑴　所得税法上の納税義務者の区分／76
　⑵　各区分に係る課税所得の範囲／76

2. 居住者・非居住者の判断 ‥‥‥‥‥‥‥‥‥‥‥‥‥‥ 77

　⑴　所得税法による区分／77
　⑵　居住者・非居住者判断の具体例／85
　⑶　双方居住者と租税条約／89

3. 外国人労働者に対する課税 ‥‥‥‥‥‥‥‥‥‥‥‥‥ 92

　⑴　非永住者に対する課税／92
　⑵　非居住者に対する課税／97

4. 外国人留学生及び事業等の修習者・習得者 ‥‥‥‥‥ 101

　⑴　外国人留学生、事業等の修習者・習得者の概要／101
　⑵　留学生等に対して給与を支給する場合の課税関係／102

2 移民と租税 ･････････････････････････････････ 105

はじめに･･ 105

1. 非合法移民に関する神話と事実の論争 ･････････････ 108

⑴　12の神話と事実／108
⑵　移民が税財政に与える影響等（神話①～⑥及び⑫に関連して）／110
⑶　undocumented immigrants による納税と undocumented immigrants に対する公的給付（神話⑦及び⑧に関連して）／113
⑷　移民の同化及び移民法から租税法への接続（神話⑨に関連して）／115

2. 内国歳入法に存在する移民法との結節点 ･･･････････ 119

⑴　内国歳入法から移民法への接続／119
⑵　不利益な取扱い／122

結びに代えて ･････････････････････････････････････ 124

3 外国人労働者と源泉所得税 ･･････････････････････ 129

はじめに･･ 129

1. 非居住者に対する源泉徴収制度の構造 ･･･････････ 130

⑴　国際課税の原則／130
⑵　平成26年度税制改正におけるソースルールの変更／133
⑶　源泉徴収制度の概要／135　　⑷　所得税法212条とPE／138

2. 国内法と租税条約の適用 ･････････････････････ 140

⑴　勤務等に対する報酬等課税／141
⑵　上記以外の国内源泉所得各号の定め／147
⑶　実務における注意事項／154

結びに代えて ･････････････････････････････････････ 157

4 外国人労働者を巡る租税事件 ･･････････････････ 158

はじめに･･ 158

1. 素材とする事案 ･･････････････････････････････ 158

⑴　事案の概要／158　　　　⑵　事実関係／158
⑶　争　　点／165

2. 判決の要旨 ･･･････････････････････････････････ 165

⑴　東京地裁平成17年7月21日判決／165
⑵　東京高裁平成18年3月15日判決／166

3. 事案の検討─本裁判例の意義 ・・・・・・・・・・・・・・・・・・・・・・・・・・・・・ 167

　⑴　海外人材養成派遣の運用状況／167
　⑵　契約解釈における当事者の内心的意思の模索／167

4. 実態観察 ・・ 168

結びに代えて ・・・ 171

第3章　情　　報

1　国外財産調書 ・・ 174

はじめに ・・・ 174

1. 国外財産調書制度の趣旨、概要 ・・・・・・・・・・・・・・・・・・・・・・・・・・ 175

　⑴　国外財産調書を提出しなければならない者／175
　⑵　国外財産の意義／175　　　⑶　国外財産の価額／177
　⑷　外貨で表示されている国外財産の円換算／178
　⑸　義務違反者に対する加算税の加重、ペナルティ等／181
　⑹　国外財産調書の提出状況等／182

2. 財産債務調書との関係 ・・・・・・・・・・・・・・・・・・・・・・・・・・・・・・・・・・・・ 184

3. 国外送金等調書との関係 ・・・・・・・・・・・・・・・・・・・・・・・・・・・・・・・・・ 188

　⑴　制度の概要／188　　　　⑵　報告対象とされる送金／188

4. 諸外国における国外財産調書制度の概要 ・・・・・・・・・・・・・・ 190

5. 在留外国人と国外財産調書制度 ・・・・・・・・・・・・・・・・・・・・・・・・ 192

　⑴　在留外国人／192　　　　⑵　国外財産調書制度との関係／193

　結びに代えて ・・・ 194

2　外国人労働者を巡る情報・税務調査 ・・・・・・・・・・・・・・・・・・ 195

はじめに ・・・ 195

1. 外国人労働者を巡る租税情報 ・・・・・・・・・・・・・・・・・・・・・・・・・・・ 197

　⑴　法定調書／197
　⑵　法定調書に対する質問検査権─法定監査／200
　⑶　国外送金法に定める情報収集の限界／201
　⑷　租税条約等に基づく情報交換／202

5

2. 外国人労働者を巡る課税実務 ・・・・・・・・・・・・・・・・・・・・・・・・・・・ 203

(1) 在留資格と国内源泉所得に係る源泉徴収義務の判定―「研修」と「技能実習」
／204
(2) 在留資格と異なる活動による国内源泉所得該当性―「興行」／208
(3) 国外居住親族に係る扶養控除等の適用／211

結びに代えて ・・・ 214

▶ 第4章　対　談 「外国人納税者の実際の状況」

● はじめに ・・ 216
● アメリカの内国歳入庁の取組み ・・・・・・・・・・・・・・・・・・・・・ 217
● 日本の現状と課題 ・・・・・・・・・・・・・・・・・・・・・・・・・・・・・・・ 219
● 外国人納税者の特徴 ・・・・・・・・・・・・・・・・・・・・・・・・・・・・・ 220
● 納税者の情報 ・・・・・・・・・・・・・・・・・・・・・・・・・・・・・・・・・・ 223
● 納税者の納税意識 ・・・・・・・・・・・・・・・・・・・・・・・・・・・・・・ 228
● 退職金と年金に係る源泉徴収の問題 ・・・・・・・・・・・・・・・・・ 231
● 外国人の相続税の問題 ・・・・・・・・・・・・・・・・・・・・・・・・・・・ 232
● 国籍の問題 ・・・・・・・・・・・・・・・・・・・・・・・・・・・・・・・・・・・・ 234
● 在留資格・国籍に係る取扱いと租税法への影響 ・・・・・・・・ 237
● 外国人との契約での留意点 ・・・・・・・・・・・・・・・・・・・・・・・ 240
● アメリカの税務調査 ・・・・・・・・・・・・・・・・・・・・・・・・・・・・・ 242
● 今後、税理士に求められる役割 ・・・・・・・・・・・・・・・・・・・・ 244

あとがき

著者紹介

凡　例

　本書では、本文中は原則として正式名称を用い、主に（　）内において下記の略語を使用している。

　また、読者の便宜を考慮し、判決・条文や文献の引用において、漢数字等を算用数字に変え、必要に応じて3桁ごとにカンマ（,）を入れるとともに、「つ」等の促音は「っ」等と小書きしている。

　なお、引用文献や判決文等の下線ないし傍点は特に断りのない限り筆者が付したものである。

〔法令・通達等〕

憲・・・・・・・・・・・・・・日本国憲法

民・・・・・・・・・・・・・民法

通　　法・・・・・・・・国税通則法

所　　法・・・・・・・・所得税法

所　　令・・・・・・・・所得税法施行令

所　　規・・・・・・・・所得税法施行規則

所 基 通・・・・・・・・所得税基本通達

法　　法・・・・・・・・法人税法

消　　法・・・・・・・・消費税法

消　　令・・・・・・・・消費税法施行令

消 基 通・・・・・・・・消費税法基本通達

技能実習法・・・・・・外国人の技能実習の適正な実施及び技能実習生の保護に関する法律

国外送金法・・・・・・内国税の適正な課税の確保を図るための国外送金等に係る調書の提出等に関する法律

国外送金法令・・・・・内国税の適正な課税の確保を図るための国外送金等に係る調書の提出等に関する法律施行令

国外送金法規・・・・・内国税の適正な課税の確保を図るための国外送金等に係る調書の提出等に関する法律施行規則

国外送金法通達‥‥内国税の適正な課税の確保を図るための国外送金等に係る調書の提出等に関する法律（国外財産調書及び財産債務調書関係）の取扱いについて（法令解釈通達）

実施特例法‥‥‥‥租税条約の実施に伴う所得税法、法人税法及び地方税法の特例等に関する法律

実施特例省令‥‥‥租税条約の実施に伴う所得税法、法人税法及び地方税法の特例等に関する法律の施行に関する省令

入 管 法‥‥‥‥‥出入国管理及び難民認定法

番 号 法‥‥‥‥‥行政手続における特定の個人を識別するための番号の利用等に関する法律

復興財源確保法‥‥東日本大震災からの復興のための施策を実施するために必要な財源の確保に関する特別措置法

労 基 法‥‥‥‥‥労働基準法

観光Q&A‥‥‥‥国際観光旅客税に関するQ&A

国境Q&A‥‥‥‥国境を越えた役務の提供に係る消費税の課税の見直し等に関するQ&A

〔判例集・雑誌〕

民 集‥‥‥‥‥最高裁判所民事判例集

集 民‥‥‥‥‥最高裁判所裁判集民事

訟 月‥‥‥‥‥訟務月報

税 資‥‥‥‥‥税務訴訟資料

判 タ‥‥‥‥‥判例タイムズ

税 弘‥‥‥‥‥税務弘報

ジ ュ リ‥‥‥‥ジュリスト

税大論叢‥‥‥‥税務大学校論叢

法 時‥‥‥‥‥法律時報

〔文献〕

金子・租税法‥‥‥金子宏『租税法〔第23版〕』（弘文堂2019）

水野・大系‥‥‥‥水野忠恒『大系租税法〔第2版〕』（中央経済社2018）

序章

序章

　本邦に入国し、又は本邦から出国する全ての人の出入国及び本邦に在留する全ての外国人の在留の公正な管理を図るとともに、難民の認定手続を整備することを目的とする法律に「出入国管理及び難民認定法」（昭和26年政令第319号）があるが、この度同法が改正された。平成31年4月から施行されるこの改正入管法による、新しい「在留資格」では、日本語能力や仕事をするのに必要な技能を試験で確かめ、「特定技能」があると認められれば、就労資格が付与されることになる。

　この新たな「外国人労働者」制度の施行によって、インバウンドの増加が見込まれており、我が国が抱えている労働人口の減少を補うことが期待されている。インバウンドの増加は、経済全体、社会構造などに様々な影響を及ぼすこととなると思われるが[1]、租税領域におけるインパクトも決して小さくないであろう。

　本書において、改正入管法の租税法や課税実務領域に与える影響を学習する前に、まず、入管法周りの状況について簡単に概観することとしよう（詳しくは後述の各章の記述を確認されたい。）。

---

[1] インバウンドには、外国人労働者のみならず、もちろん観光客も含まれる。観光立国を目指す政府施策に関する記述は、本書の直接の射程範囲ではないものの、観光客インバウンドの増加の影響にも、租税専門家は関心を寄せざるを得ない。かかる影響に関する経済的観察として、例えば、牧野知弘『インバウンドの衝撃―外国人観光客が支える日本経済』（祥伝社新書2015）など参照。

1 出入国管理

入管法9条《上陸許可の証印》1項は、「入国審査官は、審査の結果、外国人が…上陸のための条件に適合していると認定したときは、当該外国人の旅券に上陸許可の証印をしなければならない。」とし、同条7項は、「外国人は、…上陸許可の証印…を受けなければ上陸してはならない。」と規定する。

ここにいう「上陸許可の証印」には、外国人に対して日本への入国を認めるという意味があるが、換言すれば、日本政府の許可を得なければ外国人は入国することができないのである。かかる許可はこれまで法務省入国管理局の入国審査官が行ってきたが、かかる審査官は、平成31年4月からは出入国在留管理庁に所属することとなった。

外国人とは、「日本の国籍を有しない者をいう。」ため（入管法2二）、国籍の有無によって、日本政府の入国の許可を受けなければ入国できないのかそうではないのかの差異が生じることになるのである。

我が国は、入国管理に関して、鎖国でもなければ完全開国でもない、「出入国管理」の立場を採用している。すなわち、在留が認められるべき外国人については入国・在留を認め、それ以外の外国人については入国・在留を認めないという立場である。

序章

2 外国人労働者の受入拡大策

1. 外国人労働者の実態

　ここ数年、工事現場、コンビニエンスストアや旅館、居酒屋などで外国人労働者を目にする機会が格段に増えた[2]。外国人労働者が、人手不足を補う安い労働力として過酷な労働市場で酷使されているという報道などにも触れることが多い。平成24年には、国際機関や国際労働機関（ILO：International Labour Organization）から是正勧告を受け、日本の技能実習制度が外国人労働者を適正に処遇していないとして非難されたことや、徳島県の縫製工場で働く外国人女性の実習生14名が未払賃金や慰謝料を求めて訴訟を提起したことなども大きく報道された[3]。厚生労働省は平成25年10月に「外国人技能実習制度の見直しについて」において、外国人労働者の労働時間の長さや、残業代・賃金の未払い、労働安全衛生法違反などについても言及している。

　その後、平成25年に、厚生労働省は、実習生に対する重大な人権侵害行為については不正行為として認定し、受入れ停止期間を3年間から5年間に延長したり、実習生から保証金や違約金を徴収したりすることを禁じるなど、制度改革に取り組んできた。

　平成27年1月には、日本で働く外国人の数が初めて100万人を超え108万人に達した（図表1参照）[4]。

2　芹澤健介『コンビニ外国人』（新潮新書2018）参照。

3　彼女らが日本に来る前に見た派遣会社の広告には、「週6日勤務、基本給が保証される。残業代は午後5時以降で、残業代は研修生の間は1時間300円、実習生になったら1時間420円」とされており、彼女らは、派遣会社に手数料約40万円、保証金15万円を支払い、さらに、来日当初9か月の給与から毎月4万円を支払うことになっていたという（板垣淑子＝小林竜夫『外国人労働者をどう受け入れるか―「安い労働力」から「戦力」へ―』60頁（NHK出版新書2017））。平成26年12月、徳島地裁は、原告14人全員に未払い分2,500万円を支払うよう判決を下した。

4　板垣＝小林・前掲注3、83頁の図に厚生労働省発表の「外国人雇用状況」を参考に筆者が修正を加えている。

2 ▶▶▶ 外国人労働者の受入拡大策

図表1　外国人労働者数の推移

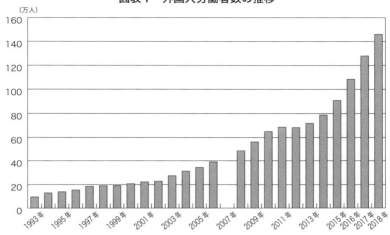

平成19年（2007年）は「外国人雇用状況の届出」が全ての事業主に義務化され、制度の移行期に当たるため、公式な統計は発表されなかった。
（出所）厚生労働省　平成18年（2006年）までは「外国人雇用状況報告」、平成20年（2008年）以降は「外国人雇用状況の届出状況」

図表2　外国人労働者の累計

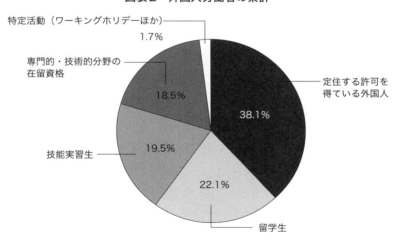

（出所）板垣淑子＝小林竜夫『外国人労働者をどう受け入れるか─「安い労働力」から「戦力」へ─』83頁（NHK出版新書2017）

序章

　日本に滞在する在留資格（ビザ）を有する受入れ外国人のうち、全体の38.1％という大きな割合を占めているのが（**図表2参照**）[5]、日系人や日本人の配偶者がいるなどの理由で定住許可を得ている外国人であるが、次に多いのが留学生である。いわゆる「出稼ぎ留学生」である[6]。留学生は1週間に就労できるのが28時間以内とされているが、不法に上限を超えて働くケースも多い[7]。そして、技能実習生も多い（技能実習制度については、**第2章4.**〔酒井執筆〕も参照）、この実習生はフルタイムで働くことができ、残業も認められている[8]。全体の19.5％を占め、21万人以上に上っている。

✍　入管法別表第一は、外国人の技能実習の適正な実施及び技能実習生の保護に関する法律（平成28年法律第89号）8条1項の認定を受けた技能実習計画に基づいて、講習を受け、及び技能、技術又は知識に係る業務に従事する活動等を対象として、在留資格を認めている。ここにみるように、技能実習法が定めるルールに従ったものが技能実習として認められることになるのであるが、かかる法律の目的とするところを確認しておきたい。

> **技能実習法1条**《目的》
> 　この法律は、技能実習に関し、基本理念を定め、国等の責務を明らかにするとともに、技能実習計画の認定及び監理団体の許可の制度を設けること等により、出入国管理及び難民認定法…その他の出入国に関する法令及び労働基準法…、労働安全衛生法…その他の労働に関する法令と相まって、技能実習の適正な実施及び技能実習生の保護を図り、もって人材育成を通じた開発途上地域等への技能、技術又は知識（以下「技能等」という。）の移転による国際協力を推進することを目的とする。

　実際は、不法に就労する外国人も多いであろうことからすると、統

5　板垣＝小林・前掲注3、83頁。
6　板垣＝小林・前掲注3、82頁。
7　偽装留学生については、例えば、出井康博『移民クライシス―偽装留学生・奴隷労働の最前線』19頁〔角川新書2019〕なども参照。
8　技能実習生の実態については、芹澤・前掲注2、99頁、望月優大『ふたつの日本―「移民国家」の建前と現実』111頁〔講談社現代新書2019〕なども参照。

計には表れない労働者もいるのであろう。租税法上は、仮に違法に労働をしていたとしても、彼らが得た所得に対して課税されることになるし、あるいは彼らに支払った対価も課税関係に影響を及ぼし得るのであるから、統計以上に経済の実態に触れる必要があろう[9]。

2. 入管法改正

そのような中、平成30年の秋、政府は外国人労働者の受入れ拡大のための入管法改正案を国会に提出し、それが成立した。このインパクトは各方面において非常に大きいものである。

なぜ、外国人労働者の受入れをする必要があるのか、労働力が不足しているとしても、なぜ、その不足を外国人に頼らなければならないのかという入管法改正の立法事実を確認する必要があろう。

ところで、外国人はそれぞれの在留資格において認められた活動の範囲内で生活することとなる。その活動の中に就労することができることが含まれていれば、その範囲内においてのみ仕事ができることになる。かかる「活動」として定められた在留資格は、次のとおり、24種類ある（このうち、「文化活動」「短期滞在」「留学」「研修」「家族滞在」では就労が認められていない。ただし、資格外活動許可制度によりアルバイトが可能となっている[10]。）。

> 外交、公用、教授、芸術、宗教、報道、高度専門職、経営・管理、法律・会計業務、医療、研究、教育、技術・人文知識・国際業務、企業内転勤、介護、興行、技能、技能実習、文化活動、短期滞在、留学、研修、家族滞在、特定活動

これに加えて、平成31年4月から「特定技能」が加わることとなったのである。

---

9 外国人労働者の実態に関しては、例えば、安田浩一『ルポ　差別と貧困の外国人労働者』（光文社新書2010）
10 これが、外国人アルバイトが多く存在することの理由の1つである。

序章

▶**3** 入管法改正による外国人受入政策の拡充

　未来投資戦略2018（平成30年6月15日閣議決定）は、「新たに講ずべき具体的施策」として、次のように、高度外国人材の受入れ促進策を提案した。これは、特定技能を有する外国人を受け入れるという施策である。

---

①　外国人留学生等の国内就職促進のための政府横断的な取組

ア）　外国人留学生などの外国人材受入れ施策の有機的連携

　　我が国企業のニーズに応じた外国人留学生などの外国人材の受入れを促進するべく、関係府省庁間での連携を深め、関係省庁による以下の様々な施策等を統合的に実施するための体制を構築する。

・在外公館、日本貿易振興機構（JETRO）、国際交流基金、日本学生支援機構（JASSO）などの海外事務所及び国内大学の海外拠点の緊密な連携の下、入国前に日本語教育を提供するとともに、大学等での教育研究、卒業後の就職などのキャリアパスをはじめとした日本留学の魅力を統合的に発信し、一気通貫で日本への送り出しにつなげる体制を構築する。

・大学・企業・自治体等の連携の下、外国人留学生と中堅・中小企業双方の事情に精通する専門家の活用等を通じ、地域の中堅・中小企業のニーズを踏まえた専門教育や、ビジネス日本語・キャリア教育等日本企業への就職に際し求められるスキルを在学中から習得させるとともに、インターンシップ、マッチング事業等を通じて国内企業への就職につなげる仕組みを作る。また、留学生と企業とのマッチングの機会を設けるため、ハローワークの外国人雇用サービスセンター等の増設により、留学生と企業とのマッチングを推進する。

イ）　JETROのプラットフォームを通じた分かりやすい情報発信・ワンストップサービスの提供

関係府省庁間の連携の下、各施策の有機的な連携を図るための仕組みとして、JETROによるプラットフォームを本年度から始動し、来年度から本格稼働させる。

・日本の生活・就労環境、入管制度、高度外国人材の採用に関心がある中堅・中小企業等の情報、日本での就労を希望する外国人留学生が在籍する大学等の情報など一連の情報とともに、関係省庁等が実施するインターンシップ、ジョブフェア、セミナーなどの各種イベント情報をJETROに集約し、外国人及び我が国企業双方の目線に立った分かりやすい形で発信するポータルサイトを構築する。

・企業や高度外国人材・外国人留学生からの採用や就労に関する問い合わせを一元的に回答するワンストップサービスを提供する。

② **高度外国人材の受入れ拡大に向けた入国**

・在留管理制度等の改善・外国人留学生の国内での就職を支援するため、一定の基準を満たす企業に就職予定の留学生については、在留資格変更申請時に提出する資料の簡素化を図るとともに、地方入国管理局に留学生の就職支援に係る専用の相談窓口を設け、在留資格変更申請に係る様々な事前相談に対応する。また、「高度人材ポイント制」について、特別加算の対象大学の拡大等の見直しを行う。

具体的には、入管法改正の章において説明するが、これまで以上の外国人労働者の受入れを可能とする法整備が進んだわけである。

他方、前述のとおり、違法在留であったとしても、課税所得が発生すれば、その外国人の在留資格や入管法に対する違法性の有無にかかわらず、所得課税はなされることになる。

序章

▶**4** 本書の構成

　本書は、アコード租税総合研究所及びファルクラム租税法研究会の
メンバーを中心に執筆したものであるが、次のような構成によってい
る。

第1章　入管法と租税法
1　入管法概要
2　入管法の改正と実務上の問題点
3　入管法と消費税等

第2章　インバウンド税制
1　居住者・非居住者の判断と税務
2　移民と租税
3　外国人労働者と源泉所得税
4　外国人労働者を巡る租税事件

第3章　情　報
1　国外財産調書
2　外国人労働者を巡る情報・税務調査

第4章　対　談
成田元男米国税理士との対談
　——外国人確定申告・法定調書等の対応、税務調査等の特徴的な事柄、
そこにおける苦労話、普段、特に注意していることなどを対談形式でお
伺いする。

〔酒井　克彦〕

第1章

入管法と租税法

第1章 ▶▶▶ 入管法と租税法

1 入管法概要

1. はじめに

(1) 日本における外国人を取り巻く状況

　昨今、街中の飲食店やコンビニエンスストアにおいて働く外国人を頻繁に見かけるようになった。厚生労働省の統計によると、日本における外国人労働者の数は、右肩上がりに増え続けており、外国人労働者を受け入れている業界も、製造業、宿泊業、飲食サービス業等、多岐にわたる（図表1参照）。少子化等に伴う慢性的な労働力不足を背景に、我が国では、当面は、このような外国人労働者の力なくしては、必要とされる労働力の確保が困難な状況が続くとされている。一方で、「技能実習生」や「留学生」として来日した外国人に関し、不適切な労務管理や許可外業務への従事を理由に、受入事業者が摘発される事件が相次ぐ等、外国人労働者の受入れを巡る多くの問題点が浮上してきている。

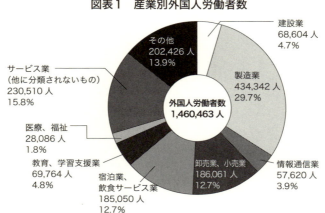

図表1　産業別外国人労働者数

（出所）厚生労働省HP「外国人雇用状況」の届出状況まとめ（平成30年10月末現在）（https://www.mhlw.go.jp/content/11655000/000472892.pdf〔2019年6月26日訪問〕）

⑵　日本の入国管理制度

　出入国管理の制度は国により異なるが、日本は、米国、韓国等と同様あらかじめ数種の「在留資格」を規定し、かかる在留資格に該当しない外国人には、入国のためのビザ（査証）を発行しないという在留資格制度を採用している。こうした、在留資格を含めた出入国に関する実体的側面及び入国、在留から出国に至るまでに発生する手続、退去強制の手続、難民認定等につき規定しているのが、「出入国管理及び難民認定法」という法律である。入管法は、日本に入国し、又は日本から出国する全ての人の出入国の公正な管理を図るとともに、難民の認定手続を整備することを目的としている（入管法1）。

　入管法に規定されている手続の詳細は、「出入国管理及び難民認定法施行令」及び「出入国管理及び難民認定法施行規則」（以下「入管法施行規則」という。）において細かく規定されている。なお、出入国管理は、行政裁量が広く働く分野であり、数多くの審査基準や処分基準が存在する。一般に公開されている「在留資格の変更、在留期間の更新許可のガイドライン」や「在留特別許可に係るガイドライン」といった裁量基準も存在するが、「入国・在留審査要領」のように情報公開請求による開示を求めて初めて開示されるもの（開示されたとしても、一部黒塗りとなる場合が多い。）も存在する。よって、法令の規定のみならず、こうした裁量基準の制定及び改廃に関しても目配りする必要がある。

⑶　受入事業者側におけるコンプライアンスの重要性

　日本における労働力不足が深刻化し、外国人労働者への依存度が高まる一方で、国際的な人材獲得競争も年々激化している。この点、外国人労働者を雇用する際には、当該外国人の雇用ないし雇用の継続が、入管法、労働法、租税法等の適用される法令上適法なものであるか、十分確認する必要がある。特に、外国人を雇用する場合において、日

第1章 ▶▶▶ 入管法と租税法

本人を雇用する場合と決定的に異なるのは、外国人は「在留資格」で許容された範囲内でしか日本における労働が認められてないという点である。必要とされる在留資格を得ていない外国人を雇用する等、違法に外国人労働者の雇用を行ったことを理由に、入管法をはじめとする関連法令の違反に問われる事例が、誰でも名前を知っているような大企業を含め数多く報道されている。

摘発事例の多くは、受入事業者側が、現場レベルにおいて、外国人労働者の受入れに関する法規制を正しく理解していないことに起因するものであると考えられる。入管法は、その内容自体が複雑であることに加え、改正も非常に多いことから、タイムリーにその規制内容及び実務運用を把握するのは容易なことではない。しかしながら、マスメディアにより不法就労の事実等が公表されれば、そのことによるレピュテーションリスクは甚大であり、場合によっては、後述する不法就労助長罪（入管法73の2）といった刑事罰の対象にもなり得ることから、受入事業者においては、関連法令をしっかりと理解するとともに、常にアップデートしておくことが肝要である。

なお、摘発事例の中には、受入事業者側が、当該外国人労働者が就労可能な在留資格を有していないことを知らなかったとの主張をするケースが見受けられるが、当該外国人労働者が受入事業者に対し虚偽の事実を告げた場合においても、受入事業者側において、在留カード（**2.(4)**において詳述する。）等を確認する等の注意義務を尽くすことなく雇い入れていた場合には、当該受入事業者は不法就労助長罪（入管法73の2）に問われる可能性があることから注意が必要である。

⑷　昨今の流れと入管法の改正

平成30年12月8日の臨時国会において、「出入国管理及び難民認定法及び法務省設置法の一部を改正する法律」が成立し、同年12月14日に公布され、平成31年4月1日より施行された（以下「本改正」

という）。本改正により、一定のスキルを有する外国人労働者の受入れを加速するための新たな在留資格である「特定技能」（詳細は後述）が新設された。なお、日本は、長らく単純労働者は受け入れないという政策をとってきたが、本改正によってもかかる立場は維持されており、あくまで一定の技能を有する外国人労働者を受け入れることを目的とする改正である。本改正を巡っては、単純労働者の受入れにつながり国内労働者の雇用機会が奪われる、外国人労働者の受入れ体制が不十分であるといった多くの批判が寄せられた。しかし、野党側が法案提出から1か月あまりという短期間の審議は拙速であるとして強く反発する中で、本改正は、強行採決により可決、成立した。

新たな在留資格の創出により、今後外国人労働者の流入が加速し、それに伴う法的ないし実務上の課題が生じることが予測される。このような状況を踏まえ、本節において、外国人雇用の基本である在留資格についての現行制度の概要及びその留意点等を概説し、続いて次節において、本改正により追加された新たな在留資格（「特定技能」）につき紹介する（本書45頁参照）。

2. 入管法に基づく在留資格制度

(1) 在留資格とは

日本に入国しようとする外国人は、入管法に定める在留資格を有することの審査を受けなければならず、原則として、一定の在留資格をもって日本に在留するものとされている（入管法2の2①）。在留管理制度は、法務大臣が在留資格を持って日本に中長期間在留する外国人を対象として、その在留状況を継続的に把握し、外国人の適正な在留の確保を図ろうとするものである。

在留資格は、後述するように、入管法別表第一及び第二に掲げられているところ、入管法別表第一においては、仕事や学業といった日本で行う活動の内容に着目した在留資格が規定されており、同別表第二

15

第1章 ▶▶▶ 入管法と租税法

においては、日本における配偶者の存在を理由とするもの等、日本との結び付きを理由とする在留資格が規定されている。それぞれの在留資格に応じて、日本で行うことができる活動内容が制限されているとともに、在留期間が定められている（入管法2の2②③、19）。入管法別表第一の在留資格に関しては、就労の可否、範囲、認められる在留期間等が在留資格の種類により異なるため特に注意が必要である。例えば、後述する「短期滞在」という在留資格では就労は認められていないことから、短期滞在の在留資格で在留している外国人が就労した場合には、入管法違反となり、後述するように罰則の対象となる。

　入管法は、ある外国人が日本に在留するに当たり、1つの在留資格とそれに基づく1つの在留期間が決定されることを前提としており、複数の種類の在留資格や期間の異なる数個の在留資格が同時に認められることは想定していない（一般に、「一在留一在留資格の原則」と呼ばれる。）。よって、上陸、在留資格変更、在留期間更新のいずれの許可においても、在留資格及び在留期間は一個のみである。

(2) 在留資格の種類

　各在留資格及びその活動範囲については**図表2**（18頁参照）のとおりである。在留資格を決定する場合には、必ずその在留資格に対応する在留期間が定められる（入管法2の2③、9③、19の4①三、20④、21④）。

　外国人労働者を受け入れる際に重要なのは、当該外国人の保有する在留資格により、就労が認められているか否か、及び認められる就労の範囲につき確認することである。まず、在留資格には、制限なく就労ができる資格と、一定の範囲に限って就労ができる資格が存在する。前者は、入管法別表第二に規定されている「永住者」、「日本人の配偶者等」、「永住者の配偶者等」、「定住者」及び入管特例法に規定する「特別永住者」である。後者は、同別表第一の一、二及び五に規定されて

16

おり、本改正により追加された新たな在留資格である「特定技能」も後者に分類される在留資格である（入管法19①一）。

(注) なお、別表第一の五に規定されている「特定活動」の中には、富裕層の観光保養目的の長期滞在（特定活動告示40号）等、就労が予定されていないものも一部含まれる。

また、就労ができない在留資格は、入管法別表第一の三及び四に規定されており「文化活動」、「短期滞在」、「留学」、「研修」、「家族滞在」が該当する（入管法19①二）。なお、就労に制限がある在留資格や就労ができない在留資格であっても、法務大臣から、資格外活動許可を得た場合は、当該許可の範囲内での就労が認められる（入管法19②）。

コンビニエンスストアで働く外国人

コンビニエンスストアで働く外国人の大半は、資格外活動許可を得てアルバイトとして働く留学生である。コンビニエンスストアは、後に詳述する「技能実習」や本改正で導入される「特定技能」といった在留資格の対象外であるため、今後も留学生のアルバイトに頼らざるを得ない状況は続くものと考えられる。外国人留学生を雇用する場合、留学生の資格外活動は週28時間以内（長期休業期間にあるときは1日8時間以内）（入管法19②、入管法規19⑤一）に制限されている点に注意する必要がある。この制限に例外はなく、例えば、労働基準法36条（時間外及び休日の労働）に基づく労使協定（いわゆる「36協定」）を締結したとしても、かかる時間制限を超えて、労働させた場合、入管法違反となる。特に、他でもアルバイトをしている留学生がそのことを自発的に申告しない場合、知らずに28時間を超えて労働をさせてしまい、雇用主が不法就労助長罪（入管法73の2）に問われる可能性も否定できない。よって、留学生を雇用する場合には、当該学生に対し、他での雇用の有無を申告させるべきである。

第1章 ▶▶▶ 入管法と租税法

図表2　在留資格一覧表

在留資格	該当例	在留期間	分類
外交	外国政府の大使、公使等及びその家族	外交活動を行う期間	
公用	外国政府等の公務に従事する者及びその家族	5年、3年、1年、3月、30日又は15日	
教授	大学教授等	5年、3年、1年又は3月	
芸術	作曲家、画家、作家等	5年、3年、1年又は3月	
宗教	外国の宗教団体から派遣される宣教師等	5年、3年、1年又は3月	
報道	外国の報道機関の記者、カメラマン等	5年、3年、1年又は3月	
高度専門職	ポイント制による高度人材	1号は5年、2号は無期限	
経営・管理	企業等の経営者、管理者等	5年、3年、1年、4月又は3月	
法律・会計業務	弁護士、公認会計士等	5年、3年、1年又は3月	
医療	医師、歯科医師、看護師等	5年、3年、1年又は3月	
研究	政府関係機関や企業等の研究者等	5年、3年、1年又は3月	
教育	高等学校、中学校等の語学教師等	5年、3年、1年又は3月	就労が認められる在留資格（活動制限あり）
技術・人文知識・国際業務	機械工学等の技術者、通訳、デザイナー、語学講師等	5年、3年、1年又は3月	
企業内転勤	外国の事業所からの転勤者	5年、3年、1年又は3月	
介護	介護福祉士	5年、3年、1年又は3月	
興行	俳優、歌手、プロスポーツ選手等	3年、1年、6月、3月又は15日	
技能	外国料理の調理師、スポーツ指導者等	5年、3年、1年又は3月	
技能実習	技能実習生	1号は1年を超えない範囲で法務大臣が指定する期間、2号及び3号は2年を超えない範囲で法務大臣が指定する期間	
特定活動	外交官等の家事使用人、ワーキングホリデー等	告示に基づく特定活動は5年、3年、1年、6月又は3月、EPA看護師及び介護福祉士は3年又は1年、告示外特定活動は5年を超えない範囲で法務大臣が指定する期間	

18

在留資格	該当例	在留期間	分類
特定技能	相当程度の知識又は経験を必要とする技能を有する者であり、ある程度日常会話ができ、生活に支障がない程度の日本語能力を有する者	1号は1年、6月又は4月（通算5年まで）、2号は3年、1年又は6月（更新の上限なし）	
永住者	永住許可を受けた者	無期限	
日本人の配偶者等	日本人の配偶者、実子、特別養子	5年、3年、1年又は6月	身分・地位に基づく在留資格（活動制限なし）
永住者の配偶者等	永住者・特別永住者の配偶者、日本で出生し引き続き在留している実子	5年、3年、1年又は6月	
定住者	日系3世、第三国定住難民等	告示に基づく定住者は5年、3年、1年又は6月、告示外定住者は5年を超えない範囲で法務大臣が指定する期間	
文化活動	日本文化の研究者等	3年、1年、6月又は3月	就労が認められない在留資格（資格外活動許可を受けた場合に一定の範囲で就労が可能）
短期滞在	観光客、会議参加者等	90日、30日又は15日	
留学	大学、専門学校、日本語学校等の学生	4年3月、4年、3年3月、3年、2年3月、2年、1年3月、1年、6月又は3月	
研修	研修生	1年、6月又は3月	
家族滞在	就労資格等で在留する外国人の配偶者、子	5年、4年3月、4年、3年3月、3年、2年3月、2年、1年3月、1年、6月又は3月	

⑶　資格外の活動に対する罰則

　必要とされる在留資格なく就労した場合は、以下に述べるとおり、入管法違反となり、違法な就労活動を行った当該外国人のみならず、受入事業者側にも罰則規定が置かれている。すなわち、外国人に不法就労活動をさせた者には、不法就労助長罪が適用される可能性がある（入管法73の2）。特に注意すべきなのは、不法就労助長罪は、当該外国人の就労が違法なものであることを知らなかったとしても、知らなかったことに過失がある場合（例えば、在留カードの確認を怠った場合等）には、責任を免れない点である（入管法73の2②）。このような観点から、後述する在留カードに記載されている就労可能な範囲

19

第1章 ▶▶▶ 入管法と租税法

等につき、入念な確認が必要である。また、資格外活動の許可が付されている場合には、在留カード裏面の資格外活動許可欄の確認も怠らないよう注意が必要である。

⑷ **在留カード**

在留資格を有しているか否か及びその具体的内容は、当該外国人が保有している「在留カード」と呼ばれるカードで確認することができる。在留カードは、入管法上の在留資格を持って日本に中長期間在留する外国人（中長期在留者）に対し、上陸許可や在留資格の変更許可、在留期間の更新許可等の在留に係る許可に伴って交付されるものである（入管法19の3）。中長期在留者は在留カードを所持して日本に在留することとなり、日本人と同様に住民基本台帳制度の対象となる。なお、中長期在留者に該当しない外国人には在留カードが発行されないが、その場合は、パスポート（旅券）に貼付される上陸許可シールに在留資格及び在留期間が記載されるため、パスポート（旅券）を確認する必要がある。

在留カードには、写真が表示（有効期限が16歳の誕生日以前の日までとして交付された在留カードを除く。）されるほか、身分事項、住居地、在留資格、在留期間及びその満了の日、在留カードの有効期間の満了の日、就労制限の有無等が記載される（入管法19の4）。また、記載事項に変更があった場合には変更の届出が義務付けられている（入管法19の8、19の9、19の10）。

図表3のとおり、在留カードの表面には「就労制限の有無」がはっきりと記載されており、裏面の「資格外活動許可」の欄と併せて確認することで、当該外国人労働者が必要となる在留資格を有しているか簡単に確認することができる。さらに、在留カードに記載されている在留カード番号をもって、法務省のHP[1]にて、当該在留カードの有

---

1 https://lapse-immi.moj.go.jp/ZEC/appl/e0/ZEC2/pages/FZECST011.aspx〔2019年6月26日訪問〕参照。

1 ▶▶▶ 入管法概要

図表3 在留カード（サンプル）

（出所）出入国在留管理庁HP（http://www.immi-moj.go.jp/tetuduki/zairyukanri/whatzairyu.html〔2019年6月26日訪問〕）

効性を確認することもできる。なお、在留カードの対象者となるのは、中長期在留者で、具体的には次の①～⑥のいずれにも当てはまらない外国人である。

① 「3か月」以下の在留期間が決定された外国人（注：3か月の在留期間の許可を得て、その後、在留期間の更新許可を受けて新たに3か月の在留期間を許可された場合であっても在留カードは交付されない。）
② 「短期滞在」の在留資格が決定された外国人
③ 「外交」又は「公用」の在留資格が決定された外国人
④ ①から③の外国人に準じるものとして法務省令で定める外国人
⑤ 特別永住者
⑥ 在留資格を有しない外国人

中長期在留者は、在留カードの交付を受け、これを常に携行する義務があり、入国審査官や警察官等からその提示を求められた場合には、必ず提示をしなければならない（入管法23②③）。在留カードを携行していなかった場合には、20万円以下の罰金、提示要求を拒んだ場合は、1年以下の懲役又は20万円以下の罰金に処せられることがある（入管法75の2二、75の3）[2]。

---

[2] 在留管理制度に関するQ&A（法務省HP（http://www.immi-moj.go.jp/newimmiact_4/pdf/newimmiact_4_QandA_print.pdf）〔2019年6月26日訪問〕）参照。

第1章 ▶▶▶ 入管法と租税法

在留資格別の就労可否判断[3]

- 「日本人の配偶者等」、「永住者の配偶者等」、「定住者」又は「永住者」→雇用可能。
- 「留学」又は「家族滞在」→地方出入国在留管理局から資格外活動許可を受けていれば雇用できるが、就労時間及び活動内容に制限あり。
- 「特定活動」→パスポート（旅券）に添付等されている、地方出入国在留管理局が発行した「指定書」を確認し、指定書に記載されている範囲において雇用可能。
- その他の在留資格→従事しようとする業務内容が在留資格に該当していれば雇用可能であるが、従事しようとする業務内容が当該在留資格に該当しない場合には、該当する在留資格に変更するか、地方出入国在留管理局から資格外活動許可を受ける必要あり（※判断が難しい場合には、就労資格証明書を取得して確認する必要がある。就労資格証明書は、当該外国人が希望すれば発行される。）。

(5) 企業活動との関係で問題となりやすい在留資格
ア 高度専門職[4]

「高度学術研究活動」「高度専門・技術活動」「高度経営・管理活動」と認められる活動に従事し、各活動に対応する「学歴」「職歴」「年収」などを項目とするポイント計算表で70点以上を取得できる場合に付与される。高度外国人材の受入れを促進するため、平成24年5月7日より導入され（導入当時は「特定活動」の一類型として整理）、平成26年入管法改正により独立した在留資格として創設された（平成27年4月1日施行）。複合的な在留活動の許容、在留期間「5年」の

---

3 Q&A Q62（出入国在留管理庁HP（http://www.immi-moj.go.jp/tetuduki/kanri/qa.html#sec_03）〔2019年6月25日訪問〕）参照。
4 http://www.immi-moj.go.jp/newimmiact_3/evaluate/index.html〔2019年6月25日訪問〕参照。

付与、永住許可要件の緩和、入国・在留手続の優先処理、配偶者の就労、一定の条件の下での親の帯同、一定の条件の下での家事使用人の帯同などの優遇措置が認められている。

イ　経営・管理

日本において、①事業の経営を行う活動又は②管理に従事する活動に対して付与される在留資格である。①は会社の代表取締役、②は相当数の部下を有する大企業の部長、工場長、支店長等が想定されている。①は、事業所の存在及び規模の要件（2人以上の常勤の職員若しくは資本金又は出資の総額が500万円以上）が求められ、②は①の要件に加え、申請人に事業の経営又は管理について3年以上の経験があることが求められる。なお、審査は事業を継続的安定的に行うことができるかという観点から行われるため、①の場合も実質的には経営の経験があることが求められることが多いことに注意が必要である。また、申請人が実質的に経営又は管理に関わることが必要である。なお、日本には、投資のみを行うことにより取得できる在留資格は存在しない。

ウ　技術・人文知識・国際業務

いわゆるホワイトカラーに付与される在留資格で、「技術」「人文知識」及び「国際業務」の3つの類型に分けることができる。「技術」は、大卒等の学歴又は10年以上の実務経験がある者若しくは法務大臣が告示するある一定の資格を保有する者が、学歴や実務経験に関連した一定水準以上の理系の業務に従事する場合に付与され、具体的にはエンジニア、システムエンジニア、プログラマー等が想定されている。「人文知識」は「技術」の文系版で、大卒等の学歴又は10年以上の実務経験があることが要件であり、具体的には営業、広報、マーケティング等の業務に従事する者が想定されている。なお、「出入国管理及び難民認定法第七条第一項第二号の基準を定める省令」（以下「基準省令」という。）においては、「（従事しようとする業務について）当該技術

第1章 ▶▶▶ 入管法と租税法

若しくは知識に関連する科目を専攻して大学を卒業し」と規定されているが、大学が専門的分野の知識のみならず広範な知識を授ける場であること、また現在の企業では必ずしも大学において専攻した技術又は知識に限られない広範な分野の知識を必要とする業務に従事する事例が多いことから、実務上は大学の専攻と従事する業務の関連性は緩やかにみられている。「国際業務」は外国の文化に基盤を有する思考若しくは感受性に基づく一定水準以上の専門的能力を必要とする文化的活動で、具体的には、翻訳、通訳、語学指導、デザイナー等が想定されている。3年以上の実務経験が必要であるが、大卒者が翻訳、通訳、語学の指導等に従事する場合はこの限りではない。また、3類型とも日本の受入機関と直接の契約があること、日本人が従事する場合に受ける報酬と同等額以上の報酬を受けることも要件とされている。

エ 企業内転勤

日本に本店、支店その他の事業所のある公私の機関の海外にある事業所の職員が日本にある事業所に期間を定めて転勤し、「技術・人文知識・国際業務」に該当する活動を行う場合に付与される在留資格で、海外にある親会社、関連会社（現地法人等）からの出向者等がその対象となる。転勤の直前に外国にある派遣元の企業で1年以上勤務していること及び日本人が従事する場合に受ける報酬と同等額以上の報酬を受けることが要件とされているが、「技術・人文知識・国際業務」の在留資格で求められるような学歴又は実務経験の要件はない。しかしながら、日本の会社で従事できる業務は「技術・人文知識・国際業務」に該当する活動であるため、一定水準以上のものでなければならない点に注意が必要である。

オ 介 護[5]

日本の公私の機関との契約に基づいて日本の介護福祉士の資格を有

---

5 http://www.immi-moj.go.jp/hourei/h28_kaisei.html〔2019年6月26日訪問〕参照。

24

する者が介護又は介護の指導を行う業務に従事する場合に付与される在留資格であり、平成28年の入管法改正で新たに創設された。日本の介護福祉士養成施設（都道府県知事が指定する専門学校等）を卒業し、介護福祉士の資格を取得した者であること及び日本人が従事する場合に受ける報酬と同等額以上の報酬を受けることが要件とされている。

カ 技 能[6]

日本の公私の機関との契約に基づいて行う産業上の特殊な分野に属する熟練した技能を要する業務に従事する場合に付与される。「産業上の特殊な分野」とは、外国に特有の産業分野のほか、日本の水準よりも外国の技能レベルが高い産業分野、日本において従事する技能者が少ない産業分野等が該当する。「熟練した技能」とは、個人が自己の経験の集積によって有することとなった技能が熟達の域にある能力を指す。基準省令において、具体的に以下①〜⑧の者が該当すると規定されており、各類型ごとに実務経験年数等の要件が定められている。

①調理人、製菓技術者、ソムリエ等、②外国様式の建築物の建築技能者、③外国に特有の製品の製造又は修理技術者、④毛皮、宝石加工技術者、ペルシャじゅうたん加工師、⑤動物調教師、⑥石油探査・地熱開発技術者、⑦航空機操業者、⑧スポーツ指導者

キ 技能実習[7]

① 技能実習制度の内容

日本で培われた技能、技術又は知識の開発途上地域等への移転を図り、当該開発途上地域等の経済発展を担う「人づくり」に寄与すると

---

6 出入国管理法令研究会編『実務入管六法〔平成31年版〕』（日本加除出版2019）209頁「技能」解説。
7 http://www.moj.go.jp/content/001209495.pdf〔2019年6月26日訪問〕参照。
http://www.moj.go.jp/nyuukokukanri/kouhou/nyuukokukanri05_00014.html
https://www.jitco.or.jp/ja/regulation/〔2019年6月26日訪問〕参照。

いう、国際協力の推進を目的・趣旨とする在留資格である。技能実習制度の内容は、外国人の技能実習生が、日本において企業や個人事業主等の実習実施者と雇用関係を結び、出身国において修得が困難な技能等の修得・習熟・熟達を図るものである。期間は最長5年とされ、技能等の修得は、技能実習計画に基づいて行われる。従来は入管法の中で規定されていたが、技能実習生を安価な労働力として扱う受入事業者が多いため、技能実習生の保護のために、平成29年11月1日、「外国人の技能実習の適正な実施及び技能実習生の保護に関する法律」が施行された。技能実習法には、基本理念として「技能実習は、労働力の需給の調整の手段として行われてはならない」（技能実習法3②）と記されており、労働力の供給を目的としないことが明確に規定されている。

②　受入方式

日本の企業等（実習実施者）が海外の現地法人、合弁企業や取引先企業の職員を受け入れて技能実習を実施する企業単独型と、事業協同組合や商工会等の営利を目的としない団体（監理団体）が技能実習生を受け入れ、傘下の企業等（実習実施者）で技能実習を実施する団体監理型が存在するが、大半は後者の団体監理型である。

③　入国から帰国までの流れ

図表4に記載のとおりである。団体監理型で技能実習生を受け入れるには、外国人技能実習機構に対し監理団体の許可申請（初めて受け入れる場合）、技能実習計画の認定申請を、地方出入国在留管理局に対し在留資格認定証明書交付申請を、順に行う必要がある。技能実習は、認定を受けた技能実習計画に従って行わなければならず、これに違反すると改善命令（及び公表）や認定取消し等の対象となる。

1 ▶▶▶ 入管法概要

図表4　技能実習生の入国から帰国までの流れ

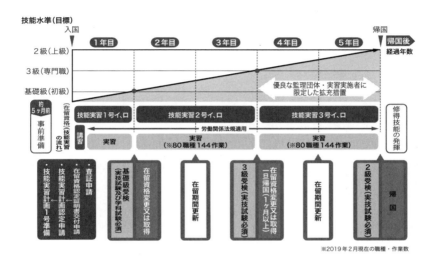

（出所）公益財団法人国際研修協力機構HP「外国人技能実習制度とは」
（https://www.jitco.or.jp/ja/regulation/index.html〔2019年6月26日訪問〕）

④　受け入れることができる技能実習生の数

受け入れることができる技能実習生の数は、受入事業者の常勤職員の総数に応じて受入上限が決まっている（**図表5参照**）。

⑤　対象となる国

日本と二国間取決め（協力覚書の締結）を行った国のみが対象となり、平成31年4月1日時点においては、以下の13か国が対象となる。

> ベトナム、カンボジア、インド、フィリピン、ラオス、モンゴル、バングラデシュ、スリランカ、ミャンマー、ブータン、ウズベキスタン、パキスタン、タイ

27

第1章 ▶▶▶ 入管法と租税法

図表5　技能実習生の受入上限数

【1】団体監理型の人数枠

第1号（1年間）		第2号 （2年間）	優良基準適合者		
			第1号 （1年間）	第2号 （2年間）	第3号 （2年間）
基本人数枠		基本人数 枠の2倍	基本人数 枠の2倍	基本人数 枠の4倍	基本人数 枠の6倍
実習実施者の常 勤職員総数	技能実習生の人数				
301人以上	常勤職員総数の20分の1				
201人〜300人	15人				
101人〜200人	10人				
51人〜100人	6人				
41人〜50人	5人				
31人〜40人	4人				
30人以下	3人				

【2】企業単独型の人数枠

第1号（1年間）	第2号（2年間）	優良基準適合者		
		第1号 （1年間）	第2号 （2年間）	第3号 （2年間）
常勤職員総数の 20分の1	常勤職員総数の10分の1	常勤職員総数 の10分の1	常勤職員総数 の5分の1	常勤職員総数 の10分の3

（出所）公益財団法人国際研修協力機構HP「外国人技能実習制度とは」
　　　　（https://www.jitco.or.jp/ja/regulation/index.html〔2019年6月26日訪問〕）

ク　特定活動[8]

　「特定活動」は既存の在留資格には分類できない活動を行おうとする外国人を受け入れるために設けられた在留資格である。「特定活動」の在留資格で滞在する外国人が行うことができる活動には、法務大臣があらかじめ告示（「出入国管理及び難民認定法第七条第一項第二号の規定に基づき同法別表第一の五の表の下欄に掲げる活動を定める

8　http://www.moj.go.jp/nyuukokukanri/kouhou/nyukan_hourei_h02.html〔2019年6月26日訪問〕参照。

件」。以下「特定活動告示」という。）をもって定める活動とそれ以外の活動（告示外特定活動）が存在する。特定活動告示に基づく特定活動には、ワーキングホリデー、インターンシップ、サマージョブ、アマチュアスポーツ選手としての活動等がある。告示外特定活動は、告示に定められていないものの法務大臣が個々の外国人に対し指定することが適当と認めた場合に付与されるもので、先例としては、就職内定者及びその家族の継続在留活動や人身取引等被害者の在留活動などがある。

外国人学生が日本でインターンシップを行う場合の在留資格は？

外国人学生は、日本の公私の機関から報酬を受け取るか否かによって取得すべき在留資格が異なるのであるが、以下のとおり整理することが可能である。

1）報酬を受けない（無償）の場合

滞在期間が90日を超える場合には、「文化活動」に該当し、90日以下の場合には、「短期滞在」に該当する。

2）報酬を受ける場合

当該学生が所属する外国の大学における単位取得の対象となる場合は、「特定活動」のうち「インターンシップ」（特定活動告示⑨）に該当し、単位取得の対象とならない場合には、当該大学の休暇を利用し、日本の公私の機関より報酬を受けて3か月以下の期間、当該大学が指定する機関の業務に従事する活動を行う場合は、特定活動のうち「サマージョブ」（特定活動告示⑫）に該当するという整理をするのが一般的である。

第1章 ▶▶▶ 入管法と租税法

3. 入管法上の諸手続

⑴ **在留資格認定証明書交付申請手続**

　外国人を雇用しようとする場合、最初に検討する必要があるのは、予定される業務内容に適した「在留資格」の選択である。次に、選択した「在留資格」に関し、地方出入国在留管理局に対し在留資格認定証明書の交付を申請する。在留資格認定証明書の制度は、外国人を受け入れようとする機関等の申請に基づき、法務大臣が在留資格への適合性をあらかじめ認定するものであり、在留資格認定証明書を有していれば、在外公館でのビザ（査証）の発給や入国審査がスムーズに進む。したがって、日本の企業が外国人労働者を受け入れるに当たっては、あらかじめ在留資格認定証明書を取得することが推奨されている。なお、在留資格認定証明書が発行された場合であっても、発行後の事情等でビザ（査証）が発行されない場合があり、入国が保証されるものではない。

　在留資格認定証明書交付申請手続の流れは、**図表6**のフローチャートに記載のとおりである。

⑵ **上陸審査手続**[9]

　日本に上陸しようとする外国人は、一定の在留資格に係る在留資格該当性を有することの審査を受けなければならない（入管法7①二）。日本への入国を希望する外国人は、有効な旅券を所持しており、原則として、あらかじめ海外にある日本国大使館又は領事館などの在外日本公館で入国目的に合致したビザ（査証）をパスポート（旅券）に受けることが必要となる。そして日本への上陸に際しては、入国港において、入国審査官による審査を受け、上陸許可の証印を受け、

---

9 https://www.jetro.go.jp/invest/setting_up/section2/page1.html（2019年6月26日訪問）参照。

1 ▶▶▶ 入管法概要

図表6　入国までの流れ（フローチャート）

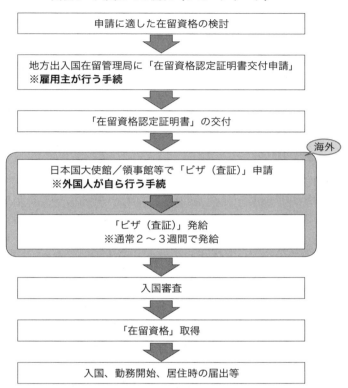

在留資格及び在留期間が決定されることとなる。日本に入国しようとする外国人の活動内容は、日本で行う活動が入管法所定の在留資格のいずれかで認められた活動に該当する必要があり、日本への上陸審査において、当該外国人はその適合性を自ら立証しなければならない。

「ビザ（査証）」と「在留資格」の関係？

　外国人のビザ（査証）とは、日本に入国しようとする外国人に対し、当該外国人の出発国に所在する日本国大使館又は領事館などの在外日本公館において発給された、①当該外国人の所持するパスポート（旅券）が真正なものであり、かつ、日本への入国に有効であること、及び②ビザ（査証）の条件下においては入国及び在留が差し支えないことを判断した旨の表示をいうとされている（東京地裁平成22年7月8日判決・裁判所HP）。また、観光、知人の訪問、会議、契約の調印等を行うことを目的に、日本に短期間（通常は90日以内）滞在する場合には、日本が査証免除措置を実施している国・地域（現在68か国が外務省のHP[10]で公表されている。）のパスポート（旅券）を有する者については、ビザ（査証）が免除されている。一方、就労又は長期滞在を目的とする場合には、ビザ（査証）の取得が必要となる。現在のビザ（査証）の種類は、「外交、公用、就業、通過、短期滞在、一般、特定、医療滞在、高度専門職、起業」の10種類であり、「就業」には16個の在留資格が含まれる[11]。

　あらかじめ日本国内の地方出入国在留管理局より、在留資格認定証明書の交付を受け、かかる証明書を国籍国又は長期滞在資格を有して滞在している国に所在する在外日本公館に提出することで、必要となるビザ（査証）がスムーズに発給される。

　在留資格及び在留期間は、入国時に入国審査官が判断するものではあるものの、事前に在留資格認定証明書及びビザ（査証）を通じて、当該外国人が日本に適法に滞在する在留資格を有することの立証を可能にしているといえる。

　このように、ビザ（査証）と在留資格は異なる概念ではあるものの、結び付いているといえる。もっとも、日常的な用語の使われ方としては厳密に区別されておらず、外国人労働者より「ビザが切れた。どうすれば良いか。」といった相談を受ける場合には、通常「在留資格」のことを意味している。

---

10 https://www.mofa.go.jp/mofaj/toko/visa/tanki/novisa.html〔2019年6月26日訪問〕参照。
11 ビザ（査証）の種類は、非公表の「査証事務処理規則」に規定されており、ビザ（査証）の種類は、平成31年4月18日時点における外務省への非公式な照会に基づく情報である。

転職の場合に必要となる手続

　転職等の場合においては、既に業務内容に合致する在留資格を有しているケースもある。その場合であっても、当該外国人及び受入事業者に入管法上一定の手続の履践が要求されることから注意が必要である。

① 当該外国人が行わなければならない手続

　転職後14日以内に、地方出入国在留管理局に対して、所属機関等に関する届出を行う必要がある（入管法19の16）。在留資格により提出書類が異なり、日本の企業との契約を前提としない在留資格の場合は、「活動機関に関する届出」、契約を前提とする在留資格の場合は「契約機関に関する届出」を提出する必要がある（入管法19の16一、二）。

　届出を怠った場合は20万円以下の罰金が予定されている（入管法71の5三）。なお、平成31年4月15日時点において、罰金が科された例は存在しないようである。

② 受入事業者の手続

　雇用主は14日以内に地方出入国在留管理局に対して届出をする努力義務がある（入管法19の17）[12]。努力義務ではあるものの、出入国在留管理庁のHPには、「この届出を行わなかったとしても、刑罰を科せられることはありませんが、所属している外国人の方々の在留期間更新等の許可申請時に事実関係の確認を行うなど審査を慎重に行うことがあります。」との記載があるため、届出は行っておくことが望ましい[13]。

③ その他（就労資格証明書）

　就労に係る在留資格を有している外国人について、従事しようとする業務内容が在留資格に該当していれば在留資格の変更や資格外活動許可を受けることなく雇用可能であるが、判断が難しい場合は、当該外国人に就労資格証明書を取得してもらい、在留資格と転職先の会社で行おうとする活動が一致しているかを確認することができる（入管法19の2）。就労資格証明書の取得は義務ではなく、また就労資格証明書がないことを理由に不利益な扱いをしてはならないとされているが、取得しておくと在留期間更新時の審査がスムーズに進むというメリットもある。

12　なお、特定技能所属期間及び労働施策の総合的な推進並びに労働者の雇用の安定及び職業生活の充実等に関する法律（昭和41年法律第132号）28条1項の規定による届出をしなければならない事業主を除く。

13　http://www.immi-moj.go.jp/tetuduki/zairyukanri/shozokutodokede.html（2019年6月26日訪問）参照。

第1章 ▶▶▶ 入管法と租税法

(3) 再入国許可[14]

　外国人が再入国許可なく出国した場合は、付与されていた在留資格・在留期間は消滅することになる。ひとたび付与されていた在留資格・在留期間が消滅すると、出国前に就労していたのと同じ活動を継続する目的で、出国前の在留期間内において再入国する場合であっても、再度新たな在留資格の取得が必要となる。一方で、出国の際に再入国許可（入管法26）を受けておけば、再入国の際に、従前の在留資格・在留期間が継続しているものとして取り扱われ、再度在留資格の取得手続をとる必要はない。

　また、みなし再入国許可（入管法26の2）という制度も存在し、3か月を超える在留期間を認められた外国人で、有効なパスポート（旅券）及び在留カード又は「在留カード後日交付」の記載がなされたパスポート（旅券）を所持する外国人は、出国港の入国審査官に再入国する意図を表明して出国する場合には、再入国許可を受けたものとみなされるというものである。みなし再入国許可を受けるためには、出国審査場で「再入国出入国記録用紙」（いわゆる「再入国用EDカード」）のみなし再入国許可の意思表示欄にチェックし、在留カード又は「在留カード後日交付」の記載がなされたパスポート（旅券）と一緒に提示する必要がある。みなし再入国許可に関しては、出国の日から1年（在留期限が出国後1年を経過する前に到来する場合には、その在留期限まで）に限り有効であるとされている。よって、みなし再入国許可により出国した外国人が、出国後1年以内（在留期限が出国後1年を経過する前に到来する場合には、その在留期限まで）に日本に再入国しない場合には、在留資格は失われることになる。また、海外でみなし再入国許可の有効期間延長を申請することはできない。このように、みなし再入国許可には期間制限が存在することから、日本を離

---

14 https://www.jetro.go.jp/invest/setting_up/section2/page8.html〔2019年6月26日訪問〕参照。

れる期間が1年を超えることが想定される場合には、日本を出国する前に地方出入国在留管理局に対し、予定される国外滞在期間に相当する再入国許可の取得を申請する必要がある。また、在留期間が3か月以内で在留カードを持たない外国人も、みなし再入国許可の対象にならないことから、在留期間中に出国する予定がある場合には前もって再入国許可を申請しておく必要がある。

(4) 在留期間の更新・在留資格の変更手続[15]

　日本に在留する外国人は、あらかじめ決定された在留期間に限り、日本に滞在することが認められる。したがって、かかる在留期間を超えて日本に滞在しようとする場合、在留期間の更新が必要となる。なお、在留期間の更新は、当初の在留目的を継続しなければならない場合に認められるものであり、全く別の目的による在留を希望する場合には、在留資格の更新ではなく、在留資格の変更申請が必要となる。例えば、外国の関連会社より「企業内転勤」で在留している外国人が、会社を退職し日本で起業しようとする場合には、在留資格を「経営・管理」へ変更する必要がある。また、日本の大学を卒業した外国人留学生が、日本で就労しようとする場合、「技術・人文知識・国際業務」といった就労可能な在留資格に変更する必要がある。なお、在留資格の変更は必ず認められるものではなく、新たな在留資格の資格要件等に該当していなければならない。

　在留資格の更新又は変更の申請をし、当初の在留期間満了時までに更新又は変更に対する処分がなされないときは、当該外国人は原則として当該在留期間満了後も、処分がなされる日又は当該在留期間満了の日から2か月を経過する日のいずれか早い日まで、当初の在留資格で日本に滞在することが認められている。

15　https://www.jetro.go.jp/invest/setting_up/section2/page10.html〔2019年6月26日訪問〕参照。

外国人労働者の企業内配置転換

　在留資格の変更は、転職の場合のみならず、社内における人事異動や研修の一環として行われる配置転換においても発生し得る問題である点に注意する必要がある。例えば、日本の大手メーカーが、海外の有名大学を卒業した外国人Ａ氏をゆくゆくは海外事業部でマーケティングを担当してもらうことを意図し、「技術・人文知識・国際業務」の在留資格を取得させ、総合職として採用した場合を想定してみる。日本のメーカーにおいてよくある話であるが、Ａ氏に現場を経験させるために、入社後数か月間の工場勤務や店舗勤務に従事させるというケースがしばしば発生する。しかし、工場勤務や店舗勤務は、「技術・人文知識・国際業務」の在留資格で予定される業務と大きく異なるため、当然に許されることにはならない。一方で、日本においては一定の技能を有さない単純労働者は受け入れないとの建前であるため、工場勤務や店舗勤務を幅広く行うことができる在留資格は存在せず、単に在留資格を変更すれば済む問題ではない。あくまで「技術・人文知識・国際業務」という在留資格の範囲でどこまでの業務が認められるのかという観点で、頭を悩ませなければならないことが多い。例えば、「技術・人文知識・国際業務」の在留資格であっても、幹部候補研修の一環として短期間であれば現場での就労が可能とされており、参考になる。

⑸　退去強制手続

　入管法は日本の出入国管理の秩序維持等の観点から、入国ないし在留させることがふさわしくない類型を具体的に列挙し、これらに該当する外国人は、以下に述べる退去強制手続により、日本からの退去が強制される。退去強制事由として、入管法24条《退去強制》各号に列挙されているのは、不法入国者、不法上陸者、在留資格を取り消された者、偽変造文書を作成・提供した者、外国人テロリスト等、不法就労助長者、在留カード等を偽変造等した者、資格外活動許可を得ていない資格外活動者（不法就労者）、不法残留者、人身取引等の加害者、刑罰法令違反者等である。

　上記の退去強制事由に該当する疑いのある外国人については、入国警備官による違反調査（入管法27）、入国審査官による審査（入管法45）及び特別審理官による口頭審理（入管法48）を経て、異議の申出に対する法務大臣の裁決（入管法49）が予定されている。調査（審理）期間中は原則として、当該外国人の身柄は拘束されることになる（全件収容主義）。例外として、平成26年の入管法改正で導入された出国命令制度により、身柄拘束を伴わない簡易な手続による出国命令制度も存在する。また、実務上、在留特別許可が認められる可能性がある外国人が在留特別許可を求め出頭したような場合には、職権で仮放免許可（入管法54②）を付すことで身柄拘束がなされないケースも多い。

図表7　退去強制手続のフローチャート

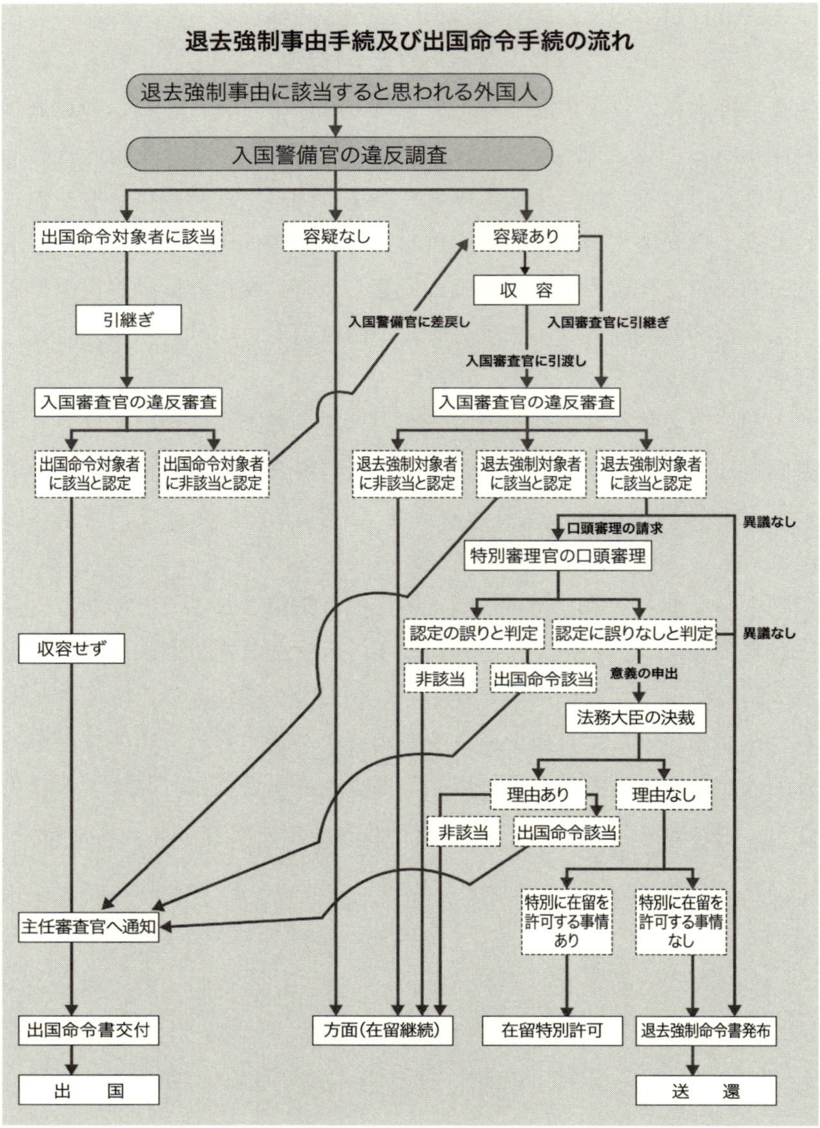

退去強制事由手続及び出国命令手続の流れ

退去強制事由に該当すると思われる外国人

入国警備官の違反調査

- 出国命令対象者に該当
- 容疑なし
- 容疑あり

出国命令対象者に該当
→ 引継ぎ
→ 入国審査官の違反審査
　- 出国命令対象者に該当と認定
　- 出国命令対象者に非該当と認定

容疑あり
→ 収容
→ 入国審査官に引継ぎ
→ 入国審査官に引渡し
→ 入国審査官の違反審査
　- 退去強制対象者に非該当と認定
　- 退去強制対象者に該当と認定
　- 退去強制対象者に該当と認定

入国警備官に差戻し

口頭審理の請求
特別審理官の口頭審理
- 認定の誤りと判定
　- 非該当
　- 出国命令該当
- 認定に誤りなしと判定

異議なし

意義の申出
法務大臣の決裁
- 理由あり
　- 非該当
　- 出国命令該当
- 理由なし
　- 特別に在留を許可する事情あり
　- 特別に在留を許可する事情なし

異議なし

収容せず

主任審査官へ通知

出国命令書交付 → 出国

方面(在留継続)

在留特別許可

退去強制命令書発布 → 送還

（出所）出入国在留管理庁HP（http://www.immi-moj.go.jp/tetuduki/taikyo/taikyo_flow.html
（2019年6月26日訪問））

1 ▶▶▶ 入管法概要

⑹　非正規在留

正規の在留資格を有する外国人の在留を「正規在留」といい、在留資格を有しない外国人の在留を「非正規在留」という。

ア　非正規在留の種類

非正規在留は、その態様により、主に、不法入国（入管法24一）、不法在留（入管法70②）及び不法残留（入管法24四ロ）に分けられる。

不法入国とは、有効なパスポート（旅券）等を所持しない者又は入国審査官から上陸許可等を受けないで日本に上陸する目的を有する者の日本への入国（入管法3条①一、二）をいう。不法在留とは、不法入国者又は不法上陸者が、日本に上陸した後、引き続き、不法に在留することをいう（入管法70②）。不法残留とは、在留期間の更新又は変更を受けないで在留期間を経過して日本に残留することをいう（入管法24四ロ）。入国当初から、不法な状態である不法入国及び不法在留に対し、不法残留は、適法に入国及び在留を開始した後に不法な在留状態となった者をいう。

イ　非正規在留に対する罰則及び退去強制手続

上記非正規在留のいずれについても、入管法70条に罰則規定が設けられている。また、非正規在留は、いずれも退去強制事由に該当するため、原則として、上述した退去強制手続を経て、国外退去となる。

ウ　非正規在留者が取り得る手続

何らかの事情で、非正規在留を行っている外国人については、適法に在留するための以下の手続が存在する。

①　在留特別許可（入管法50①）

在留特別許可とは、本来は退去強制の対象となる外国人に対し、入管法24条各号で規定される退去強制事由に該当する場合に、法務大臣が特別に在留を許可すべき事情があると判断し、その裁量により与える在留許可である。在留特別許可により、非正規在留が適法になる。

ただし、在留特別許可は非常に狭き門であり、当然のことながら、

39

外国人においては自身が非正規在留となることがないよう、又は、受入事業者においては雇用している外国人労働者が非正規在留となることがないよう、その在留資格及び在留期間、その他の要件を十分に確認し、必要な手続を、必要な時期に行うことが重要である。

在留特別許可が認められた事例及び認められなかった事例は、法務省のHP[16]で公表されており、参考になる。平成10年以降許可された事例が36件及び許可されなかった事例が36件、発覚理由、違反態様、違反期間、刑事処分等の有無、在留希望の理由及び特記事項とともに公表されている。

同性婚の在留資格

　世界的に婚姻関係の多様化が進む中、同性婚や事実婚に対し、異性間での法律婚と同等の取扱いを認める国が増えている。一方、日本人と外国人の異性者間のカップルは、婚姻している場合には、「日本人の配偶者等」という在留資格が認められるが、日本は同性婚や事実婚を法律婚とは同等に扱っていないため、「日本人の配偶者等」の在留資格では日本に在留することができない（同性婚や事実婚に対しては、告示外の「特定活動」の在留資格が認められる余地がある。こうした区別に合理性がないとして、しばしば批判の的にされてきたところ、平成31年3月に、20年以上にわたり日本人男性との間でパートナーシップを築いてきた台湾人の男性に対し、「定住者」の在留特別許可が認められるという画期的な判断が下され耳目を集めた[17]。

16　http://www.moj.go.jp/nyuukokukanri/kouhou/nyukan_nyukan25.html（2019年6月26日訪問）参照。
17　https://www.outjapan.co.jp/lgbtcolumn_news/news/2019/3/18.html（2019年6月26日訪問）参照。

② 仮滞在

在留資格未取得の外国人が難民認定申請をしたときは、一定の除外事由がある場合を除き、法務大臣から、仮滞在が許可される（入管法61の2の4①）。これは、難民認定や在留特別許可が出るまでの暫定的なものである点において在留特別許可とは異なる。

4. 不法就労に関する罰則

入管法は、不法就労に関し、不法就労を行った外国人労働者及び不法就労に従事させた受入事業者の双方に関し、以下の罰則規定を置いている。

(1) 外国人労働者に対する罰則

専ら不法就労を行っていると明らかに認められる外国人に関しては、退去強制の対象となる上（入管法24四イ）、3年以下の懲役若しくは禁錮若しくは300万円以下の罰金、又はそれらの併科が予定されている（入管法70①四）。また、専ら不法就労をしていることが明らかでない外国人に関しても、1年以下の懲役若しくは禁錮若しくは200万円以下の罰金、又はそれらの併科が予定されている（入管法73）。

この点、「専ら行っていると明らかに認められる」とは、「資格外活動の内容と在留資格に応じて認められた活動の内容とを活動時間や受益額などの観点から総合的に比較し、客観的に見て、外国人の在留目的が変更されているといえる程度に資格外活動を行っていることが証拠により認められる場合をいう」とされている[18]。

(2) 受入事業者側に対する罰則

事業活動に関し、外国人に不法就労活動をさせた者は、不法就労助長罪に該当し、3年以下の懲役若しくは300万円以下の罰金に処せら

---

[18] 出入国管理法令研究会・前掲注6。

第1章 ▶▶▶ 入管法と租税法

れるか、又はそれらが併科され（入管法73の2①一）、過失がない場合を除き不法就労であることを知らなかったとしても処罰は免れない（入管法73の2②）。行為者のほか法人にも罰則が科される（入管法76の2）。また、「技能実習生」については、技能実習の認定・監理団体の許可取消し（技能実習法16①、37①）、監理団体に対する業務停止命令（技能実習法37③）及び実習実施者及び監理団体に対する改善命令（技能実習法15①、36①）、違反した事業者名等の公表、及び業務停止命令・改善命令の違反に対する罰則が予定されている。

5. 近時の摘発事例

近時、摘発事例が多いのが技能実習生に関連するケースであり、特に目立つのが、実習計画に従った実習をしていなかったとして摘発されるケースである。上記のとおり、技能実習制度は一定のスキルを習得させることを目的とすることから、そのようなスキルを身につけることに向かない単純労働に従事させることは想定されていない。しかし、近時の摘発事例においては、従事させることができない単純労働のような業務に従事させていたケースが極めて多い。

例えば、平成30年夏に起こった大手電機メーカーのケースでは、報道されている情報によると、配電盤や制御盤を作る「電気機器組立て」の習得のために来日した実習生が、鉄道の車両に、窓や排水パイプ、カーペットやトイレを取り付ける作業しかしていなかったとのことであり、このような事例は、ほかにも多数報道されているところである。

昨今の労働力不足を背景に、多くの場合は現場の技能実習制度に関する理解不足により起こったものと考えられるが、企業のレピュテーションリスクといった観点から重大な事象であるといえる。

〔内海　英博・白井　紀充〕

2 入管法の改正と実務上の問題点

1. 本改正の経緯とポイント

　日本で働く外国人労働者の数は増え続けており、平成20年（2008年）から平成30年（2018年）までの間に、約3倍に増えている（**図表1**）。

　一方、就労目的の在留資格である、「高度専門職」「技術・人文知識・国際業務」といった専門的・技術的分野における在留資格を有して日本に滞在している外国人は限定されており、よりスキルレベルの低い非熟練業務に関しては、本来の制度目的とは異なり、「技能実習」や「留学」といった在留資格により、事実上担われているという状況が生じ、しばしばその問題点が指摘されてきた。例えば、「技能実習」は本来、外国人が日本において技能を身につけ、出身国の経済発展等に貢献することが目的であるにもかかわらず、単純労働の担い手となっている実態が存在する。

図表1　日本における外国人労働者数の推移

（出所）厚生労働省HP「外国人雇用状況」の届出状況まとめ（平成30年10月末現在）（https://www.mhlw.go.jp/content/11655000/000472892.pdf〔2019年6月26日訪問〕）

43

第1章 ▶▶▶ 入管法と租税法

　このような背景を踏まえ、平成30年12月8日の臨時国会において、「出入国管理及び難民認定法及び法務省設置法の一部を改正する法律」が成立し、同年12月14日に公布され、平成31年4月1日より施行された（以下「本改正」という。）。本改正により、「技能実習」で求められるスキルレベルと「技術・人文知識・国際業務」で求められるスキルレベルのちょうど中間に位置する新たな在留資格として、「特定技能1号」及び、「技術・人文知識・国際業務」と同等のスキルレベルが求められる「特定技能2号」が創設された（**図表2**参照）（以下「特定技能」の在留資格により在留する外国人を「特定技能外国人」という。）。これが、本改正の目玉であり、政府は、その意義を、平成30年12月25日に公表された「特定技能の在留資格に係る制度の運用に関する基本方針について」（以下「本基本方針」という。）において、「中小・小規模事業者をはじめとした深刻化する人手不足に対応するため、生産性向上や国内人材の確保のための取組を行ってもなお人材を確保することが困難な状況にある産業上の分野において、一定の専門性・技能を有し即戦力となる外国人を受け入れていく仕組みを構築すること」である旨述べている。また、新たな在留資格の創出に関連し、本改正には、受入プロセス等に関する規定の整備、外国人に対する支援に関する規定の整備、受入事業者に関する規定の整備、登録支援機関に関する規定の整備、届出、指導・助言、報告等に関する規定の整備、「特定技能2号」の在留資格で在留する外国人（以下「特定技能2号外国人」という。）の配偶者及び子に対し在留資格を付与することを可能とする規定の整備、その他関連する手続・罰則等の整備を行うことが盛り込まれている。

　これを受けて、受入事業者側が遵守すべき義務等を具体化しているのが、平成31年3月15日に制定され、同年4月1日より施行された「特定技能雇用契約及び1号特定技能外国人支援計画の基準等を定める省令」（以下「特定技能基準省令」という。）である。同年3月20日には「特

44

定技能外国人の受入れに関する運用要領」及び同別冊（以下「本運用要領」という。）が公表され、具体例とともに詳細な解釈基準が明示されている。さらに、「特定技能」の対象となる14の特定産業分野ごとに、法務省及び所轄官庁より分野省令及び運用要領が公表されており、該当する産業分野につき併せて確認することが必要である。加えて、関連する告示も複数出ているが、いずれも法務省のHP[1]で一元的に最新情報を確認することができる。また、同HPには、「外国人の受入れ制度に係るQ&A」も掲載されており、参考になる。Q&Aの内容は随時更新していくとのことである。

図表2　就労が認められる在留資格の技能水準

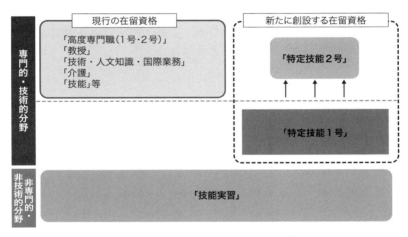

（出所）法務省HP「外国人材の受入れについて」（平成31年2月）（http://www.soumu.go.jp/main_content/000601099.pdf〔2019年6月25日訪問〕）

2. 新しい在留資格（「特定技能1号」「特定技能2号」）の概要

「特定技能1号」とは、特定産業分野に属する相当程度の知識又は経験を必要とする技能を要する業務に従事する外国人向けの在留資格で

---

[1] http://www.moj.go.jp/nyuukokukanri/kouhou/nyuukokukanri01_00127.html〔2019年6月25日訪問〕）参照。

あり、これは、相当期間の実務経験等を要する技能であって、特段の育成・訓練を受けることなく、直ぐに一定程度の業務を遂行できるものを指す。一方、「特定技能2号」とは、特定産業分野に属する熟練した技能を要する業務に従事する外国人向けの在留資格であり、長年の実務経験により身につけた熟練した技能を有し、現行の専門的・技術的分野の在留資格を有する外国人と同等又はそれ以上の高い専門性を有するものを指す。ここでいう「特定産業分野」には、平成31年4月1日時点において、介護、ビルクリーニング、素形材産業、産業機械製造業、電気・電子情報関連産業、建設、造船・舶用工業、自動車整備、航空、宿泊、農業、漁業、飲食料品製造業、外食業の14分野が指定されている。また、各産業分野ごとに向こう5年間の受入上限人数が決まっており、図表3のとおりである。なお、特定技能外国人が、複数の特定産業分野において対応する技能を有しているとして法務大臣により指定されている場合には、当該複数の産業分野に従事させることが可能である(本運用要領参照)。なお、平成31年4月1日時点において、「特定技能2号」による外国人の受入れが予定されているのは、建設分野と造船・舶用工業分野の2分野のみである。令和7年までに約145万5,000人の労働力が不足すると試算されているところ、かかる不足分のうち、約24%が「特定技能」で補われることとなる見込みとのことである。

(1) 在留期間、家族の帯同等

　「特定技能1号」は、最長で5年間の就労が認められている。なお、「特定技能2号」とは異なり、家族の帯同は認められない(「特定技能2号」は配偶者と子の帯同が認められる。)。指定された産業分野の範囲内であれば、転職も認められるが、転職した場合でも在留期間の最長5年がリセットされるわけではない。

⑵　雇用条件

　平成31年4月1日時点において、農業分野と漁業分野を除き、直接雇用のみが認められ、派遣は禁止されている。また、同等のレベルの業務に従事する日本人と同等以上の報酬等を支払うことが要件となる。日本人と同じように労働関連法及び社会保障に関連する法律が適用され、その遵守が求められる点には十分留意する必要がある。

⑶　技能試験等

　「特定技能1号」を得るには、所定の技能試験及び日本語試験に合格するルートと「技能実習」から移行するルートの2パターンが用意されている。後者については、既に述べたとおり、これまで技能実習生が日本の労働力不足を事実上補ってきたのは紛れもない事実であるものの、「技能実習」は就労を目的とする在留資格ではなく、「国際協力の推進」（技能実習法1）を目的とするものである。一方で、「技能実習」の修了により一定の技能を有していることは担保されることから、入管法は「技能実習」から「特定技能1号」への移行を認めている。具体的には、「技能実習2号」又は「技能実習3号」の修了後に、在留資格の変更手続により、「特定技能1号」への変更をすることで、さらに5年間の就労が可能となる（転職も可能）。

　「特定技能2号」に該当する技能水準を持っているか否かは、試験等によって確認されるものであり、「特定技能1号」から「特定技能2号」に自動的に移行するものではなく、また、技能試験により高い技能を有していることが証明できれば「特定技能1号」を経ることなく「特定技能2号」の取得も可能である。平成31年4月1日時点において、「特定技能2号」の技能試験は令和3年度内に実施されるとのことであり、「特定技能2号」は創設されたものの、実際の運用が始まるのはもう少し先ということになる。「特定技能2号」は、下記の受入機関又は登録支援機関の支援の対象外とされており、「特定技能

第1章 ▶▶▶ 入管法と租税法

1号」等で数年間日本に住み、ある程度日本での生活に慣れているこ
とを前提としている。

⑷ 受入対象国

「技能実習生」と異なり、原則として受入対象国の制限はないが、
当面は、特定技能評価試験は、ベトナム、中国、フィリピン、インド
ネシア、タイ、ミャンマー、カンボジア、ネパール、モンゴルの9か
国のみで実施が予定されているため、同国からの受入れが中心になる
ものと思われる[2]。他の国籍を有する外国人も、特定技能評価試験を
受験し合格すれば「特定技能1号」の在留資格を取得することが可能
である。

図表3　特定産業分野別受入上限数

	特定産業分野	分野所管行政機関	受入れ見込数（5年間の最大値）	従事する業務	受入れ機関に対して特に課す条件
1	介護	厚労省	60,000人	・身体介護等（利用者の心身の状況に応じた入浴、食事、排せつの介助等）のほか、これに付随する支援業務（レクリエーションの実施、機能訓練の補助等） （注）訪問系サービスは対象外　　　（1試験区分）	・厚労省が組織する協議会に参加し、必要な協力を行うこと ・厚労省が行う調査又は指導に対し、必要な協力を行うこと ・事業所単位での受入れ人数枠の設定
2	ビルクリーニング		37,000人	・建築物内部の清掃　　　　　（1試験区分）	・厚労省が組織する協議会に参加し、必要な協力を行うこと ・厚労省が行う調査又は指導に対し、必要な協力を行うこと ・「建築物清掃業」又は「建築物環境衛生総合管理業」の登録を受けていること
3	素形材産業	経産省	21,500人	・鋳造　・金属プレス加工　・仕上げ　・溶接 ・鍛造　・工場板金　・機械検査　・ダイカスト ・めっき　・機械保全　・機械加工 ・アルミニウム陽極酸化処理　・塗装　（13試験区分）	・経産省が組織する協議会に参加し、必要な協力を行うこと ・経産省が行う調査又は指導に対し、必要な協力を行うこと
4	産業機械製造業		5,250人	・鋳造　・塗装　・仕上げ　・電気機器組立て ・溶接　・鍛造　・鉄工　・機械検査 ・プリント配線板製造　・工業包装 ・ダイカスト　・工場板金　・機械保全 ・プラスチック成形　・機械加工　・めっき ・電子機器組立て　・金属プレス加工（18試験区分）	・経産省が組織する協議会に参加し、必要な協力を行うこと ・経産省が行う調査又は指導に対し、必要な協力を行うこと
5	電気・電子情報関連産業		4,700人	・機械加工　・仕上げ　・プリント配線板製造　・工業包装 ・金属プレス加工　・機械保全　・プラスチック成形 ・工場板金　・電子機器組立て　・塗装 ・めっき　・電気機器組立て　・溶接　（13試験区分）	・経産省が組織する協議会に参加し、必要な協力を行うこと ・経産省が行う調査又は指導に対し、必要な協力を行うこと

2　現時点において、イランの国籍を有する外国人には「特定技能」の在留資格は認め
られていない。

2 ▶▶▶ 入管法の改正と実務上の問題点

	特定産業分野	分野所管行政機関	受入れ見込数（5年間の最大値）	従事する業務	受入れ機関に対して特に課す条件
6	建設	国交省	40,000人	・型枠施工　　・土工　　・内装仕上げ／表装 ・左官・屋根ふき　・電気通信 ・コンクリート圧送　・鉄筋施工 ・トンネル推進工　・鉄筋継手　〔11試験区分〕 ・建設機械施工	・外国人の受入れに関する建設業者団体に所属すること ・国交省が行う調査又は指導に対し、必要な協力を行うこと ・建設業法の許可を受けていること ・日本人と同等以上の報酬を安定的に支払い、技能習熟に応じて昇給を行う契約を締結していること ・雇用契約に係る重要事項について、母国語で書面を交付して説明すること・受入れ建設企業単位での受入れ人数枠の設定・報酬等を記載した「建設特定技能受入計画」について、国交省の認定を受けること ・国交省等により、認定を受けた「建設特定技能受入計画」を適正に履行していることの確認を受けること ・特定技能外国人を建設キャリアアップシステムに登録すること　等
7	造船・舶用工業		13,000人	・溶接　　　・仕上げ ・塗装　　　・機械加工 ・鉄工　　　・電気機器組立て　〔6試験区分〕	・国交省が組織する協議会に参加し、必要な協力を行うこと ・国交省が行う調査又は指導に対し、必要な協力を行うこと ・登録支援機関に支援計画の実施を委託するに当たっては、上記条件を満たす登録支援機関に委託すること
8	自動車整備		7,000人	・自動車の日常点検整備、定期点検整備、分解整備 〔1試験区分〕	・国交省が組織する協議会に参加し、必要な協力を行うこと ・国交省が行う調査又は指導に対し、必要な協力を行うこと ・登録支援機関に支援計画の実施を委託するに当たっては、上記条件等を満たす登録支援機関に委託すること ・道路運送車両法に基づく認証を受けた事業場であること
9	航空		2,200人	・空港グランドハンドリング（地上走行支援業務、手荷物 ・貨物取扱業務等）・航空機整備（機体、装備品等の整備業務等）　　　　　　　　　　〔2試験区分〕	・国交省が組織する協議会に参加し、必要な協力を行うこと ・国交省が行う調査又は指導に対し、必要な協力を行うこと ・登録支援機関に支援計画の実施を委託するに当たっては、上記条件を満たす登録支援機関に委託すること ・空港管理規制に基づく構内営業承認等を受けた事業者又は航空法に基づく航空機整備等に係る認定事業場等であること

49

第1章 ▶▶▶ 入管法と租税法

	特定産業分野	分野所管行政機関	受入れ見込数（5年間の最大値）	従事する業務	受入れ機関に対して特に課す条件
10	宿泊		22,000人	・フロント、企画・広報、接客、レストランサービス等の宿泊サービスの提供 （1試験区分）	・国交省が組織する協議会に参加し、必要な協力を行うこと ・国交省が行う調査又は指導に対し、必要な協力を行うこと ・登録支援機関に支援計画の実施を委託するに当たっては、上記条件を満たす登録支援機関に委託すること ・「旅館・ホテル営業」の許可を受けた者であること ・風俗営業関連の施設に該当しないこと ・風俗営業関連の接待を行わせないこと
11	農業		36,500人	・耕種農業全般（栽培管理、農産物の集出荷・選別等） ・畜産農業全般（飼養管理、畜産物の集出荷・選別等） （2試験区分）	・農水省が組織する協議会に参加し、必要な協力を行うこと ・農水省が行う調査又は指導に対し、必要な協力を行うこと ・登録支援機関に支援計画の実施を委託するに当たっては、協議会に対し必要な協力を行う登録支援機関に委託すること ・労働者を一定期間以上雇用した経験がある農業経営体であること
12	漁業	農水省	9,000人	・漁業（漁具の製作・補修、水産動植物の探索、漁具・漁労機械の操作、水産動植物の採捕、漁獲物の処理・保蔵、安全衛生の確保等） ・養殖業（養殖資材の製作・補修・管理、養殖水産動植物の育成管理・収獲（穫）・処理、安全衛生の確保等） （2試験区分）	・農水省が組織する協議会に参加し、必要な協力を行うこと ・農水省が行う調査又は指導に対し、必要な協力を行うこと ・農水省が組織する協議会において協議が調った措置を講じること ・登録支援機関に支援計画の実施を委託するに当たっては、分野固有の基準に適合している登録支援機関に限ること
13	飲食料品製造業		34,000人	・飲食料品製造業全般（飲食料品（酒類を除く）の製造・加工、安全衛生） （1試験区分）	・農水省が組織する協議会に参加し、必要な協力を行うこと ・農水省が行う調査又は指導に対し、必要な協力を行うこと
14	外食業		53,000人	・外食業全般（飲食物調理、接客、店舗管理） （1試験区分）	・農水省が組織する協議会に参加し、必要な協力を行うこと ・農水省が行う調査又は指導に対し、必要な協力を行うこと ・風俗営業関連の営業所に就労させないこと・風俗営業関連の接待を行わせないこと

（出所）法務省HP「リーフレット（受入れ機関向け）」（平成31年3月15日）
（http://www.moj.go.jp/nyuukokukanri/kouhou/nyuukokukanri01_00127.html〔2019
年6月26日訪問〕）

2 ▶▶▶ 入管法の改正と実務上の問題点

図表4 「特定技能」により就労を開始するまでの手続フロー

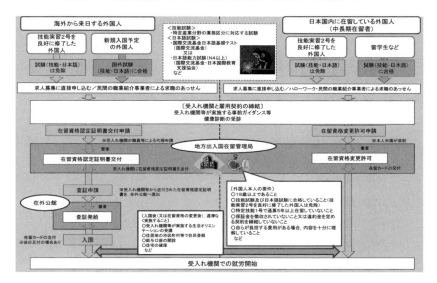

（出所）法務省HP「新たな外国人材の受入れについて」（平成31年3月）
（http://www.moj.go.jp/nyuukokukanri/kouhou/nyuukokukanri01_00127.html〔2019年6月26日訪問〕）

「特定技能」の新設に伴う特例措置[3]

　「特定技能」の新設に伴う特例措置として、当面の間「特定技能1号」に変更予定の一定の外国人に対し、「特定活動」による就労を可能とする措置が採られている。特例措置の趣旨は、「技能実習2号」修了者は、「特定技能1号」の技能試験・日本語試験を免除されるため、登録支援機関の登録手続等の「特定技能1号」への変更準備に必要な期間における在留資格を与えるためとしている。特例措置の具体的内容は以下のとおりである。

ア　対象者
　「技能実習2号」で在留した経歴を有し、現に「技能実習2号」、「技能実習3号」、「特定活動」（外国人建設就労者又は造船就労者として活動している者）のいずれかにより在留中の外国人のうち、令和元年9月末までに在留期間が満了する者

イ　許可される在留資格・在留期間
　在留資格「特定活動」（就労可）、在留期間：4月（原則として更新不可）

ウ　許可要件（以下の全てを満たすことが必要）
1. 従前と同じ事業者で就労するために「特定技能1号」へ変更予定であること
2. 従前と同じ事業者で従前の在留資格で従事した業務と同種の業務に従事する雇用契約が締結されていること
3. 従前の在留資格で在留中の報酬と同等額以上の報酬を受けること
4. 登録支援機関となる予定の機関の登録が未了であるなど、「特定技能1号」への移行に時間を要することに理由があること
5. 「技能実習2号」で1年10か月以上在留し、かつ、修得した技能の職種・作業が「特定技能1号」で従事する特定産業分野の業務区分の技能試験・日本語能力試験の合格免除に対応するものであること
6. 受入れ機関が、労働、社会保険及び租税に関する法令を遵守していること

2 ▶▶▶ 入管法の改正と実務上の問題点

7. 受入れ機関が、特定技能所属機関に係る一定の欠格事由（前科、暴力団関係、不正行為等）に該当しないこと
8. 受入れ機関又は支援委託予定先が、外国人が十分理解できる言語で支援を実施できること

3. 受入事業者側に求められること（図表5参照）

(1) 受入事業者自体が満たすべき主な基準[4]

① 労働、社会保険及び租税に関する法令を遵守していること

② 1年以内に「特定技能」の在留資格で受け入れる外国人と同種の業務に従事する労働者を非自発的に離職させていないこと

③ 1年以内に受入事業者の責めに帰すべき事由により行方不明者を発生させていないこと

④ 欠格事由（5年以内に出入国・労働法令違反がないこと等）に該当しないこと

⑤ 報酬を預貯金口座への振込等により支払うこと

⑥ 中長期在留者の受入れ又は管理を適正に行った実績があり、かつ、役職員の中から、支援責任者及び支援担当者を選任していること（兼任可）等

⑦ 外国人が十分理解できる言語で支援を実施することができる体制を有していること

⑧ 支援責任者等が欠格事由に該当しないこと　他

（注）⑥⑦⑧は登録支援機関に全部委託することが可能である。

---

3 http://www.moj.go.jp/nyuukokukanri/kouhou/nyuukokukanri07_00195.html
〔2019年6月26日訪問〕参照。
4 「特定技能外国人の受入れに関する政省令の骨子」（https://www.kantei.go.jp/jp/singi/gaikokujinzai/kaigi/dai4/siryou1.pdf〔2019年6月26日訪問〕）参照。

53

第1章 ▶▶▶ 入管法と租税法

⑵　受入事業者が遵守すべき主な義務

　受入事業者は、外国人との間で所要の基準に適合した契約を締結するとともに、当該契約の適正な履行等が確保されるための所定の基準を満たさなければならず、また、外国人支援計画を適正に実施しなければならないことに加え、外国人の受入れが出入国又は労働に関する法令に適合していなければならない。

　また、本基本方針は、受入事業者には、特定技能1号を取得した外国人が「特定技能」の在留資格に基づく活動を安定的かつ円滑に行うことができるようにするための職業生活上、日常生活上又は社会生活上の支援を実施する義務がある旨述べた上で、具体的支援の内容を以下のとおり列挙している。さらに、特定技能基準省令、本運用要領並びに分野別省令において具体例を交えた詳細な解説が加えられている。

① 外国人に対する入国前の生活ガイダンスの提供（外国人が理解することができる言語により行う。④、⑥及び⑦において同じ。）

② 入国時の空港等への出迎え及び帰国時の空港等への見送り

③ 保証人となることその他の外国人の住宅の確保に向けた支援の実施

④ 外国人に対する在留中の生活オリエンテーションの実施（預貯金口座の開設及び携帯電話の利用に関する契約に係る支援を含む。）

⑤ 生活のための日本語習得の支援

⑥ 外国人からの相談・苦情への対応

⑦ 外国人が履行しなければならない各種行政手続についての情報提供及び支援

⑧ 外国人と日本人との交流の促進に係る支援

⑨ 外国人が、その責めに帰すべき事由によらないで特定技能雇用契約を解除される場合において、他の本邦の公私の機関との特定

技能雇用契約に基づいて「特定技能1号」の在留資格に基づく活動を行うことができるようにするための支援

上記の規定に違反した場合には、出入国在留管理庁長官から、指導・助言・報告徴収・改善命令等を受ける可能性があり、改善命令を受けた場合には企業名の公表がなされ、改善命令に従わなかった場合には罰則（6か月以下の懲役又は30万円以下の罰金）を受ける可能性がある。

図表5　受入れ機関と登録支援機関

受入れ機関について

1　受入れ機関が外国人を受け入れるための基準
① 外国人と結ぶ雇用契約が適切（例：報酬額が日本人と同等以上）
② 機関自体が適切（例：5年以内に出入国・労働法令違反がない）
③ 外国人を支援する体制あり（例：外国人が理解できる言語で支援できる）
④ 外国人を支援する計画が適切（例：生活オリエンテーション等を含む）

2　受入れ機関の義務
① 外国人と結んだ雇用契約を確実に履行（例：報酬を適切に支払う）
② 外国人への支援を適切に実施
→支援については、登録支援機関に委託も可。
全部委託すれば1③も満たす。
③ 出入国在留管理庁への各種届出
(注)①～③を怠ると外国人を受け入れられなくなるほか、出入国在留管理庁から指導、改善命令等を受けることがある。

登録支援機関について

1　登録を受けるための基準
① 機関自体が適切（例：5年以内に出入国・労働法令違反がない）
② 外国人を支援する体制あり（例：外国人が理解できる言語で支援できる）

2　登録支援機関の義務
① 外国人への支援を適切に実施
② 出入国在留管理庁への各種届出
(注)①②を怠ると登録を取り消されることがある。

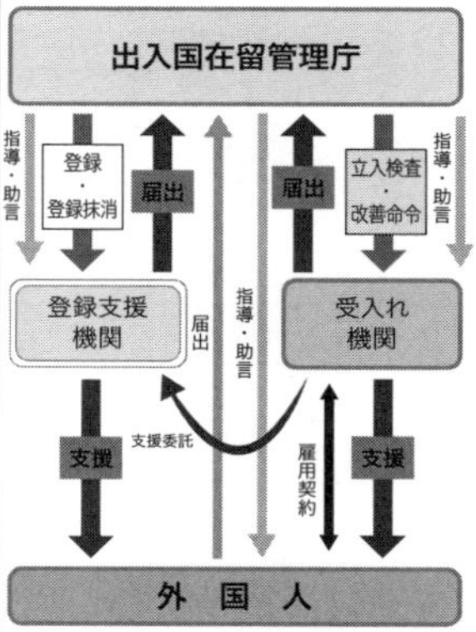

（出所）法務省HP「新たな外国人材の受入れについて」（平成30年4月）（http://www.moj.go.jp/nyuukokukanri/kouhou/nyuukokukanri01_00127.html〔2019年6月26日訪問〕）

(3) 受け入れる際に必要な手続の概要

受入事業者側で、特定技能外国人を受け入れる際に必要となる手続の概要は、図表6のとおりである。

第1章 ▶▶▶ 入管法と租税法

図表6　受入機関側で必要となる手続フロー

海外から来日する外国人	受入れ機関	日本国内に在留している外国人（中長期在留者）

特定技能雇用契約の締結
○ 受入れ機関等が実施する事前ガイダンス等

1号特定技能外国人支援計画を策定（注）

在留資格認定証明書交付申請
（地方出入国在留管理局）

在留資格変更許可申請
（地方出入国在留管理局）

（注）受入れ機関のみで1号特定技能外国人支援計画の全部を実施することが困難である場合は、支援計画の全部の実施を登録支援機関に委託することにより、受入れ機関は支援計画の適正な実施の確保の基準に適合するとみなされます。

在留資格認定証明書受領

【各種支援】
①生活オリエンテーションの実施
②日本語学習の機会の提供
③外国人からの相談・苦情への対応
④外国人と日本人との交流の促進に係る支援　など

在留資格変更許可

在外公館に査証申請

査証発給

【各種届出】
①雇用契約の変更等
②支援計画の変更
③支援計画の実施状況　など

入　国

就　労　開　始

（出所）法務省HP「リーフレット（受入れ機関向け）」（平成31年3月15日）（http://www.moj.go.jp/nyuukokukanri/kouhou/nyuukokukanri01_00127.html〔2019年6月26日訪問〕）

56

2 ▶▶▶ 入管法の改正と実務上の問題点

図表7　制度比較表

	専門的・技術的分野	技能実習制度	特定技能	
			1号	2号
在留資格	「技術・人文知識・国際業務」	企業単独型・団体管理型（1号、2号、3号）	1号	2号
目的	専門的な知識、技術、技能を有する外国人については、日本の経済社会の活性化に資するとの観点から、積極的に受け入れることとしている（就労目的）	開発途上国等への技能等の移転を図り、その経済発展を担う「人づくり」に協力すること（就労目的でない）	深刻な人手不足に対応するため、一定の専門性・技能を有し即戦力となる外国人材を受け入れること（就労目的）	
学歴/実務経験	必要（学歴要件といずれかを満たすことが必要）	不要	不要	不要
日本語水準要件	なし	なし（介護に従事する場合に限り、日本語能力試験N4合格又は同等の日本語能力が必要）	ある程度日常会話ができ、生活に支障がない程度を基本とし、業務上必要な日本語能力※（国際交流基金日本語基礎テスト又は日本語能力試験N4以上）	なし※試験は予定されている
技能水準要件	あり（大卒以上の学歴又は10年の実務経験に基づく能力）	なし※2号、3号に更新するにあたって試験あり	ある程度の技能※試験あり	熟練した技能※試験あり
受入国	原則自由	制限あり（13か国）（大半はベトナム/中国/フィリピン/インドネシア/タイから受入）	原則自由	原則自由
在留期間	制限なし	通算で最長5年	通算で最長5年	制限なし
転職の可否	可	不可	可（注1）	可（注1）
家族帯同	可	不可	不可	可
受入人数[5]	212,403人（2018年6月末時点）	285,776人（2018年6月末時点）	2019年度からの5年間で最大34万人（予定）	当面は受入なし

注1：同一の業務区分又は試験等により技能水準の共有性が確認されている業務区分間において認められる（「本基本方針8頁」）。

---

5 http://www.moj.go.jp/nyuukokukanri/kouhou/nyuukokukanri04_00076.html
〔2019年6月26日訪問〕参照。

4. 出入国在留管理庁の創設等

これまで、入管業務は、法務省の内部部局である入国管理局が所轄してきたが、本改正により、法務省の外局として出入国在留管理庁が設置され、これまでの、地方入国管理局は、地方出入国在留管理局として新たなスタートを切った。現在、地方出入国管理局が全国8局、同支局が7局、同出張所61か所及び入国管理センターが2か所設けられている（図表8参照）。出入国在留管理庁は、①出入国及び在留の公正な管理を図ることに加え、②①の任務に関連する内閣の重要政策に関する内閣の事務を助けることも任務とするとされている。これ

図表8　出入国在留管理庁の組織図

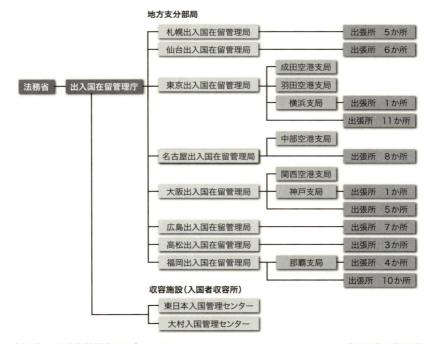

（出所）入国在留管理庁HP（http://www.immi-moj.go.jp/soshiki/index.html〔2019年6月26日訪問〕）

により、特定技能外国人の受入れや外国人観光客の増加に対応する。出入国審査を行う入国審査官や不法滞在等の摘発を行う入国警備官を含め、数百人規模の人員増強も図るとされている。また同庁の傘下には、「出入国管理部」に加え、これまで問題視されてきた悪質ブローカーの排除や外国人労働者の日本における共生をサポートすることを目的とする「在留管理支援部」が置かれている。

5. 改正が実務に与える影響

(1) 適切な労務管理の必要性

　特定技能外国人には、労働基準法、労働契約法、労働安全衛生法、最低賃金法等労働に関連する法律が日本人と同様に適用される。したがって、既述のとおり、特定技能外国人に対しては、外国人であることを理由に、同様の仕事に従事する日本人と比較して、低い賃金を支払うことは禁止される。また、賃金等の不払い禁止（労基法24）、差別的取扱いの禁止（労基法3）、労働時間の規制（労基法32）等の規制に服する。さらに、平成31年4月の法改正により36協定を結んだ場合であっても、時間外労働時間の上限規制が設けられた。また、解雇に関して、平成31年4月1日より「外国人労働者の雇用管理の改善等に関して事業主が適切に対応するための指針」が改正され、外国人労働者が理解できる方法により労働条件等を教示する義務、帰国等の援助、多様性への配慮等様々な視点からの改正が盛り込まれている。

　今後の法改正や通達、指針等に留意しながら、労務管理におけるコンプライアンス違反が起こらないよう十分注意する必要がある。

(2) コンプライアンスリスクの増大

　向こう5年間のうちに約34万人という、近年日本が経験したことのない規模の外国人労働者が短期間のうちに日本各地で働くことになる。受入事業者側においては、特に現場レベルにおいて、入管法を正

第1章 ▶▶▶ 入管法と租税法

しく理解し、適法に外国人を雇用しているかにつき、常に細心の注意を払う必要がある。違反が発覚した場合のレピュテーションリスクは極めて大きいものとなる。また、米国のように、人権侵害を伴う製品の輸入を禁止している国[6]もあり、例えば、技能実習生に対する人権侵害が発覚した場合には、取引停止のリスクすら伴うことも忘れるべきではない。近時の技能実習生の不法就労摘発のように、監視の目は厳しくなっており、「知りませんでした。」ということが絶対にないよう、常に最新の情報を社内で周知徹底することが重要である。また、定期的に入管法の遵守状況に関する内部監査等を実施し、違反の芽を早めに摘み取ることも必要である。このように、受入事業者においては、外国人労働者の雇用に関するコンプライアンス意識の向上が急務であるといえる。

---

6 「米国貿易円滑化貿易執行法（Trade Facilitation and Trade Enforcement Act of 2015（TFTEA））」。

2 ▶▶▶ 入管法の改正と実務上の問題点

宿泊分野の在留資格は？

　現在、宿泊分野においては、約3万8,000人の外国人労働者が働き、そのうち7割が、資格外活動許可を得て働く「留学生」のアルバイトであるとされている。通常、ホテルのフロント業務や通訳等として外国人を雇用する場合、「技術・人文知識・国際業務」分野の在留資格が必要となるが、その場合、原則としてレストランサービス、荷物の運搬、客室の清掃等に従事させることはできない。一方、個別に資格外活動の許可を得た「留学生」は、こうした単純労働に従事させることもできる。しかし、既述のとおり「留学生」は、そもそも労働力を提供することを目的とした在留資格ではなく、総労働時間等就労の条件が法令により厳しく規制されている。宿泊分野において、特定技能1号外国人が従事することができる業務は、「宿泊施設におけるフロント、企画・広報、接客及びレストランサービス等の宿泊サービスの提供に係る業務」とされている。したがって、現状「留学生」に頼っている業務（例えば、レストランサービス）にも従事させることができる（なお、「外国人の受入れ制度に係るQ&A」（http://www.moj.go.jp/content/001289367.pdf〔2019年6月26日訪問〕）に「特定の一業務のみ従事するのではなく、上記業務に幅広く従事する活動を行っていただく必要がある」と記載されており、特定技能1号外国人を例えば、専らレストランサービスに従事させることは予定されていないと考えられる（Q7に対する回答）。）。

　「特定技能1号」の取得に必要な宿泊業技能測定試験は、日本旅館協会、全国旅館ホテル生活衛生同業組合連合会、日本ホテル協会、全日本シティホテル連盟が共同で設立した「一般社団法人宿泊業技能試験センター」により実施されることとなっており、国内での初試験が、平成31年4月14日に実施された。

介護分野の在留資格は？

　高齢化が進む日本において、介護人材の不足は年々深刻化しており、介護分野における外国人労働者のニーズは高い状態が続いている。介護分野における人材を採用する際には、これまでに紹介した在留資格のうち「介護」「技能実習」「特定技能1号」のいずれかの在留資格を取得する場合に加え、経済連携協定（EPA）を締結するインドネシア・フィリピン・ベトナムからは、一定の要件のもと介護福祉士候補者として「特定活動」の在留資格により入国し、介護業務に従事することが認められている。このように介護分野における在留資格はその制度趣旨や要件が異なる4パターン存在し、極めて複雑である。介護人材を採用する際には、いかなる在留資格での採用になるのか、また当該在留資格の在留期間、更新の可否、勤務条件に関する制限等の詳細についても十分把握し、労務管理を行うことが求められる（詳細は図表9を参照）。なお、特定技能1号外国人の受入れについては、平成31年4月13日にフィリピン・マニラにおいて最初の技能及び日本語能力試験が行われ、125人が受験したとのことである。募集当日に定員に達するほどの人気ぶりと報道されている[22]。早ければ令和元年夏には、「特定技能1号」により介護職に従事する外国人が誕生することになる。

---

[22] https://headlines.yahoo.co.jp/hl?a＝20190414-00010003-houdoukvq-int
〔2019年4月22日訪問〕参照。

2 ▶▶▶ 入管法の改正と実務上の問題点

図表9　外国人介護人材受入れの仕組み

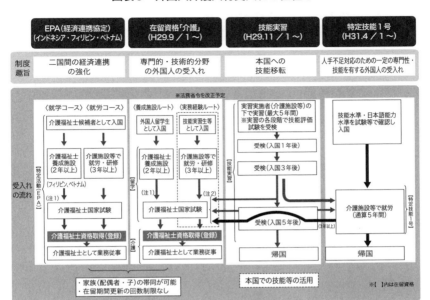

（注1）平成29年度より、養成施設卒業者も国家試験合格が必要となった。ただし、平成33年度までの卒業者には卒業後5年間の経過措置が設けられている。
（注2）「新しい経済対策パッケージ」（平成29年12月8日閣議決定）において、「介護分野における技能実習や留学中の資格外活動による3年以上の実務経験に加え、実務者研修を受講し、介護福祉士の国家試験に合格した外国人に在留資格を認めること」とされており、現在、法務省において法務省令の改正に向けて準備中。

（出所）厚生労働省HP「参考2：外国人介護人材の受入れ（EPA、技能実習、在留資格「介護」、特定技能）」（https://www.mhlw.go.jp/content/12000000/000484666.pdf〔2019年6月26日訪問〕）

〔内海　英博・白井　紀充〕

第1章 ▶▶▶ 入管法と租税法

▶**3** 入管法と消費税等

　外国人労働者の受入れを拡大するために、「出入国管理及び難民認定法及び法務省設置法の一部を改正する法律」が平成30年12月8日に可決成立し、平成31年4月1日より施行されている。

　ここでは、入管法と消費税について確認していく。

1.消費税の課税対象

　消費税の課税対象は、国内取引については事業者が対価を得て行った課税資産の譲渡等（特定資産の譲渡等に該当するものを除く。）及び特定仕入れ（事業として他の者から受けた特定資産の譲渡等をいう。）、また、輸入取引については保税地域からの外国貨物の引取りである（消法4①②）。

　したがって、国外取引や、国内取引であっても事業者以外の者が行った取引は課税対象とはならない。また、消費税の課税対象となるものであっても一定の取引については非課税取引又は免税取引とされ、消費税が課されないものや免除されるものもある。

　なお、消費税法では、課税仕入れの範囲から、「所得税法第28条第1項（給与所得）に規定する給与等を対価とする役務の提供を除く。」と規定していることから（消法2①十二）、給与等には消費税が課されないこととなっている。また、「給与等を対価とする役務の提供」とは、雇用契約又はこれに準ずる契約に基づき給与等を対価として労務を提供することをいうのであるが、この場合の給与等には、俸給、給料、賃金、歳費、賞与及びこれらの性質を有する給与のほか、過去の労務の提供を給付原因とする退職金、年金等も該当する、と規定している（消基通11-1-2）。

　他方、個人事業主に対する役務提供の対価としての支払については、

── 64

一般に外注費として、消費税が課税されることになる。

2. 入管法の改正と消費税の取扱い

入管法の改正によって、従来からの高度専門職等の就労が認められる在留資格に加えて、新たな外国人材の受入れのため、「特定技能1号」及び「特定技能2号」という在留資格が創設された。

「特定技能1号」では、「法務大臣が指定する本邦の公私の機関との雇用に関する契約…に基づいて行う特定産業分野（人材を確保することが困難な状況にあるため外国人により不足する人材の確保を図るべき産業上の分野として法務省令で定めるものをいう。…）であって法務大臣が指定するものに属する法務省令で定める相当程度の知識又は経験を必要とする技能を有する業務に従事する活動」を行うことができる（入管法別表第一の二）。

「特定技能2号」では、「法務大臣が指定する本邦の公私の機関との雇用に関する契約に基づいて行う特定産業分野であって法務大臣が指定するものに属する法務省令で定める熟練した技能を要する業務に従事する活動」を行うことができる（入管法別表第一の二）。

以上のように、特定技能1号及び特定技能2号のいずれも、「雇用に関する契約」に基づいて行う活動であるから、消費税法基本通達11-1-2《給与等を対価とする役務の提供》の「雇用契約又はこれに準ずる契約に基づき給与等を対価として労務を提供する」場合に該当することになり、特定技能1号及び特定技能2号の在留資格に基づいて就労した場合は、給与等に該当し、消費税は課されない。

他方、例えば、「高度専門職1号」は、高度の専門的な能力を有する人材として法務省令で定める基準に適合する者が行う、(イ)法務大臣が指定する本邦の公私の機関との契約に基づいて研究、研究の指導若しくは教育をする活動又は当該活動と併せて当該活動と関連する事業を自ら経営し若しくは当該機関以外の本邦の公私の機関との契約に基

第1章 ▶▶▶ 入管法と租税法

づいて研究、研究の指導若しくは教育をする活動、㈑法務大臣が指定する本邦の公私の機関との契約に基づいて自然科学若しくは人文科学の分野に属する知識若しくは技術を要する業務に従事する活動又は当該活動と併せて当該活動と関連する事業を自ら経営する活動、㈦法務大臣が指定する本邦の公私の機関において貿易その他の事業の経営を行い若しくは当該事業の管理に従事する活動又は当該活動と併せて当該活動と関連する事業を自ら経営する活動、のいずれかに該当する活動であって、我が国の学術研究又は経済の発展に寄与することが見込まれるもの、に在留資格が与えられる（入管法別表第一の二）。

　この高度専門職1号は、上記のように自ら経営することも可能であることから、個人事業主として経営する場合、小規模事業者に係る納税義務の免除（消法9）又は、前年又は前事業年度等における課税売上高による納税義務の免除の特例（消法9の2）の適用を受けず、課税事業者に該当するか、課税事業者選択届書を納税地の所轄税務署長に提出すれば、消費税の納税義務が発生する（消法5①）。その他、「経営・管理」の在留資格のように自ら経営できる在留資格であれば、同様に取り扱うことになる。なお、法務省入国管理局より「外国人経営者の在留資格基準の明確化について」（平成17年8月〔平成27年3月改訂〕）[1]が公表されている。

　参考までに、給与等か事業かの判断は、消費税法基本通達で以下の

1　法務省入国管理局「外国人経営者の在留資格基準の明確化について」（平成17年8月〔平成27年3月改訂〕）（http://www.moj.go.jp/nyuukokukanri/kouhou/nyukan_nyukan43.html〔2019年4月20日訪問〕）。
　　そこでは、「外国人が我が国において事業を起こし、又は既存の事業の経営又は管理に従事する場合、その活動は『経営・管理』の在留資格に該当することとなりますが、同在留資格については、出入国管理及び難民認定法第7条第1項第2号の基準を定める省令（以下『基準省令』という。）において『事業を営むための事業所として使用する施設が本邦に確保されていること』又は『事業を営むための事業所が本邦に存在すること』とする基準が定められているところ、ベンチャー企業などとして興された企業については、設立当初は規模が小さいことや少人数での事業運営が可能であること等から、住居としても使用している施設を事業所と定めて事業を行う場合等がありま

66

3 ▶▶▶ 入管法と消費税等

ように規定している。

> **消費税法基本通達1−1−1《個人事業者と給与所得者の区分》**
>
> 　　事業者とは自己の計算において独立して事業を行う者をいうから、個人が雇用契約又はこれに準ずる契約に基づき他の者に従属し、かつ、当該他の者の計算により行われる事業に役務を提供する場合は、事業に該当しないのであるから留意する。したがって、出来高払の給与を対価とする役務の提供は事業に該当せず、また、請負による報酬を対価とする役務の提供は事業に該当するが、支払を受けた役務の提供の対価が出来高払の給与であるか請負による報酬であるかの区分については、雇用契約又はこれに準ずる契約に基づく対価であるかどうかによるのであるから留意する。この場合において、その区分が明らかでないときは、例えば、次の事項を総合勘案して判定するものとする。
>
> ⑴　その契約に係る役務の提供の内容が他人の代替を容れるかどうか。
>
> ⑵　役務の提供に当たり事業者の指揮監督を受けるかどうか。
>
> ⑶　まだ引渡しを了しない完成品が不可抗力のため滅失した場合等においても、当該個人が権利として既に提供した役務に係る報酬の請求をなすことができるかどうか。
>
> ⑷　役務の提供に係る材料又は用具等を供与されているかどうか。

　また、従業員として社宅を利用させる場合は、通常1か月以上の期間の住宅の貸付けとなることから、その社宅の利用に伴う賃貸料は非課税売上げに該当する（消費税法別表第一第十三号）。

す。また、在留期間の更新許可申請等において、当該事業の経営・管理という在留活動を継続して行うことができるかという観点から、赤字決算等が疑問を生ぜしめる場合があり得る反面、通常の企業活動の中でも、諸般の事情により赤字決算となっていても、在留活動の継続性に支障はない場合も想定されます。

　従来、この『事業所の確保（存在）』及び『事業の継続性』の認定をするに当たって、その基準が不透明であるとの指摘があったことから、以下のとおりガイドラインを示すこととしました。」と事業所の確保及び事業の継続性について基準を明らかにしている。

67

第1章 ▶▶▶ 入管法と租税法

3. 特定役務の提供

　外国の芸能人やスポーツ選手等が我が国で芸能活動や試合等を行う
場合に、消費税法上、特定役務の提供に該当すると消費税の課税関係
が生じる。

⑴　**特定役務の提供の意義**

　特定役務の提供とは、資産の譲渡等のうち、国外事業者が行う演劇
その他の政令で定める役務の提供（電気通信利用役務の提供に該当す
るものを除く。）をいう、と規定している（消法2①八の五）。当該政
令で定める役務の提供は、映画若しくは演劇の俳優、音楽家その他の
芸能人又は職業運動家の役務の提供を主たる内容とする事業として行
う役務の提供のうち、国外事業者が他の事業者に対して行う役務の提
供とすると規定している（消令2の2）。

　また、上記職業運動家には、運動家のうち、いわゆるアマチュア、
ノンプロ等と称される者であっても、競技等の役務の提供を行うこと
により報酬・賞金を受ける場合には、これに含まれる（消基通5-8-
5）。なお、運動家には、陸上競技などの選手に限られず、騎手、レー
サーのほか、大会などで競技する囲碁、チェス等の競技者等が含まれ
る（消基通5-8-5（注））。

　具体的には、国外事業者が、国内において、対価を得て他の事業者
に対して行う次のもの等が該当する（国税庁消費税室「国境を越えた
役務の提供に係る消費税の課税の見直し等に関するQ&A」（平成27
年5月〔平成27年9月改訂〕）問45-1）。

　①　芸能人として行う映画の撮影、テレビへの出演
　②　俳優、音楽家として行う演劇、演奏
　③　スポーツ競技大会等への出場

この場合に、国外事業者が個人事業者で、当該個人事業者自身が①

68

3 ▶▶▶ 入管法と消費税等

から③の役務の提供を行う場合も含まれる。

　例えば、国外事業者であるプロスポーツ選手が、映画やCM等の撮影を国内で行って、その演技、出演料等を受領する場合も芸能人として①に含まれる。また、国外事業者がアマチュア、ノンプロ等と称されている者であっても、スポーツ競技等の役務の提供を行うことにより報酬・賞金等を受領するものであれば、③に含まれる（国境Q&A問45-1）。

　したがって、非居住者であるプロゴルファー等が賞金等の給付を受けた場合において、その賞金等の給付が資産の譲渡等の対価に該当し、かつ、特定役務の提供である場合には、当該役務の提供を受けた事業者の特定課税仕入れとなる。

⑵　特定役務の提供から除かれるもの

　特定役務の提供から除かれるものとしては、当該国外事業者が不特定かつ多数の者に対して行う役務の提供が規定されている（消令2の2かっこ書き）。

　したがって、上記⑴の具体例で掲げた①〜③のような役務の提供であっても、国外事業者が不特定かつ多数の者に対して行うものは、「特定役務の提供」から除かれることになる（国境Q&A問45-1）。

　すなわち、例えば、国外事業者である音楽家自身が国内で演奏会等を主催し、不特定かつ多数の者に役務の提供を行う場合において、それらの者の中に事業者が含まれていたとしても、当該役務の提供は特定役務の提供には該当しないことになる（消基通5-8-6）。

　具体例として、国内においてコンサート等を開催する事業者に対して、所属する音楽家等を出演させる行為は、この「特定役務の提供」に該当することになるが、国外事業者自身がコンサート等を開催し、直接、不特定かつ多数の者に対して役務の提供を行うものは、「特定役務の提供」に含まれないことから、当該国外事業者において消費税

69

第1章 ▶▶▶ 入管法と租税法

の納税義務が課されることとなる（国境Q&A問46）。

なお、仮に、このようなコンサートの観客の中に、国内の事業者が事業に関連して購入したチケットにより来場した者がいたとしても、これら費用についてリバースチャージ方式による申告は必要なく、これまでと同様に役務の提供を受けた事業者の仕入税額控除の対象となる（国境Q&A問46）。

その他、例えば、次に掲げるものは特定役務の提供には該当しない（消基通5-8-7）。

① 特定役務の提供を受ける者が、特定役務の提供を行う者との契約の締結等のために、特定役務の提供を行う者以外の者に依頼する仲介等

② 特定役務の提供を受ける者が、特定役務の提供を行う者の所属していた法人その他の者に支払う移籍料等と称するものを対価とする取引で、権利の譲渡又は貸付けに該当するもの

⑶ 課税方式

ア リバースチャージ方式

特定役務の提供に該当すると、特定資産の譲渡等に該当し、さらに、事業として他の者から受けた特定資産の譲渡等に該当すると、特定課税仕入れに該当することになる（消法4①、2①八の二）。

この特定課税仕入れに該当すると、消費税の申告に当たりリバースチャージ方式を適用することになる。リバースチャージ方式とは、納税義務が役務の提供者から役務の受益者に転換し、役務の受益者が消費税の納税義務者となることをいう（消法5①）。

したがって、特定役務の提供に該当すると、本来、役務の提供者である国外事業者ではなく、役務の受益者である国内事業者が消費税の申告納付を行うことになるため、消費税の課税標準に当該特定役務の提供に係る支払対価の額に係る消費税を計上するとともに、仕入税額

70

控除も当該特定役務の提供に係る支払対価の額に係る消費税額を計上することになる（消法28②、30①、45①一）。

特定課税仕入れが他の者から受けた特定役務の提供に係るものである場合に、事業者が支払う金額が、源泉所得税に相当する金額を控除した残額である場合であっても、特定課税仕入れに係る支払対価の額は、源泉徴収前の金額となる（消基通10-2-1）。

また、特定役務の提供を受ける事業者が、当該役務の提供を行う者の当該役務の提供を行うために要する往復の旅費、国内滞在費等の費用を負担する場合のその費用は、特定課税仕入れに係る支払対価の額に含まれる（消基通10-2-3）。ただし、当該費用について、当該役務の提供を行う者に対して交付せずに、当該役務の提供を受ける事業者から航空会社、ホテル、旅館等に直接支払われている場合は、当該費用を除いた金額を特定課税仕入れに係る支払対価の額とすることも認められる（消基通10-2-3ただし書）。

その他、事業者が特定役務の提供を受けた場合における特定課税仕入れに係る支払対価の額には、例えば、芸能人の実演の録音、録画、放送又は有線放送につき著作隣接権の対価（資産の譲渡又は貸付けの対価に該当する。）として支払われるもので、契約その他において明確に区分されているものはこれに含まれない（消基通10-2-4）。

イ　経過措置

国内において特定課税仕入れを行う事業者の平成27年10月1日を含む課税期間以後の各課税期間において、当該課税期間における課税売上割合が95％以上である場合には、当分の間、当該課税期間中に国内において行った特定課税仕入れはなかったものとして、取り扱われる（平成27年改正法附則42）。

また、簡易課税制度の適用を受ける課税期間については、当分の間、当該課税期間中に国内において行った特定課税仕入れはなかったものとして、新消費税法の規定を適用する（平成27年改正法附則44②）。

第1章 ▶▶▶ 入管法と租税法

■4. 国際観光旅客税との関係

(1) 国際観光旅客税の概要

その他の消費課税として、平成30年度税制改正により創設された「国際観光旅客税」について確認する。実務的な対応として、国税庁消費税室「国際観光旅客税に関するQ&A」（平成30年4月〔平成30年12月改訂〕）が公表されている。

「国際観光旅客税」は、原則として、航空会社等の国際旅客運送事業者が、チケット代金に上乗せする等の方法で、本邦から出国する旅客（国際観光旅客等）から徴収し（出国1回につき1,000円）、これを国に納付するものである（観光Q&A問1）。本制度は、平成31年1月7日以後の本邦からの出国に適用されている。

国際観光旅客等が国際船舶等により本邦から出国した場合には「国際観光旅客税」が課される（国際観光旅客税法5）。ここでいう「出国」とは、本邦（領海・領空）から外に出ることをいうため、例えば、外国に向けて本邦内の空港から出港した航空機が本邦から出ることなく本邦内に戻った場合には、「出国」には該当しない（国際観光旅客税法取扱通達2の3、観光Q&A問2）。

なお、外国に向けて出港した船舶や航空機が本邦から外に出た後に、天候悪化や機器トラブルなどの事情により、外国に寄港することなく本邦に戻った場合には「国際観光旅客税」は課されない（国際観光旅客税法5ただし書）。

(2) 従業員が海外へ出国した際の「国際観光旅客税」を法人が負担した場合の取扱い

法人の従業員が出張や旅行などで海外に出国する際に支払う「国際観光旅客税」を法人が負担した場合の所得税や法人税の取扱いについては次のように説明されている（観光Q&A問47）。

── 72

ア　所得税法上の取扱い

従業員の出国が法人の業務の遂行上必要なものである場合には、法人が負担した「国際観光旅客税」に相当する額は、所得税の計算上、旅費として非課税とされる（所法9①四）。

一方、従業員の出国が法人の業務の遂行上必要なものでない場合には、法人が負担した「国際観光旅客税」に相当する額は、その従業員に対する給与として所得税の課税対象となる。

イ　法人税法上の取扱い

従業員の出国に伴い、法人が負担する「国際観光旅客税」に相当する額については、法人の業務の遂行上、必要なものか否かによって、旅費交通費やその従業員に対する給与として取り扱われるが、いずれの場合であっても法人税の所得金額の計算上、損金の額に算入される。

(3)　個人事業主の海外出張に係る所得税法上の取扱い

個人事業主が海外に出国する際に支払う「国際観光旅客税」に相当する額については、その出国が事業の遂行上直接必要であると認められる場合には、その支払った日の属する年の事業所得等の金額の計算上、必要経費に算入される。

なお、その海外出張について、事業の遂行上直接必要であると認められる期間と認められない期間がある場合には、「国際観光旅客税」に相当する額をそれらの期間の比率等によってあん分し、事業の遂行上直接必要であると認められる期間に係る部分の金額のみ必要経費に算入することができるとされている（観光Q&A問48）。また、従業員が海外に出国する際に支払う「国際観光旅客税」の所得税法上の取扱いは上記(2)と同様である。

〔秋山　高善〕

第2章

インバウンド税制

1 居住者・非居住者の判断と税務

1. 納税義務者の区分と外国人労働者

(1) 所得税法上の納税義務者の区分

　所得税法上、個人の納税者は居住者と非居住者とに区分され、居住者はさらに永住者と非永住者とに分けられる。個人の課税所得の範囲は、この区分ごとに定められている。

　居住者とは、国内に住所を有し、又は現在まで引き続いて1年以上居所を有する個人をいう（所法2①三）。

　非居住者とは、居住者以外の個人をいう（所法2①五）。

　居住者のうち非永住者とは、日本国籍を有しておらず、かつ、過去10年以内において国内に住所又は居所を有していた期間が5年以下である個人をいい（所法2①四）、非永住者以外の居住者を永住者という。

　日本国籍を有する居住者は、過去の居住年数にかかわらず、全て永住者に該当することになる。

図表1

(2) 各区分に係る課税所得の範囲

　個人の納税者の課税所得の範囲は、永住者、非永住者、非居住者のいずれに該当するかによって図表2のとおりとなる（所法5、7）。

1 ▶▶▶ 居住者・非居住者の判断と税務

図表2　納税義務者の区分と課税所得の範囲

区分		課税所得の範囲
居住者	永住者	全ての所得（全世界所得）
	非永住者	①国外源泉所得以外の所得（非国外源泉所得） ②国外源泉所得のうち、国内において支払われたもの ③国外源泉所得のうち、国内に送金されたもの
非居住者		国内源泉所得

　具体的には、永住者は全世界所得すなわち全ての所得に課税され、非永住者は所得税法95条《外国税額控除》1項に規定する国外源泉所得（国外にある有価証券の譲渡により生ずる所得として政令で定めるものを含む。）以外の所得（非国外源泉所得[1]）及び国外源泉所得のうち国内で支払われ、又は国外から送金されたものに課税され、非居住者は所得税法164条《非居住者に対する課税の方法》1項各号に掲げる非居住者の区分に応じそれぞれ同項各号及び同条2項各号に定める国内源泉所得に課税される。

　以上のように、個人の区分によって所得税の課税所得の範囲が異なってくることから、居住者と非居住者、そして非永住者と永住者の区分を正確に行うことは極めて重要である。

2. 居住者・非居住者の判断

(1)　所得税法による区分

　日本の所得税法上、個人の納税者は永住者、非永住者、非居住者の3つに区分され、それぞれの区分によって課税所得の範囲が定められている。

　日本に居住する日本人は通常は永住者に該当するので、3つのうち

1　所得税法7条《課税所得の範囲》1項2号に規定する、「所得税法95条1項《外国税額控除》に規定する国外源泉所得（国外にある有価証券の譲渡により生ずる所得として政令で定めるものを含む。）以外の所得」について、ここでは便宜上これを「非国外源泉所得」と呼ぶこととする。

第2章 ▶▶▶ インバウンド税制

どの区分に該当するかの検討を行う必要は生じない。他方、日本に居住する外国人については、3つのうちどの区分に該当するかの判定が、まず必要になってくる。

ア　住所及び居所の定義

前述のとおり、居住者とは、国内に住所を有し、又は現在まで引き続いて1年以上居所を有する個人をいい（所法2①三）、非居住者とは、居住者以外の個人をいう（所法2①五）とされることから、「住所」及び「居所」は、所得税法上の居住者と非居住者の区別を画する重要な概念である。しかしながら、所得税法は、住所及び居所について、いずれもその定義規定を置いていない。そのため、その判断においては、民法に規定されている住所及び居所の概念を借用することになる。

①　住　所

民法22条《住所》は、「各人の生活の本拠をその者の住所とする」と規定しており、所得税基本通達はその概念を借用し、「法に規定する住所とは各人の生活の本拠をいい、生活の本拠であるかどうかは客観的事実によって判定する。」としている（所基通2-1）。

このように、住所の判定は客観的事実に基づき行う立場を取っており、過去の裁判例においては、住居、職業、資産の所在、生計を一にする配偶者その他親族の所在等の客観的事実を総合的に勘案して判断することとされている。なお、本人の主観的居住意思は補完的な要素にすぎず、また租税回避の意図の有無は住所の判定に影響させるべきでないことが判示されている。

例えば、神戸地裁昭和60年12月2日判決（判タ614号58頁）においては、「所得税法の解釈適用上当該個人の生活の本拠がいずれの土地にあると認めるべきかは、租税法は多数人を相手方として課税を行う関係上、便宜、客観的な表象に着目して画一的に規律せざるを得ないところからして、客観的な事実、即ち、住居、職業、国内において生計を一にする配偶者その他の親族を有するか否か、資産の所在等

に基づき判断するのが相当である」とされている。

　また、いわゆるユニマット事件東京高裁平成20年2月28日判決（判タ1278号163頁）においては、「一定の場所がその者の住所であるか否かは、租税法が多数人を相手方として課税を行う関係上、客観的な表象に着目して画一的に規律せざるを得ないところからして、一般的には、住居、職業、生計を一にする配偶者その他の親族の居所、資産の所在等の客観的事実に基づき、総合的に判定するのが相当である。これに対し、主観的な居住意思は、通常は、客観的な居住の事実に具体化されているであろうから、住所の判定に無関係であるとはいえないが、このような居住意思は必ずしも常に存在するものではなく、外部から認識し難い場合が多いため、補充的な考慮要素にとどまるものと解される。」とされ、本人の主観的な居住意思は補充的な考慮要素にすぎず、あくまで客観的事実に基づく判断をすべきことが示されている。

　同様に、いわゆる武富士事件最高裁平成23年2月18日第二小法廷判決（集民236号71頁）においても、「一定の場所が住所に当たるか否かは、客観的に生活の本拠たる実体を具備しているか否かによって決すべきものであり、主観的に贈与税回避の目的があったとしても、客観的な生活の実体が消滅するものではないから、上記の目的の下に各滞在日数を調整していたことをもって、現に香港での滞在日数が本件期間中の約3分の2（国内での滞在日数の約2.5倍）に及んでいる上告人について前記事実関係等の下で本件香港居宅に生活の本拠たる実体があることを否定する理由とすることはできない。」とされ、租税回避の意図を問わず、客観的事実のうち主に滞在日数に基づいて判断をすべきことが示されている。

　　② 居 所
　民法23条《居所》に規定される居所とは、人が相当期間継続して居住する場所であるが、その場所との結び付きが生活の本拠といえるほど確定的でないものをいい、定住の意思は要しないとされている。

第2章 ▶▶▶ インバウンド税制

具体例としては、学生の下宿、単身赴任者の仮住まい（マンスリー・マンションなど）、長期療養中の入院先、などが挙げられる。所得税法では、この場合の継続要件を1年以上として居住者の認定を行っている。

イ　住所の推定規定

居住者及び非居住者の区分に関し、個人が国内に住所を有するかどうかの判定について必要な事項は政令に定めることとされている（所法3②）。この規定を受け、次のような推定規定が政令に定められている。

①　国内に住所を有する者と推定する場合

所得税法施行令14条に、次の規定が置かれている。

所得税法施行令14条《国内に住所を有する者と推定する場合》

　国内に居住することとなった個人が次の各号のいずれかに該当する場合には、その者は、国内に住所を有する者と推定する。

一　その者が国内において、継続して1年以上居住することを通常必要とする職業を有すること。

二　その者が日本の国籍を有し、かつ、その者が国内において生計を一にする配偶者その他の親族を有することその他国内におけるその者の職業及び資産の有無等の状況に照らし、その者が国内において継続して1年以上居住するものと推測するに足りる事実があること。

2　前項の規定により国内に住所を有する者と推定される個人と生計を一にする配偶者その他その者の扶養する親族が国内に居住する場合には、これらの者も国内に住所を有する者と推定する。

すなわち、外国人労働者が、1年以上の期間をもって日本で働くために来日した場合は、来日当初から日本に住所を有すると推定され、反証がない限り居住者として取り扱われることとなる。

例えば、任期3年の辞令によって日本に赴任した外国人出向者は、

本推定規定により、日本に入国した日の翌日から日本の居住者として
扱われることとなる。

②　国内に住所を有しない者と推定する場合

所得税法施行令第15条に、次の規定が置かれている。

所得税法施行令15条《国内に住所を有しない者と推定する場合》

　国外に居住することとなった個人が次の各号のいずれかに該当する場合には、その者は、国内に住所を有しない者と推定する。

一　その者が国外において、継続して1年以上居住することを通常必要とする職業を有すること。

二　その者が外国の国籍を有し又は外国の法令によりその外国に永住する許可を受けており、かつ、その者が国内において生計を一にする配偶者その他の親族を有しないことその他国内におけるその者の職業及び資産の有無等の状況に照らし、その者が再び国内に帰り、主として国内に居住するものと推測するに足りる事実がないこと。

2　前項の規定により国内に住所を有しない者と推定される個人と生計を一にする配偶者その他その者の扶養する親族が国外に居住する場合には、これらの者も国内に住所を有しない者と推定する。

　すなわち、日本で働いていた外国人労働者が、1年以上の期間をもって海外で働くために出国した場合は、たとえその家族が当分の間日本に残って居住する場合でも、出国当初から日本に住所を有しないと推定され、反証がない限り非居住者として取り扱われることとなる。

　例えば、3年の任期で日本に駐在していた外国人出向者が、日本の学校に通う子供と妻を日本に残して、任期満了により海外の本社に帰任した場合、当該外国人労働者本人は、本推定規定により、日本を出国した日の翌日から日本の非居住者として扱われることとなる。

　なお、所得税基本通達3-3《国内に居住することとなった者等の住

81

第2章 ▶▶▶ インバウンド税制

所の推定》においては、国内又は国外において事業を営み若しくは職業に従事するため国内又は国外に居住することとなった者は、その地における在留期間が契約等によりあらかじめ1年未満であることが明らかであると認められる場合を除き、それぞれ所得税法施行令14条1項1号、又は、同令15条1項1号の規定に該当するものとする、とされている。

　したがって、我が国で勤務するために来日する外国人については、国内における在留期間が契約等によりあらかじめ1年未満であることが明らかであると認められる場合を除いて、国内に住所を有する者と推定され、反証のない限り居住者として取り扱われることになる。

ウ　居住者判定に係る通達規定
　居住者判定については、いくつかの通達規定が設けられている。

〈①　一時的出国〉
所得税基本通達2−2《再入国した場合の居住期間》
　　国内に居所を有していた者が国外に赴き再び入国した場合において、国外に赴いていた期間（以下この項において「在外期間」という。）中、国内に、配偶者その他生計を一にする親族を残し、再入国後起居する予定の家屋若しくはホテルの一室等を保有し、又は生活用動産を預託している事実があるなど、明らかにその国外に赴いた目的が一時的なものであると認められるときは、当該在外期間中も引き続き国内に居所を有するものとして、法第2条第1項第3号及び第4号の規定を適用する。

　国外に赴いた目的が一時的である場合には、在外期間中も引き続き国内に居所を有するものされる。一時的出国の例としては、国内に配偶者その他生計を一にする親族を残している、再入国後起居する家屋やホテルの一室等を保有している、国内に生活用動産を預託している、等が挙げられている。

　なお、この国内居住期間に通算される在外期間は、その者がその在

外期間中国外において継続して１年以上居住することを通常必要とする職業を有するなど国内に住所を有しないと推定される場合（所令15）を除き、国内に引き続き居住していた親族の状況、国内に保有されていた物的施設の状況等からみて一時的な出国であることが明らかであれば足り、出入国管理令による再入国許可の有無や在外期間の長短は、必ずしもこの判定に当たっての重要な要素とはならない。

〈② 事情変更の場合の区分〉

所得税基本通達2−3《国内に居住する者の非永住者当の区分》

　国内に居住する者については、次により非居住者、非永住者等の区分を行うことに留意する。

⑴ 入国後１年を経過する日まで住所を有しない場合

　入国後１年を経過する日までの間は非居住者、１年を経過する日の翌日以後は居住者

⑵ 入国直後には国内に住所がなく、入国後１年を経過する日までの間に住所を有することとなった場合

　住所を有することとなった日の前日までの間は非居住者、住所を有することとなった日以後は居住者

⑶ 日本の国籍を有していない居住者で、過去１０年以内において国内に住所又は居所を有していた期間の合計が５年を超える場合

　５年以内の日までの間は非永住者、その翌日以後は非永住者以外の居住者

　年の途中で事情変更があった場合は、事情変更までの期間と、事情変更後の期間とで分けて判断する。

〈③ 期間計算①〉

所得税基本通達2−4《居住者期間の計算の起算日》

　法第２条第１項第３号に規定する「１年以上」の期間の計算の起算日は、入国の日の翌日となることに留意する。

第2章 ▶▶▶ インバウンド税制

　国税に関する法律において、日、月又は年をもって定める期間の計算は、民法140条《歴法的計算による期間の起算日》にならい、期間の初日は算入しないこととされている（通法10①一）。

　所得税法2条《定義》1項3号に規定する居住者の判定においても、「1年以上」の期間計算は入国の日の翌日を起算日として行うことを留意的に明らかにしている。

```
〈④　期間計算②〉
所得税基本通達2−4の2《過去10年以内の計算》
　　法第2条第1項第4号に規定する「過去10年以内」とは、判定する日の10年前の同日から、判定する日の前日までをいうことに留意する。
```

　③と同様、所得税法2条1項4号に規定する非永住者の判定においても、「過去10年以内」の期間計算は、国税通則法10条《期間の計算及び期限の特例》1項1号の規定により、判定する日の10年前の同日から判定する日の前日までとなることを留意的に明らかにしている。

```
〈⑤　期間計算③〉
所得税基本通達2−4の3《国内に住所又は居所を有していた期間の計算》
　　法第2条第1項第4号に規定する「国内に住所又は居所を有していた期間」は、暦に従って計算し、1月に満たない期間は日をもって数える。
　　また、当該期間が複数ある場合には、これらの年数、月数及び日数をそれぞれ合計し、日数は30日をもって1月とし、月数は12月をもって1年とする。
　　なお、過去10年以内に住所又は居所を有することとなった日（以下この項において「入国の日」という。）と住所又は居所を有しないこととなった日（以下この項において「出国の日」という。）がある場合には、当該期間は、入国の日の翌日から出国の日までとなることに留意する。
```

84

1 ▶▶▶ 居住者・非居住者の判断と税務

　非永住者の判定に当たり、「国内に住所又は居所を有していた期間」の具体的な計算についての細則を次のとおり示している。

- 期間計算は暦に従って行い、1月に満たない期間は日をもって数える。
- 過去10年において我が国への出入国を複数回繰り返している場合には、各回の年数、月数、日数をそれぞれ合計し、日数は30日をもって1月とし、月数は12月をもって1年とする。
- 過去10年以内に入国日と出国日がある場合には、当該期間は、国税通則法10条1項1号の規定により、入国日の翌日から出国日までとなる。

(2) 居住者・非居住者判断の具体例

　以下では、いくつかの事例における、居住者・非居住者判定を示す。

【事例1】1年未満の契約

	外国人労働者が半年間の契約で日本での勤務のため来日した場合、居住者か非居住者か。
判定	在留期間が契約等によりあらかじめ1年未満であることが明らかな場合は、所得税法施行令14条の推定規定は適用されず（所基通3-3）、原則通り住所を我が国に有しているかどうかによって判定することになる。

【事例2】年の途中での事情変更①

	外国人労働者が当初半年間の契約で来日し4月1日から勤務を開始したが、成績優秀であったことから、半年経過後の10月1日付けで、勤務期間2年で雇用契約を更新した。この場合の判定はどのようになるのか。
判定	当初の半年間の契約期間は、在留期間が契約等によりあらかじめ1年未満であることが明らかであったため非居住者とされ、その後10月1日付けの契約更新によって国内において継続して

85

第2章 ▶▶▶ インバウンド税制

	1年以上居住することを通常必要とする職業を有することに該当することとなったことから、その契約更新日の翌日から居住者となる（所基通2–3）。

【事例3】年の途中での事情変更②

	外国人労働者が当初2年の契約で来日し4月から勤務を開始したが、その後10月になって母国の両親の体調悪化のため、10月末日付けで契約を途中解約し同日に帰国することとなった。この場合の判定はどのようになるのか。
判定	結果的に1年未満で帰国することとなったものの、日本における勤務中は、国内において継続して1年以上居住することを通常必要とする職業を有する状態にあったことから、帰国までの間は居住者として取り扱われ、出国日の翌日から非居住者として取り扱われることとなる。

【事例4】居住者とされる起算日

	1年以上の期間の雇用契約で来日する外国人労働者は、来日当初から住所を有する者、すなわち居住者と推定されるが、具体的にはどの時点から居住者とされるのか。
判定	我が国に住所を有することとなった個人を居住者として取り扱う起算日は、民法140条にならい、期間の初日は算入しないこととされている（通法10①一）。したがって、来日当初から国内に住所を有することとなる場合、入国の翌日から居住者として取り扱われることとなる。

【事例5】推定規定①

	来日と同時に社員寮に単身で住み3年間の契約で勤務する外国人労働者がいるが、生計を一にする家族は母国で生活し、自分の家や財産もすべて母国に所在しているので、日本の居住者に当たらないという判断でよいか。

1 ▶▶▶ 居住者・非居住者の判断と税務

判定	外国人労働者が、1年以上の契約等により日本で働くために来日した場合は、来日当初から日本に住所を有すると推定され、反証がない限り、居住者として取り扱われることとなる（所令14）。

【事例6】推定規定②

外国人労働者を期間の定めのない雇用契約で採用し、単身で来日と同時に社員寮に住み勤務を開始した。1年以上の契約でないことから、この者は日本に住所を有しているとは推定されず非居住者という理解でよいか。

判定	国内に居住することとなった個人が、国内において、継続して1年以上居住することを通常必要とする職業を有する場合、その者は、国内に住所を有する者と推定される（所令14）。 　また、国内において職業に従事するため国内に居住することとなった者は、我が国における在留期間が契約等によりあらかじめ1年未満であることが明らかであると認められる場合を除き、所得税法施行令14条の推定を受けることとなる（所基通3−3）。 　本件の外国人労働者は国内における勤務期間があらかじめ定められていないため、我が国における在留期間が契約等によりあらかじめ1年未満であることが明らかであると認められる場合には該当しないことから、同令14条の推定規定により、国内に住所を有する者と推定され、反証のない限り居住者として取り扱われることになる

【事例7】入出国を繰り返す場合

2年前から当社に勤務する外国人労働者は、生計を一にする家族と共に国内に賃貸マンションを借りて住んでいるが、勤務開始当初から海外出張が非常に多く、その日数を合計すると年の半分以上になる。この場合、我が国における滞在日数に鑑み非居住者として取り扱ってよいのか。

87

第2章 ▶▶▶ インバウンド税制

判定	諸外国の中には、居住者と非居住者の区分を当該国における滞在日数で判断する国も存在するが、我が国の所得税法においては、居住者の判定を我が国における滞在日数のみによって行うことはせず、あくまで客観的事実を総合勘案した上で、住所の有無を判定することによっている。 　また所得税基本通達2-2においては、国内に居所を有していた者が国外に出国し再入国した場合において、その在外期間中、国内に、生計を一にする親族を残し、再入国後起居する予定の家屋等を保有し、又は生活用動産を預託している事実があるなど、明らかにその国外に赴いた目的が一時的なものであると認められるときは、当該在外期間中も引き続き国内に居所を有するものとして、居住者の判定を行うとしている。 　本件の外国人労働者は、年の半分以上海外に滞在しているものの、その海外出張中も家族は日本に居住し、日本で起居するマンションも賃借していることから、海外出張はあくまで一時的なものと判断され、居住者に該当することになる。

【事例8】不法就労の場合

	知り合いの経営する工場で、90日の観光ビザで我が国に滞在している者がアルバイトをしているが、この場合の税務上の取扱いはどのようになるのか。
判定	その者が不法就労であるか否かが、所得税法上の納税義務者の区分判定や課税に影響を及ぼすことはなく、その者が就労の対価として受ける所得については、その者の居住者、非居住者の判定区分に従って課税を行うことになる。

【事例9】外国での住民登録

	当社の外国人労働者は、母国に住民登録を残したまま来日し、当社で1年間の契約で勤務している。本人は、外国で住民登録をしているのであるから日本の居住者にはならないと主張するが、その理解でよいか。

88

	我が国の所得税法においては、居住者の判定を国内に住所を有するか否かによって行うが、住所とは、「各人の生活の本拠をいい、生活の本拠であるかどうかは客観的事実によって判定する。」とされており（所基通2-1）、あくまで客観的事実を総合勘案した上で、住所の有無を判定することになる。
判定	したがって、単に外国で住民登録をしていることだけをもって日本に住所を有していないとは判断されず、あくまで、住居、職業、家族の状況、資産の所在等、客観的事実を総合勘案して判断することになる。

【事例10】永住者判定における留学期間

	この度、当社に入社した外国人労働者は、8年前に2年間日本の大学に留学していた。その後母国に戻って2年間勤務した後、再び来日し、他社に4年間勤務した後、当社に転職した。永住者か否かの判定における、過去10年以内において国内に住所又は居所を有していた期間について、学生として滞在していた期間は所得を全く得ていなかったため、期間に算入する必要はないと考えるが、それでよいか。

	過去の居住者期間の判定においては、「国内に住所又は居所を有していたか否か」によって判定し、その間我が国において所得を得ていたか否かは問われない。
判定	したがって、本件外国人労働者の過去10年以内における我が国の居住者期間は、留学期間の2年に、直前勤務先での4年を加えた合計6年となり、当該外国人労働者は永住者に該当することとなる。

⑶ 双方居住者と租税条約

ア 双方居住者

OECDモデル租税条約では、一方の締約国の居住者とは、一方の締約国の法令の下において、住所、居所、事業の管理の場所その他これらに類する基準によって当該一方の締約国において租税を課されるべ

きものとされる者をいうとされている。

　したがって、居住者の定義は各国の国内法の規定によることから、双方の国で居住者に該当する（双方居住者）という状況が生じ得る。

イ　租税条約による振り分け

　双方居住者としたままでは、同一の個人に対して双方の国が課税権を主張するという不都合が生ずるが、我が国の所得税法においては双方居住者に関する規定は置かれていない。我が国と租税条約を締結している国については、租税条約において双方居住者の振り分け規定が置かれている場合と、双方居住者の振り分け規定は置かれておらず二国間協議による場合と、さらに租税条約上双方居住者の取扱いについて何ら規定が置かれていない場合とがある。

　租税条約に双方居住者の振り分け規定が置かれている場合、その規定に従っていずれの国の居住者であるかを判定することになる。一般的には、「恒久的住居」、「利害関係の中心的場所」、「常用の住居」そして「国籍」の順に判定し、どちらの国の「居住者」となるかを決めるが、租税条約ごとに規定振りが異なるため、実務においては実際に適用される租税条約の規定振りを確認する必要がある。

　参考までに、OECDモデル租税条約における双方居住者の振り分け規定を示すと次のとおりである。

OECDモデル租税条約4条（居住者）

2　第1項の規定により双方の締約国の居住者に該当する個人については、次のとおりその地位を決定する。

　a）当該個人は、その使用する恒久的住居が存在する締約国の居住者とみなす。その使用する恒久的住居を双方の締約国内に有する場合には、当該個人は、その人的及び経済的関係がより密接な締約国（重要な利害関係の中心がある締約国）の居住者とみなす。

　b）その重要な利害関係の中心がある締約国を決定することができない場合又はその使用する恒久的住居をいずれの締約国にも有し

ない場合には、当該個人は、その有する常用の住居が所在する締
　　　約国の居住者とみなす。
　c）その常用の住居を双方の締約国内に有する場合又はこれをいず
　　　れの締約国にも有しない場合には、当該個人は、当該個人が国民
　　　である締約国の居住者とみなす。
　d）当該個人が双方の締約国の国民である場合又はいずれの締約国
　　　の国民でもない場合には、両締約国の権限のある当局は、合意に
　　　より当該事案を解決する。

　我が国が締結する租税条約における、双方居住者の取扱いは、**図表3**に示すとおりであるが、主として、上述のOECDモデル租税条約の規定に準拠した振り分け規定を置くものと、二国間の協議によって振り分けるものとに分かれている。

　我が国との間に租税条約が締結されていない国との間の双方居住者については、双方居住者の状態が解消されず、双方の国において居住者として課税されることになる。

図表3　我が国が締結する租税条約における双方居住者の取扱い

（2019年2月現在）

取扱い内容（個人）	我が国との租税条約の相手国
双方居住者の振り分け規定あり	アイスランド、アメリカ、アラブ首長国連邦、イギリス、イスラエル、エストニア、オーストラリア、オーストリア、オマーン、オランダ、カザフスタン、カタール、韓国、クウェート、サウジアラビア、シンガポール、スイス、スウェーデン、スペイン、スロベニア、台湾、チリ、デンマーク、ドイツ、トルコ、ニュージーランド、ノルウェー、パキスタン、フランス、ブルガリア、ブルネイ、ヴィエトナム、ベルギー、ポルトガル、香港、マレーシア、南アフリカ、メキシコ、ラトビア、リトアニア、ルクセンブルク、ロシア
二国間協議により振り分ける（双方居住者の振り分け規定なし）	アイルランド、イタリア、インド、インドネシア、カナダ、ザンビア、タイ、中国、チェコ、スロバキア、ハンガリー、バングラデシュ、フィリピン、フィンランド、ブラジル、ポーランド、ルーマニア
条約上規定なし	エジプト、スリランカ

第2章 ▶▶▶ インバウンド税制

　なお、所得税法上の居住者又は非居住者の判定において、入国管理
法上の地位は、我が国に住所を有するかどうかの判定要素の1つとは
されるものの、それのみをもって判定されるわけではない。そのため、
短期滞在の在留許可しか有しない場合であっても、居住者と判定され
ることもあり得ることに留意が必要である。

3. 外国人労働者に対する課税

　所得税法上の納税者の区分に応じた課税所得の範囲の概略を一覧で
示すと図表4のとおりとなる。

図表4　納税者の区分に応じた課税所得の範囲

区分		課税所得の範囲			
		国内源泉所得／ 非国外源泉所得	国外源泉所得		
			国内払い	国外払い	
				国外から送金 されたもの	国外から送金 されないもの
居住者	永住者	全て課税			
	非永住者	課税			非課税
非居住者		課税 （注）租税条約に よる修正あり	非課税		

⑴　**非永住者に対する課税**

　永住者はその全ての所得、すなわち日本に住む一般的な日本人と同
様に全世界所得に対して課税され、特別な取扱いはないことから、永
住者に対する課税の概要は本書では省略し、居住者のうち非永住者に
対する課税の概要を解説する。

ア　非永住者に対する課税の概要

　これまで述べたとおり、非永住者とは、日本国籍を有しておらず、
かつ、過去10年以内において国内に住所又は居所を有していた期間

が5年以下である個人をいう（所法2①四）。一般的に、日本に来日して勤務する外国人労働者の多くが、この非永住者に該当すると思われる。

非永住者の課税所得の範囲は、非国外源泉所得、並びに国外源泉所得のうち国内で支払われ、又は国外から送金されたものとされる（所法7二）。

> **所得税法7条**《課税所得の範囲》
>
> 　所得税は、次の各号に掲げる者の区分に応じ当該各号に定める所得について課する。
> 一　略
> 二　非永住者　第95条第1項（外国税額控除）に規定する国外源泉所得（国外にある有価証券の譲渡により生ずる所得として政令で定めるものを含む。以下この号において「国外源泉所得」という。）以外の所得及び国外源泉所得で国内において支払われ、又は国外から送金されたもの

非永住者の課税所得の範囲のうち、所得税法7条1項2号に規定される、「国外源泉所得で国内において支払われ、又は国外から送金されたもの」の意義は、所得税基本通達において次のとおり規定されている。

　① 　国内において支払われたもの

「国内において支払われたもの」については、所得税基本通達7-4《国内において支払われたものの意義》において、次のようなものをいうとされている。

　① 　その非永住者の国外にある営業所等と国外の顧客との間に行われた商取引の対価で、為替等によりその非永住者の国内にある営業所等に直接送付され、若しくは当該国内にある営業所等に係る債権と相殺され、又は当該国内にある営業所等の預金口座に直接振り込まれたもの

第2章 ▶▶▶ インバウンド税制

② その非永住者の国外にある不動産等の貸付けによる賃貸料で、為替等によりその非永住者に直接送付され、又はその非永住者の国内にある預金口座に直接振り込まれたもの

② 国外から送金されたもの

所得税基本通達7-6《送金の範囲》において、所得税法7条1項2号に規定する送金の範囲が規定されている。すなわち、当該送金とは、国内への通貨の持込み、又は小切手、為替手形、信用状その他の支払手段による通常の送金のほか、次に掲げるような行為が含まれる。

① 貴金属、公社債券、株券その他の物を国内に携行し又は送付する行為で、通常の送金に代えて行われたと認められるもの

② 国内において借入れをし又は立替払を受け、国外にある自己の預金等によりその債務を弁済することとするなどの行為で、通常の送金に代えて行われたと認められるもの

イ 非永住者に対する給与等報酬に係る課税

非永住者である外国人労働者の給与所得については、上記のとおり国外源泉所得の一部が非課税になるほかは、通常の日本人居住者と変わるところはなく、雇用者にて給与等支払時に源泉徴収を行い、かつ年末に年末調整を行い、さらに、外国人労働者の年間給与が2,000万円を超える、あるいは医療費控除を受ける等、一定の場合には本人が確定申告を行うことになる。

ただし、非永住者である外国人労働者について注意すべきは、給与のうち国外払いの金額がある場合は、当該金額は日本の源泉徴収の対象にはならないため、雇用者側の源泉徴収及び年末調整では課税関係が完結せず、外国人労働者本人が国外払い給与のうち課税対象になる金額を含めた上で確定申告を行う必要があることである。

また、非永住者の場合、国外源泉所得のうち国内において支払われたもの及び国外から送金されたものが課税対象となり、それ以外の国外源泉所得は非課税となることから、外国人労働者の勤務が国

内と国外の双方にわたる場合は、給与総額を国内勤務期間と国外勤務期間とに按分する必要がある。さらに、非永住者の場合、国外源泉所得のうち、国内払いのものと国外から送金されたものとを集計する必要がある。

① 給与の期間按分

給与の期間按分については、所得税基本通達161-41に計算方法と留意点が示されている。これは非居住者に係るものとなっているが、非永住者の按分計算も同様である。

所得税基本通達161-41《勤務等が国内及び国外の双方にわたって行われた場合の国内源泉所得の計算》

　非居住者が国内及び国外の双方にわたって行った勤務又は人的役務の提供に基因して給与又は報酬の支払を受ける場合におけるその給与又は報酬の総額のうち、国内において行った勤務又は人的役務の提供に係る部分の金額は、国内における公演等の回数、収入金額等の状況に照らしその給与又は報酬の総額に対する金額が著しく少額であると認められる場合を除き、次の算式により計算するものとする。

$$給与又は報酬の総額 \times \frac{国内において行った勤務又は人的役務提供の期間}{給与又は報酬の総額の計算の基礎となった期間}$$

（注）
1　国内において勤務し又は人的役務を提供したことにより特に給与又は報酬の額が加算されている場合等には、上記算式は適用しないものとする。
2　法第161条第1項第12号ハに規定する退職手当等については、上記の算式中「給与又は報酬」とあるのは「退職手当等」と、「国内において行った勤務又は人的役務の提供の期間」とあるのは「居住者であった期間に行った勤務等の期間及び令第285条第3項《国内に源泉がある給与、報酬又は年金の範囲》に規定する非居住者であった期間に行った勤務等の期間」と読み替えて計算する。

第2章 ▶▶▶ インバウンド税制

　なお、非永住者であっても外国人労働者が内国法人の役員として受ける報酬については、役務提供地にかかわらず全額が日本の国内源泉所得となるため、按分計算は適用されない（所法161①十二イかっこ書き、所令285①一）。

②　国外から送金されたもの

　非永住者の課税所得の範囲を図示すると**図表5**のとおりである。

図表5　非永住者の課税所得の範囲

	国内払い	国外払い	
		送金されたもの	送金されないもの
非国外源泉所得	課税	課税	課税
国外源泉所得	課税	課税	非課税

　非永住者が各年において国外から送金を受領した場合には、その金額の範囲内でその非永住者のその年における国外源泉所得に係る所得で国外の支払に係るものについて送金があったものとみなされる（所令17④一）。

　ただし、国外からの送金があった場合、直ちにその全額が課税対象になるわけではなく、非永住者がその年に国外払いの非国外源泉所得を有する場合は、まずその非国外源泉所得に係る所得について送金があつたものとみなされ、なお残余があるときに当該残余の金額の範囲内で国外源泉所得について送金があったものとみなされる。

　また、国外からの送金があった場合でも、当該年度に国外源泉所得の国外払いがなければ、その年度にはいくら送金しても課税所得は発生しない。

　他方、送金した年の所得と送金した金銭とが紐づきである必要はなく、過去の所得を蓄積した現預金からの送金であっても、送金した年に国外源泉所得が生じていれば、送金額に達するまでの金額は課税所得を構成することになる。

1 ▶▶▶ 居住者・非居住者の判断と税務

⑵ 非居住者に対する課税

ア 非居住者に対する課税の概要

　非居住者の課税所得の範囲は、所得税法164条1項各号（非居住者に対する課税の方法）に掲げる非居住者の区分に応じ、それぞれ同項各号及び同条2項各号に定める国内源泉所得とされている（所法7①三）。

所得税法7条《課税所得の範囲》

　所得税は、次の各号に掲げる者の区分に応じ当該各号に定める所得について課する。

（略）

三　非居住者　第164条第1項各号（非居住者に対する課税の方法）に掲げる非居住者の区分に応じそれぞれ同項各号及び同条第2項各号に定める国内源泉所得

所得税法164条《非居住者に対する課税の方法》

　非居住者に対して課する所得税の額は、次の各号に掲げる非居住者の区分に応じ当該各号に定める国内源泉所得について、次節第1款（非居住者に対する所得税の総合課税）の規定を適用して計算したところによる。

一　恒久的施設を有する非居住者　次に掲げる国内源泉所得

　　イ　第161条第1項第1号及び第4号（国内源泉所得）に掲げる国内源泉所得

　　ロ　第161条第1項第2号、第3号、第5号から第7号まで及び第17号に掲げる国内源泉所得（同項第1号に掲げる国内源泉所得に該当するものを除く。）

二　恒久的施設を有しない非居住者　第161条第1項第2号、第3号、第5号から第7号まで及び第17号に掲げる国内源泉所得

2　次の各号に掲げる非居住者が当該各号に定める国内源泉所得を有する場合には、当該非居住者に対して課する所得税の額は、前項の規定によるもののほか、当該各号に定める国内源泉所得について第3節（非居住者に対する所得税の分離課税）の規定を適用して計算したところによる。

第2章 ▶▶▶ インバウンド税制

　　一　恒久的施設を有する非居住者　第161条第1項第8号から第16
　　　号までに掲げる国内源泉所得（同項第1号に掲げる国内源泉所得
　　　に該当するものを除く。）
　　二　恒久的施設を有しない非居住者　第161条第1項第8号から第
　　　16号までに掲げる国内源泉所得

　居住者は原則として総合課税の方法により所得税が課税されるが、
非居住者については、図表6のような課税関係になっている。

図表6　非居住者に対する課税関係の概要

非居住者の区分／所得の種類	非居住者			（参考）外国法人
	恒久的施設を有する者		恒久的施設を有しない者	所得税の源泉徴収
	恒久的施設帰属所得	その他の所得		
（事業所得）	【総合課税】	【課税対象外】		無　　無
①資産の運用・保有により生ずる所得（⑦から⑮に該当するものを除く。）		【総合課税（一部）】		無　　無
②資産の譲渡により生ずる所得				無　　無
③組合契約事業利益の配分	【源泉徴収の上、総合課税】	【課税対象外】		20%　20%
④土地等の譲渡による所得		【源泉徴収の上、総合課税】		10%　10%
⑤人的役務提供事業の所得				20%　20%
⑥不動産の賃貸料等				20%　20%
⑦利子等		【源泉分離課税】		15%　15%
⑧配当等				20%　20%
⑨貸付金利子				20%　20%
⑩使用料等				20%　20%
⑪給与その他人的役務の提供に対する報酬、公的年金等、退職手当等				20%　　—
⑫事業の広告宣伝のための賞金				20%　20%
⑬生命保険契約に基づく年金等				20%　20%
⑭定期積金の給付補塡金等				15%
⑮匿名組合契約等に基づく利益の分配				20%　20%
⑯その他の国内源泉所得	【総合課税】	【総合課税】		無　　無

（注）1　恒久的施設帰属所得が、上記の表①から⑯までに掲げる国内源泉所得に重複し
　　　て該当する場合があることに留意する。

98

1 ▶▶▶ 居住者・非居住者の判断と税務

 2 上記の表②資産の譲渡により生ずる所得のうち恒久的施設帰属所得に該当する
  所得以外のものについては、令第281条第1項第1号から第8号までに掲げるも
  ののみ課税される。
 3 措置法の規定により、上記の表において総合課税の対象とされる所得のうち一
  定のものについては、申告分離課税又は源泉分離課税の対象とされる場合がある
  ことに留意する。
 4 措置法の規定により、上記の表における源泉徴収税率のうち一定の所得に係る
  ものについては、軽減又は免除される場合があることに留意する。

（出所）国税庁資料

 なお、**図表6**における税率は所得税に係るものであり、これに加え
て、所定の復興特別所得税も源泉徴収されることになる。

イ 非居住者に対する給与等報酬に係る課税
 以上に示した非居住者の所得の種類のうち、通常企業が外国人労働
者に対して支払うのは、給与等人的役務の報酬等である。
 非居住者の受け取る給与等人的役務の報酬等のうち、我が国の国内
源泉所得に該当するものが所得税の課税対象となるが、国内源泉所得
に該当する給与等人的役務の提供に係る報酬等については、所得税法
161条1項12号に以下のとおり規定されている。

所得税法161条《国内源泉所得》
 この編において「国内源泉所得」とは、次に掲げるものをいう。
 一～十一 略
 十二 次に掲げる給与、報酬又は年金
  イ 俸給、給料、賃金、歳費、賞与又はこれらの性質を有する給
   与その他人的役務の提供に対する報酬のうち、国内において行
   う勤務その他の人的役務の提供（内国法人の役員として国外に
   おいて行う勤務その他の政令で定める人的役務の提供を含む。）
   に基因するもの
  ロ 第35条第3項（公的年金等の定義）に規定する公的年金等（政
   令で定めるものを除く。）
  ハ 第30条第1項（退職所得）に規定する退職手当等のうちその支
   払を受ける者が居住者であった期間に行った勤務その他の人的役

99

第2章 ▶▶▶ インバウンド税制

務の提供（内国法人の役員として非居住者であった期間に行った勤
務その他の政令で定める人的役務の提供を含む。）に基因するもの

　要約すると、給与や賞与等の人的役務の提供に対する報酬のうち国
内において行ったものに基因するもの、我が国の一定の公的年金等、
退職手当等のうち外国人労働者が居住者であった期間に行った人的役
務の提供に基因するものが、国内源泉所得に該当する。なお、退職手
当等については、外国人労働者が内国法人の役員として非居住者期間
に行った勤務に対するものについても、我が国の国内源泉所得に該当
することとされている。

　この国内源泉所得に該当する人的役務の提供に係る報酬は、外国人
労働者が日本に恒久的施設を有しており、かつその所得が恒久的施設
に帰属するものでない限り、所得税20％及び復興特別所得税0.42％
の合計20.42％の税率による源泉分離課税で課税関係は終了する。

　なお、非居住者は国内源泉所得のみが我が国での課税対象となるた
め、勤務が国内と国外の双方にわたる場合は、期間按分計算により国
内源泉所得を算定することが必要になる。具体的な計算方法は、所得
税基本通達161−41《勤務等が国内及び国外双方にわたって行われた場
合の国内源泉所得の計算》に以下のとおり示されている。当該通達の
詳細は非永住者の項において説明を付しておりそちらを参照されたい。

$$\text{給与又は報酬の総額} \;=\; \frac{\text{国内において行った勤務又は人的役務の提供の期間}}{\text{給与又は報酬の総額の計算の基礎となった期間}}$$

　他方、外国人労働者が日本に恒久的施設を有しており、当該恒久的
施設を通じて稼得した所得がある場合には、源泉徴収のほか、我が国
で総合課税されるため確定申告が必要になる。

　恒久的施設とは、一般的に、「PE」（Permanent Establishment）
と略称されており、次の3つの種類に区分されている（所法2八の四、

100

所令1の2)。

① 支店、出張所、事業所、事務所、工場、倉庫業者の倉庫、鉱山・採石場等天然資源を採取する場所。ただし、資産を購入したり、保管したり、事業遂行のための補助的活動をしたりする用途のみに使われる場所は含まない。

② 建設、据付け、組立て等の建設作業等のための役務の提供で、1年を超えて行うもの。

③ 非居住者等のためにその事業に関し契約を結ぶ権限のある者で、常にその権限を行使する者や在庫商品を保有しその出入庫管理を代理で行う者、あるいは注文を受けるための代理人等（代理人等が、その事業に係る業務を非居住者等に対して独立して行い、かつ、通常の方法により行う場合の代理人等を除く。）。

外国人労働者の大部分は、恒久的施設を有しないことが一般的であると思われるが、外国人労働者が我が国に恒久的施設を有しており、かつ人的役務の提供に係る報酬が当該恒久的施設を通じて行われた役務に基因するものである場合には、所得税20％に復興特別所得税0.42％を含め、合計20.42％の税率で支払時に源泉徴収の上、恒久的施設帰属所得として当該外国人労働者は我が国において確定申告を行うことになる。

なお、総合主義から帰属主義への見直しにより、非居住者の恒久的施設が第三国で稼得した所得に対しても、恒久的施設帰属所得として我が国で所得税の課税対象とされることとなったが、それに伴い、非居住者に係る外国税額控除制度が創設されている（所法165）。

4. 外国人留学生及び事業等の修習者・習得者

(1) 外国人留学生、事業等の修習者・習得者の概要

近年、我が国においても外国人留学生のアルバイトや、技能実習生が増加しているが、その外国人の出身国と我が国との間に租税条約が締結されており、かつその外国人が租税条約に定める「学生・事業等

第2章 ▶▶▶ インバウンド税制

の修習者・習得者」（以下「留学生等」という。）に該当する場合には、所定の手続を行うことにより、その留学生等が得る生計・教育又は訓練のための給付が免税になる場合がある。

租税条約の実施に伴う所得税法、法人税法及び地方税法の特例等に関する法律の施行に関する省令8条に、留学生等の範囲が規定されている。

同条によれば、留学生等とは、相手国居住者等である個人又は居住者で、学生として、事業、職業若しくは技術の修習者として又は政府若しくは宗教、慈善、学術、文芸若しくは教育の団体からの主として勉学若しくは研究のための交付金、手当若しくは奨励金（以下「交付金等」という。）の受領者として国内に一時的に滞在するもの、とされている。

また、同条に規定する学生とは、学校教育法1条に規定する学校の学生、生徒又は児童をいうとされており、同条に規定する学校とは、幼稚園、小学校、中学校、高等学校、中等教育学校、特別支援学校、大学及び高等専門学校である。

なお、同条にいう事業、職業若しくは技術の修習者とは、次の事業修習者及び事業習得者をいうとされているが、日本の法律上は、この2つの用語に対する明確な定義は存在しないが、一般的には、事業修習者とは、企業内の見習研修者や日本の職業訓練所等において訓練、研修を受ける者とされ、事業習得者とは、企業の使用人として又は契約に基づき、当該企業以外の者から高度な職業上の経験を習得する者といわれている[2]。

⑵　留学生等に対して給与を支給する場合の課税関係
ア　所得税法上の課税関係

留学生等に対して給与を支払う場合の課税関係についても、まずは、

2　松上秀晴『源泉国際課税の実務』（大蔵財務協会2001）。

1 ▶▶▶ 居住者・非居住者の判断と税務

その給与を受ける留学生等が居住者に該当するか、非居住者に該当するかを判断することになる。この場合も、住所若しくは1年以上居所を有するか否かについて客観的事実を総合的に勘案して判断することになるが、例えば、4年制大学に通学する留学生は1年以上居住することを通常必要とすることから居住者であり、6か月の契約で来日している事業習得者は非居住者に該当することになる。

居住者に該当する場合には、他の勤務者と同様に、給与所得の源泉徴収税額表に基づいて所得税の源泉徴収を行うことになり、非居住者に該当する場合には、一律20.42%の税率にて所得税及び特別復興所得税の源泉徴収を行うことになる。

イ　租税条約による取扱い

留学生等については、租税条約の規定により日本において課税が免除される場合がある。

OECDモデル租税条約においては、20条に留学生等に係る取扱いが規定されている。

OECDモデル租税条約20条《学生》

　　専ら教育又は訓練を受けるため一方の締約国内に滞在する学生又は事業修習者であって、現に他方の締約国の居住者であるもの又はその滞在の直前に他方の締約国の居住者であったものがその生計、教育又は訓練のために受け取る給付については、当該一方の締約国においては、租税を課することができない。ただし、その給付が当該一方の締約国外から支払われるものである場合に限る。

これを我が国と条約相手国とに読み替えると、次のような取扱いとなる。

● 専ら教育又は訓練を受けるために日本に滞在する学生又は事業修習者であって、

● 現在条約相手国の居住者である者、又は日本滞在の直前に相手国の

103

第2章 ▶▶▶ インバウンド税制

居住者であった者が、
- その生計、教育又は訓練のために受け取る給付については、日本において課税することができない。
- ただし、その給付が日本国外から支払われる場合に限る。

　なお、対象となる「生計、教育又は訓練のために受け取る給付」の金額については、いくらでもよいというわけではなく、OECDモデル租税条約コメンタリーにおいては、受領者の生計、教育、訓練のために生ずる実費程度と規定されている。

　我が国が締結している租税条約においては、租税に関する情報交換を主たる内容とする条約を除き、その全てに学生・事業修習者等の条項が入っているが、各条約によって規定振りが異なっていることから、相手国ごとに該当する租税条約を確認する必要があることに留意されたい。

　租税条約による免税の適用を受けるためには、留学生等が、「租税条約に関する届出書（様式8）」を[3]、入国の日以後最初に報酬・交付金等の支払を受ける日の前日までに、報酬・交付金等の支払者を経由してその支払者の所轄税務署に提出する必要がある。

　なお、届出書の提出前に既に源泉徴収を行ってしまった場合には、「租税条約に関する源泉徴収税額の還付請求書（様式11）」を様式8とともに提出することにより、還付を受けることができる。

〔赤塚　孝江〕

3　教授等・留学生・事業等の修習者・交付金等の受領者の報酬・交付金等に対する所得税及び復興特別所得税の免除に係る届出書。

104

2 ▶▶▶ 移民と租税

▶2　移民と租税

はじめに

　米国では、不法移民対策としてメキシコとの国境に壁を建設する政策の是非や建設費用に係る予算配分を巡り、議論が尽きない。このような中で、トランプ大統領は、2018年11月1日に不法移民（不法移住）や国境警備の問題に関して、次のような発言を行った[1]。

"I would like to provide an update to the American people regarding the crisis on our southern border—and crisis it is. Illegal immigration affects the lives of all Americans. Illegal immigration hurts American workers; burdens American taxpayers; and undermines public safety; and places enormous strain on local schools, hospitals, and communities in general, taking precious resources away from the poorest Americans who need them most. Illegal immigration costs our country billions and billions of dollars each year." (emphasis added)

　ここには、不法移民が及ぼすネガティブな影響が並べられている。米国人の雇用を脅かし、公共の安全を害し、地域の学校、病院及びコミュニティ全体に多大な負荷をかけ、それらを最も必要としている最も貧しい米国人から貴重な資源を奪っている、というのである。そして、不法移民のために国家は毎年、莫大な費用を負担していると述べている。ここでは、上記発言の内容の真否を逐一検証することを主眼

1　ホワイトハウスHP（https://www.whitehouse.gov/briefings-statements/remarks-president-trump-illegal-immigration-crisis-border-security/）参照。なお、本稿で引用するURLの最終訪問日は2019年3月末である。

105

第2章 ▶▶▶ インバウンド税制

としていない。「移民と租税」をテーマに掲げる本節との関係で注目したいのは、米国納税者の負担が増えることに言及する上記発言の下線部分である。なにやら移民の問題と租税の問題が交錯する領域の存在を予感させるからである。

　単純に外国人又は非居住者に対する課税の問題という括りで見れば、日本も、一応、外国人又は非居住者に対する課税制度や課税の経験を有する。もっとも、筆者に与えられたテーマが「外国人と税務」又は「非居住者と税務」ではなく「移民と租税」であることからすれば、書籍や専門誌等で従来取り上げられてきた外国人又は非居住者に関する税務という視点から思考をめぐらすだけでは物足りなさが残る。移民という語の定義の問題もあるが、例えば、定住外国人という意味に捉えた場合、管見する限り、日本において、これまで、移民を巡る租税の問題（租税政策や個々の課税問題）に関する研究が十分になされてきたわけではないと考える。これらのことを考慮すると、移民と租税というテーマを論じるに当たって、先行する他国の研究や議論から学ぶアプローチが有意義であろう。

　上記のトランプ大統領の発言は、移民の問題と租税の問題が交錯する領域の存在を示唆する。そこで、関連する米国における研究や議論を検討し、移民（法）と租税（法）がどのように交錯するのか、両者はどのような結節点（nexus）を有するのか、という点に関する知見を得ることを目的としてみたい。

　なお、不法移民について、米国では、illegal immigrantや illegal alienのほか、滞在が認められる法的文書を有していないという意味でundocumented immigrant（worker）という語が用いられる。あるいはunauthorized immigrantという語が使用される場合もある。undocumented immigrantには、許可なく入国（不法入国）した者のほか、合法的に入国した後、在留期限が切れてもなお滞在（オーバーステイ）している者が含まれる[2]。illegal alienやillegal immigrant

106

2 ▶▶▶ 移民と租税

という語が、犯罪者や犯罪行為を連想させる、あるいは人種差別や侮蔑に当たるという配慮から、undocumented immigrant又はunauthorized immigrantという語が選択される[3]。例えば、米国議会図書館（Library of Congress）は、illegal aliens という語の使用をやめ、undocumented immigrantという語を使用することを決定した[4]。他方、米国司法省（United States Department of Justice)は、米国の弁護士事務所にundocumented immigrantsではなく、an illegal alienという語を使用するようにと指示を出している[5]。

　日本では、一般的には不法移民という語が用いられるが、上記のような配慮を踏まえてであろう、非合法移民又は非正規移民などの語が使用される場合もある。以下、本節では、非合法移民という語を使用しつつ、原文の表記に従ってundocumented immigrantなどと記載する場合もある。

2　U.S. Legal.com HP（https://definitions.uslegal.com/u/undocumented-immigrant/)。
See also Jeffrey S. Passel, *Unauthorized Migrants: Numbers and Characteristics,* Pew Hispanic Center (2005), *available at* https://www.pewresearch.org/wp-content/uploads/sites/5/reports/46.pdf; *Stephen H. Legomsky & Cristina M. Rodríguez, Immigration and Refugee Law and Policy 1169-1170 (6th ed. 2015)* 参照。　この場合のundocumentedの意味について、Oxford University Press HP（https://en.oxforddictionaries.com/definition/undocumented）参照。米国に限定されない用語法に関する議論として、近藤敦ほか編著『非正規滞在者と在留特別許可』4〜5頁〔近藤敦ほか執筆〕（日本評論社2010）参照。

3　illegalという語は非人道的で不適切であるとする立場として、本稿で引用しているLipmanの各論稿参照。*See also* Francine J. Lipman, *The "ILLEGAL" Tax,* 11 Conn. Pub. Int. L. J. 93, 95 (2011). illegal alien、illegal immigrant及びundocumented immigrantについて、メディアにおける各用語の使用傾向などに関する研究として、*See* Robin Lee Nelson & Patricia Davis-Wiley, *Illegal or Undocumented: An Analysis of Immigrant Terminology in Contemporary American Media,* 6 Int'l J. Soc. Sci. Stud. 8 (2018).

4　Steve Padilla & Selene Rivera, *Library of Congress to Stop Using Term 'illegal alien',* L.A. Times Apr. 03, 2016, *available at* https://www.latimes.com/nation/la-na-library-congress-alien-20160403-story.html.

5　Tal Kopan, *Justice Department: Use 'illegal aliens,' not 'undocumented',* CNN Updated 0012 GMT (0812 HKT) July 25, 2018, *available at* https://edition.cnn.com/2018/07/24/politics/justice-department-illegal-aliens-undocumented.

第2章 ▶▶▶ インバウンド税制

1. 非合法移民に関する神話と事実の論争

(1) 12の神話と事実

　米国の移民問題について調べていると、非合法移民に関する言説（神話）が事実に基づくものであるかを検証する研究や、事実に基づくものではないことをまとめた情報等を目にすることが多い。これらは、一般の市民が非合法移民に対して抱くマイナスのイメージや非合法移民に関するマイナスの言説を神話（myths）になぞらえて、かかる神話の多くが事実（facts）に基づくものではないことを指摘しており、時に市民を啓蒙する趣旨や役割を有している。

　例えば、米国商工会議所（U.S. Chamber of Commerce）Senior Vice PresidentのRandel K. Johnson は、移民のプラス効果を示す多数の研究と慎重で詳細な経済レポートがあるにもかかわらず、移民の影響に関する多くの誤った情報が存在しており、政策担当者と公衆は事実についての教育を受ける必要があることを指摘している[6]。米国商工会議所が要約した資料 "Immigration Myths and the Facts"（以下「本件資料」という。）には、次に示すとおり、12の神話とこれに対応する事実が記述されている[7]。次の(2)以降では、本件資料の記述を端緒に、移民（法）と租税（法）の交錯に関する考察を進めてみたい。ただし、本節の目的は、各事実の記述についての真偽を検証することではない。ゆえに、本件資料が根拠として提示する統計データ等の全てを示すことはしない。本件資料は、各事実について、より詳細な説明を付しているが、これらの紹介は最小限にとどめる。

---

6 U.S. Chamber of Commerce, *Immigration Myths and the Facts* (2016), *available at* https://www.uschamber.com/sites/default/files/documents/files/022851_mythsfacts_2016_report_final.pdf.

7 *Id.*

2 ▶▶▶ 移民と租税

神話①	移民によって埋められる仕事は、米国人失業者が就きうる仕事である。
事実①	通常、移民は米国生まれの労働者と仕事において競合しない。移民は、起業家、消費者及び納税者として仕事を創出する。

神話②	移民は、米国人労働者の賃金を押し下げる。
事実②	通常、移民は、生産性を高め、かつ、投資を刺激することによって、米国人の平均賃金をわずかに押し上げる。

神話③	低迷する米国経済は、これ以上移民労働者を必要としない。
事実③	移民は、ベビーブーマーが大量退職するにつれて、米国の労働力を補充することになる。

神話④	失業率が高い間は、米国経済は臨時的外国人労働者を必要としない。
事実④	海外からの臨時的労働者は、米国経済の特定の分野における特別なニーズに応える。

神話⑤	自然科学、工学及びコンピュータサイエンスにおけるオープンポジションに対して、現地生まれの米国人が不足しているわけではない。よって、外国生まれのハイテクスキルを有する労働者は必要ない。
事実⑤	米国生まれの学生の数が少ないと人口統計データが示す教育レベルにおいて求人が拡大している。かかる不足は今後も持続することが予想される。さらに、高度の教育を要求するSTEM（Science, Technology, Engineering and Mathematics）関連の仕事の賃金は上昇している。

神話⑥	移民は経済的に困窮しているコミュニティを害する。
事実⑥	移民は全国の多くのコミュニティを経済的に活性化させた。

神話⑦	undocumented immigrantsは税金を払っていない。
事実⑦	undocumented immigrantsは毎年多額の税金を払っている。

神話⑧	移民は福祉給付を求めて、米国にやってくる。
事実⑧	undocumented immigrantsは、連邦の公益プログラムを受ける資格を有しておらず、合法移民（legal immigrants）であっても厳格な資格制限に直面している。

109

第2章 ▶▶▶ インバウンド税制

神話⑨	今日の移民は、米国社会に同化していない。
事実⑨	今日の移民は、住宅を購入し、米国市民になり、英語を学んでいる。

神話⑩	移民は、米国生まれの米国人よりも犯罪を犯す傾向がある。
事実⑩	移民は、犯罪率を上昇させない。移民は、実際に、米国生まれの米国人よりも犯罪を犯しておらず、刑務所に収容されてもいない。

神話⑪	移民の法制度を改革しても国境の安全に結び付かない。
事実⑪	移民の法制度の改革は、あらゆる効果的な国境警備戦略にとって不可欠なものである。

神話⑫	米国とメキシコの国境沿いに壁を建設し、米国の全てのundocumented immigrantsを強制送還することは、国家の安全を強化することになる。
事実⑫	国境の壁と大量の強制送還は、安全に対する影響がほとんどない一方、その過程において、米国経済に深刻な損害を与える。

(2) 移民が税財政に与える影響等（神話①〜⑥及び⑫に関連して）

ア 米国経済・税財政への影響

　神話①ないし⑥及び⑫に対応する各事実は、移民が、起業家、消費者及び納税者として仕事を創出し、米国経済にプラスの効果をもたらし、税収増に貢献することを述べているか、背景に持っている。この点は、本件資料が、「移民は、ベビーブーマーが大量退職するにつれて、米国の労働力を補充することになる」という事実③に関連して、要旨次のような説明を行っていることからも看取できる。

> 　米国経済は人口問題の危機に直面している。今や約7,600万人のベビーブーマー（米国の人口の約4分の1）が定年に達し始めている。向こう20年間にわたるこの高齢化の波は、深刻な経済的影響をもたらすであろう。社会保障とメディケアは赤字に陥ることが予想される。1日ごとに1万人のベビーブーマーが65歳になる。より少数の労働者と納税者によって、増加していく多数の退職者を支えるようになるに

2 ▶▶▶ 移民と租税

つれて、移民は労働力の補充、ひいては課税の基盤という点において重要な役割を果たすようになる。

また、本件資料は、事実⑫との関連においても、要旨次のような説明を行っている。

国境に壁を建設することよりも、さらにコストがかかるのは大量の強制送還である。何百万ものundocumented workers、消費者、納税者、起業家を捕えることは米国経済に大きな打撃を与えるであろう。

もっとも、移民が経済や税財政に与える影響については、様々な要因やルートがあるし、プラスとマイナスの両方の効果があり、結局、対象を限定せずに単純にトータルで見て正負のどちらに振れるかを論断することは難しい。合法移民であるか、undocumented immigrantsであるかの区別がどのような差異をもたらすかという視点も備えておく必要があろう。ここでは、少なくとも理論上、移民が種々のルートから納税を行うというプラスの効果と公共サービスの利用者としてマイナスの効果を与え得るということを認識しておけば足りる。税財政の観点から考えると、移民の増加は、国と地方の税源配分、負担配分、行政便宜や税負担の公平に資するための課税・徴収制度の見直しなど、検討すべき課題を突き付ける[8]。

---

8 参考として、*See* The Economic and Fiscal Consequences of Immigration (Francine D. Blau & Christopher Mackie eds., 2017); Jacqueline Wolfert, *Reality vs. Rhetoric: Lorzano v. Hazelton and the State and Local Tax Contributions Made by Undocumented Immigrants*, 6 Pitt. Tax Rev. 83 (2008). アレックス＝ナウラステ〔鈴木久美訳〕「移民の財政への影響」ベンジャミン＝パウエル編〔薮下史郎監訳〕『移民の経済学』49頁以下〔東京経済新報社2016〕も参照。移民が支払う税金は連邦政府に納入されるものが多く、福祉の提供を行う州以下の政府に対する移民の直接的貢献は小さいという見方について、久保文明ほか編著『マイノリティが変えるアメリカ政治』12頁、150頁〔西山隆行執筆〕（NTT出版2012）参照。

第2章 ▶▶▶ インバウンド税制

イ　送金税

　移民に対する積極的な課税手段として、例えば、移民に対する課税を強化する又は課税の強化につながるような立法措置が考えられる。移民による送金に関連して、米国自由人権協会（American Civil Liberties Union: ACLU）は、「移民はアメリカでお金を使うのではなく、その全てを母国に送金する」という神話に対して、事実は次のとおりであると説明している[9]。

> 　移民は家族にお金を送っている。このことは、より多くの人々が米国に移住せずに本国に留まることを可能にしている。重要なのは、本国への送金は、移民が米国でお金を使うことを妨げないということである。確かに、送金はほとんどのラテンアメリカ諸国にとって最大の外貨の獲得源泉であり、米国から送られた対外援助の量を上回っている。移民から家族への送金は、送金がなかった場合に米国に移住せざるをえないと感じる多くの人々が本国に留まることを可能にさせるものである。ラテンアメリカ系移民の51%が本国に送金している一方で、米国でも同様にお金を使っている。

　かような移民による本国への送金に対して課税を行うという提案がなされている。アメリカからメキシコなどの国への送金に課税する送金税（remittance tax, remittance fee）である[10]。かような送金税は、担税力の観点が度外視され、保護主義的な見地から、物品等に対する関税障壁のごとく、移民に対する課税障壁を作り出すツールとして利用される可能性を有しているのではないかと考える。

9　ACLU, *Immigration Myths and Facts—January 2008, available at* https://www.aclu.org/files/pdfs/immigrants/myths_facts_jan2008.pdf.

10　*See* Border Wall Funding Act of 2017 (H.R.1813). *See also* Meredith Cipriano, *The Illegal Immigrant Tax: Evaluating State Remittance Taxes Under the Dormant Commerce Clause and the Equal Protection Clause,* 43 U. Balt. L. Rev. 255 (2014); Yariv Brauner, *High-Skilled Migration: A Tax Perspective,* in Taxation and Migration 1, 13 (Reuven S. Avi-Yonah & Joel Slemrod eds., 2015).

(3) undocumented immigrants による納税とundocumented immigrantsに対する公的給付 （神話⑦及び⑧に関連して）

「undocumented immigrants は税金を払っていない」という神話⑦は、上記(2)よりもミクロな局面である。「undocumented immigrants は毎年多額の税金を払っている」という事実⑦は、移民が実際に納税者として税金を納めていることを述べるものである。本件資料は、事実⑦に関連して、要旨次のような説明を行っている。

---

undocumented immigrants は、米国の他の全ての消費者と同様に売上税を支払っている。undocumented immigrants は、財産税も払っている。たとえ彼らが住宅を賃借する場合であっても財産税を払う。undocumented immigrants の半数以上が連邦及び州法上の所得を有している。社会保障税及びメディケア税が自動的に彼らの給料から控除されている。

しかし、「帳面に記録されて（"on the books"）」働いているundocumented immigrants は、彼らが支払った税金で賄われている連邦又は州のいずれの給付についても受ける資格を有しない。その結果、undocumented immigrants は、特に社会保障制度に対して莫大な補助金を提供することになる。毎年、名前とSSN（Social Security Numbers: 社会保障番号）が社会保障局（Social Security Administration）の記録と一致しない労働者が稼いだ数十億ドルの賃金から社会保障税が控除される。社会保障局によると、undocumented immigrants は、2010年だけで130億ドルの給与税を社会保障信託基金に支払った。undocumented immigrants とその家族による納税額も地方レベルで相当の規模となっている。

The Institute for Taxation and Economic Policy（ITEP）は、2013年に、undocumented immigrants が世帯主となっている世帯が116億ドルの地方税を支払ったものと推計している。これには、11億ドル弱の個人所得税、36億ドル弱の財産税及び69億ドル強の売上税・消費税が含まれる。

第2章 ▶▶▶ インバウンド税制

　上記においては、undocumented immigrantsは、売上税・消費税、財産税、社会保障税及びメディケア税などの納付を通じて、公的な財源に貢献していることが述べられている[11]。移民は税金を払わずに公共サービスを享受しているという見方がある一方、「undocumented immigrantsは税金を払っていない」という神話⑦と「移民は福祉給付を目的として、米国にやってくる」という神話⑧を併せて検討すると、かかる見方は根拠を失っていくという見方もある。神話⑦と神話⑧は関連させて押さえておきたい。本件資料は、「undocumented immigrantsは、連邦の公益プログラムを受ける資格を有しておらず、合法移民（legal immigrants）であっても厳格な資格制限に直面している」という事実⑧に関連して、次のような説明を行っている。

　　undocumented immigrantsは、社会保障、補足的保障所得（Supplemental Security Income）、貧困家庭一時援助（Temporary Assistance for Needy Families）、メディケイド、メディケア、フードスタンプなどの連邦の公的給付を受ける資格を有しない。ほとんどの合法移民でさえ、どれくらい働き、納税したかにかかわらず、5年以上米国に滞在するまで、これらの給付を受けることはできない。かような制約を考えると、非米国市民よりも米国市民の方が公的給付を受ける可能性が高いということは驚くべきことではない。
　　移民が世帯主となっている世帯が公益プログラムを利用し、費用がかさんでいることを実証しようとする研究もあるが、そのような研究によって計算される「費用」の大部分は、米国で生まれた米国市民である移民の子どもたちによって利用されるプログラムのためのものであることが常である。このような子どもたちは、18歳未満であれば移民の「費用」としてカウントされるが、就労し納税している大人であれば米国生まれの人口の一部としてカウントされる。それでも、学校に通い、労働力となっていない全ての人々は子どもとして「費用が高い」とみなされ

11 *See also* U.S. GPO, Economic Report of The President, Transmitted to the Congress February 2005 Chap. 4 (2005).

2 ▶▶▶ 移民と租税

> る。エコノミストたちは、子どもたちのヘルスケア及び教育のための支出を、子どもたちが労働者及び納税者となったときに利益をもたらす投資であると見ている。健康で教養のある子どもたちは、より生産的で、高い賃金を稼ぎ、大人としてより多くの税金を払う。

　要するに、undocumented immigrants は、納税を行う一方で、公的給付を受ける資格を有していないため[12]、彼らが利用する公的給付に係る費用を凌ぐ財源を政府に提供するということである[13]。冒頭のトランプ大統領の発言と相反する見方である。ここから、「代表なくして課税なし」の精神と結び付き、移民に参政権を認めるべきであるという議論に向かう[14]。例えば、米国市民以外の移民に対して、連邦レベルでないにせよ、少なくとも地方レベルでの参政権を認めるべきであるという見解もある[15]。切り口は異なるかもしれないが、日本における外国人の参政権に関する議論を想起させる。

⑷ 移民の同化及び移民法から租税法への接続（神話⑨に関連して）

ア　移民の同化

　本件資料は、「今日の移民は、米国社会に同化していない」という神話⑨に対して、事実は「今日の移民は、住宅を購入し、米国市民になり、英語を学んでいる」とした上で（事実⑨）、他の多くの方法でコミュニティに溶け込んでいると述べている。もっとも、undocumented

---

12 公的給付の資格要件等について、*See* Tanya Broder et al., *Overview of Immigrant Eligibility for Federal Programs,* Dec. 2015, *available at* https://www.nilc.org/wp-content/uploads/2015/12/overview-immeligfedprograms-2015-12-09.pdf.

13 *See also* ACLU, *supra* note 9; Ruth Gomberg-Muñoz, *Building America : Immigrant Labour and the U.S. Economy,* in Immigration and the Law 100, 110 (Sofía Espinoza Álvarez & Martin Guevara Urbina eds., 2018).

14 *See* Francine J. Lipman, *The Taxation of Undocumented Immigrants: Separate, Unequal, and Without Representation,* 9 Harv. Latino L. Rev. 1, 4-5 (2006).

15 Erin E. Stefonick, *The Alienability of Alien Suffrage: Taxation Without Representation in 2009,* 10 Fla. Coastal L. Rev. 691 (2009).

第2章 ▶▶▶ インバウンド税制

immigrantsは、十分な教育を受けておらず、英語のスキルを欠いており、IRS（Internal Revenue Service：内国歳入庁）がスペイン語に翻訳した納税申告用の手引きを作成してはいるものの、自ら納税申告書を作成し、提出することは難しいという指摘もある[16]。

イ　移民法から租税法に向かって伸びる接続の矢印

上記との関連では、米国自由人権協会が、「移民は米国市民になりたくない」という神話に対して、事実は次のとおりである旨説明していることに目を向けておきたい[17]。

> 米国に来ている多くの移民は、満たすことが困難な要件及び何年も処理を遅延させうる膨大な未処理件数に直面しても、米国の市民権を求めている。ほとんどの移民は、米国に5年間、合法的な永住権を有して居住し、身元確認にパスし、納税を行っていること、善良な道徳的人格を有していること、米国の歴史と市民に関する知識があり、英語を理解し、話し、書く能力があることを示すまで、市民権を申請する資格を有しない。

米国自由人権協会は、これらに加えて帰化申請料の負担が増加しているにもかかわらず、市民権を取得した移民の割合が増えており、「移民は米国市民になりたくない」という神話は事実ではないと指摘する。上記説明の中で着目すべきは、市民権を獲得するために、米国で納税を行っていることを証明しなければならないという箇所である。帰化の要件の中には道徳的人格（good moral character）を備えているかを問うものがある（8 U.S.C. § 1427(a)(3)）。当局の裁量判断に委ねられる面があると考えるが、脱税は論外であるとして、脱税とはいえなくとも納税義務の履行を怠っていることが、当局における当該要

---

16 Francine J. Lipman, *The Undocumented Immigrant Tax: Enriching Americans from Sea to Shining Sea,* Chapman University Law Research Paper No. 2008 (2008), at 25, *available at* https://ssrn.com/abstract=1292960.

17 ACLU, *supra note* 9.

116

2 ▶▶▶ 移民と租税

件の充足判断に影響を及ぼすのであろう。

　このことは、米国市民権・移民サービス局（U.S. Citizenship and Immigration Service: USCIS）のホームページにおいても確認できる[18]。米国市民権の申請書であるForm N-400のパート12「申請者の付加的情報」（Additional Information About You（Person Applying for Naturalization））では、次のとおり、連邦税や州税について、申告をしなかった経験や未納の有無などを尋ねている。

---

6. Do you owe any overdue Federal, state, or local taxes?

☐ Yes　☐ No

7.　A.　Have you EVER not filed a Federal, state, or local tax return since you became a lawful permanent resident?

☐ Yes　☐ No

　　B.　If you answered "Yes," did you consider yourself to be a "non-U.S. resident"?　☐ Yes　☐ No

8. Have you called yourself a "non-U.S. resident" on a Federal, state, or local tax return since you became a lawful permanent resident?　☐ Yes　☐ No

---

　"Thinking About Applying for Naturalization?"と題するリーフレットには、所得税の申告書について、帰化の資格があることを証明する重要な証拠であり、面接時に、過去5年分の確定申告書を持参しなければならないことなどが記載されている。

　同様に、Form N-400の記入上の注意事項を記載している"Instructions for Application for Naturalization"には、面接時に持参する（納税や婚姻関係を証明する）証拠資料として、過去3年又は5年分の納税申告書の写し等が挙げられている。全てのケースにおいて納税申告書の写しを求められるわけではないが、とりわけ、米国市民との婚姻

18　米国市民権・移民サービス局HP（https://www.uscis.gov/n-400）参照。

117

第2章 ▶▶▶ インバウンド税制

に基づく帰化申請の場合や6か月以上の期間、米国以外の国に旅行したことがある場合には、申告書の持参を強く推奨している[19]。また、未納の税金がある場合には、申告の完了と未納税金の支払の取決めを証明する当局との合意書及び返済計画の現状を証明する文書を持参しなければならないとしている。

この点に関して、米国の移民法は、帰化に当たり、過去5年分の納税の証明を義務付けており、その結果として、偽りの社会保障番号の下でなされた支払であるために社会保障給付を受けることがないにもかかわらず、多数のundocumented immigrantsがあえて納税を行っていると説明されることもある[20]。税務調査の実調率が低いにもかかわらず、undocumented immigrantsについて、納税申告の点でコンプライアンスが保たれている要因として、上記のような事情のほか、強制送還への懸念や、還付申告、コミュニティへの同化、銀行借入れ目的といった事情の存在が指摘されている[21]。

なお、日本においても、素行が善良であることを帰化の条件に含めている国籍法5条1項3号に関して、素行が善良であるかどうかは、犯罪歴の有無や態様のほか、納税状況等を総合的に考慮するものとされている[22]。

---

19 このほか、例えば、米国市民権を有するスポンサーとなる家族の存在に基づいて移民ビザ等を申請するケースにおいても（8 U.S.C. §1183a）、納税申告書がスポンサーとなる者の経済力を示す証拠となる。在日米国大使館・領事館HP（https://jp.usembassy.gov/ja/visas-ja/faq-list-ja/i864-tax-return/. *See* David Weissbrodt et al., Immigration Law and Procedure in a Nutshell 172 (7th ed. 2017)）参照。

20 Ron Hayduk, *Immigration, Race and Community Revitalization* (1998), at 34 n. 22, *available at* https://assets.aspeninstitute.org/content/uploads/files/content/upload/Hayduk.pdf; Virginia Harper-Ho, *Noncitizen Voting Rights: The History, the Law and Current Prospects for Change,* 18 Law & Ineq. 271, 295-296 (2000) . *See also* Tessa Davisd, *The Tax-Immigration Nexus,* 94 Denv. L. Rev. 195, 219 (2017).

21 *See* Nneka Obiokoye, *Taxation of Undocumented Immigrants: The Uneasy Connection between Regulating the Undocumented Immigrant and Fostering Illegal Activity,* 2 Bus. Entrepreneurship & Tax L. Rev. 359, 367-375 (2018).

22 法務省HP（http://www.moj.go.jp/MINJI/minji78.html）参照。

118

2 ▶▶▶ 移民と租税

2. 内国歳入法に存在する移民法との結節点

　上述のとおり、市民権を獲得する要件として、移民は米国で納税を行っていることを証明しなければならないとされている。これは、いわば移民法の側から租税法の側に向かって伸びる接続の矢印である。ここでは、逆に、租税法の側から移民法の側に向かって伸びる接続の矢印を取り上げてみたい。具体的には、内国歳入法の規定のうち移民（法）と関わりが深いもの（納税義務者の区分、納税者識別番号及び税額控除）に関する議論を確認する。

(1) 内国歳入法から移民法への接続

　概していえば、内国歳入法の下で、移民法に基づく個人の分類が課税関係に及ぼす影響は限定的である。内国歳入法は、一般に、illegal aliensの取扱い又はillegal aliensの後述するTIN（Taxpayer Identification Number：納税者識別番号）要件に関する特別の規定を設けていない。よって、連邦税の目的上、合衆国市民以外の者は居住外国人又は非居住外国人として扱われる[23]。居住外国人は、原則として、米国市民と同じように課税される。居住地は、それが合法であるか否かを問わない実質的なプレゼンス（滞在日数）によって判定される。賃金に対する課税も、通常、その賃金を生み出す仕事が移民法の下で承認されたものであるか否かに影響されない。したがって、米国で生活するundocumented workerが所得を稼得した場合には、通常どおり、税金の申告及び納付をしなければならないし、雇用主の支払に協力しなければならない。また、給与税や所得税の源泉徴収のルールに服することになる。さらに、一般に、総収入金額が所定の控除額を超える場合にのみ申告書の提出が必要となり、源泉所得税の還付を受ける場合や還

---

23 Staff of Joint Comm. on Tax'n, Present Law and Background Relating to Individual Taxpyer Identification Numbers 3 (2004).

第2章 ▶▶▶ インバウンド税制

付可能な税額控除を利用する場合にも申告書の提出が必要となる[24]。

　法律の建付けを確認しておこう。米国で生まれた者又は米国に帰化した者などが内国歳入法上の合衆国市民となる。市民権の得喪その他については、移民法（移民国籍法）が参照される（26 U.S.C. §7701(a)(50)；26 C.F.R. §1.1-1(c)）。ここに移民法との結節点ないし直接的なつながりを確認できる。

　合衆国市民以外の者である個人（外国人）は、一定の要件を満たすと、居住外国人（resident alien（合衆国居住者：a resident of the United States））として扱われる（26 U.S.C. §7701(b)(1)(A)）。居住外国人は、内国歳入法上、合衆国市民と同じように、所得の源泉地にかかわらず全世界所得に課税される（26 U.S.C. §1, 61; 26 C.F.R. §1.1-1, 1.871-1(a)）[25]。個人は、合衆国市民（a citizen of the United States）でもなく、居住外国人（合衆国居住者）でもない場合には、非居住外国人（nonresident alien）となる（26 U.S.C. §7701(b)(1)(B)）。この場合、原則として、合衆国源泉所得にのみ課税される（26 U.S.C. §2(d), 871; 26 C.F.R. §1.871-1(a)）。

　一般に、個人は、次の2つの要件（"green card test"と"substantial presence test"と称されるもの）のいずれかに該当する場合、内国歳入法上、居住外国人として分類される。

① 合法的に永住を認められた者（lawfully admitted for permanent residence）

　当該暦年を通じて、合法的に米国に永住を認められた者である。いわゆるグリーンカード保持者がこれに該当する。グリーンカードを保持する非合衆国市民は、米国における滞在日数の多寡にかかわらず、連邦所得税の目的上、自動的に居住外国人として扱われる[26]。

---

24 *See* Cynthia Bluma, *Rethinking Tax Compliance of Unauthorized Workers After Immigration Reform,* 21 Geo. Immigr. L. J. 595, 596-597 (2007); Weissbrodt et al., *supra* note 19, at 639-640.

25 Lipman, *supra* note 14, at 19.

120

注意を向けるべきは、財務省規則が"green card test"について次の
とおり定めていることである（26 C.F.R. § 301.7701(b)-1）。

> "An alien is a resident alien with respect to a calendar year if the
> individual is a lawful permanent resident at any time during the
> calendar year. A lawful permanent resident is an individual who
> has been lawfully granted the privilege of residing permanently
> in the United States as an immigrant <u>in accordance with the
> immigration laws</u>." (emphasis added)

この下線部分にも移民法との結節点ないし直接的なつながりを確認
できる[27]。移民法上、合法的に米国に永住を認められた者が"green
card test"を満たすことが明らかにされているのである。「合法的に
永住を認められた者」という場合の「法」とは移民法を指しており、
ここでの合法性は移民法を基準として判断されるものであると表現し
てもよいであろう。

②　実質的滞在要件を満たす者

いくつかの例外規定もあるが、実質的滞在要件は、基本的には次
の(a)及び(b)の要件をいずれも満たすかどうかを問うものである（26
U.S.C. §7701(b)(3)）。

(a)　当該年度中に31日以上、合衆国に滞在したこと

(b)　次の算式により計算した日数が183日以上であること
　　当該年度における合衆国の滞在日数 ＋ 前年度における合衆国の
　　滞在日数× 1/3 ＋ 前々年度における合衆国の滞在日数× 1/6

undocumented immigrantsが①の要件を満たさないことは自明で

26　*See* Weissbrodt et al., *supra* note 19, at 639.
27　Davisd, *supra* note 20, at 229 (The Clause "creates tax law's direct connection to immigration law.").

第2章 ▶▶▶ インバウンド税制

ある。他方、米国に居住するほとんどの undocumented immigrants
は、②の要件を充足することにより、税法上、居住外国人に分類され
る。上記のような規定に鑑みて、米国の在留資格ないし移民法上のス
テータスは、内国歳入法上の居住者又は非居住者としての納税者の地
位を単独で決定するものではないというのが基本スタンスであり、公
平に税負担を分配するために、議会は在留資格の分類から意識的に逸
脱したものと説明されており、興味深い[28]。

(2) 不利益な取扱い

上述のとおり、内国歳入法の規定によれば、居住外国人は、原則的
には、合衆国市民と同じように課税される。他方、undocumented
immigrants は、同じ状況の居住外国人及び合衆国市民よりも、内国
歳入法の下で不利に扱われることが指摘されている[29]。かかる指摘は、
undocumented immigrants は、帰化のために納税を行うことを強い
られる一方で、納税をしても公的給付（社会保障給付）を受ける資格
を有するには至らないこと及び控除額の超過部分につき還付金を受領
できる税額控除の適用資格を有していないことに由来する。納税者を
識別する番号と関わりの深い問題である。

内国歳入法上、納税申告等の際に、個人を特定する番号が必要とな
る。申告書に納税者として記載される者は、有効なTIN（Taxpayer
Identification Number：納税者識別番号）を有していなければなら
ない。連邦税の目的で個人が使用するTINは、①社会保障局によっ

---

28 *See* U.S. GPO, Social Security Number and Individual Taxpayer Identification
Number Mismatches and Misuse: Hearing Before the Subcomm on. Oversight
and Subcomm. on Social Security of the Comm. on Ways & Means U.S. H.R.,
108th Cong. Serial no. 108-53 (2004), at 74 (statement of Nina Olson, National
Taxpayer Advocate, IRS).

29 Lipman, *supra* note 14; Lipman, *supra* note 16; Luis Larrea, *Taxation
Inequlity and Undocumented Immigrants,* 5 WM. Mitchell I. Raza J. 2 (2013).
See also Obiokoye, *supra* note 21, at 378-386.

2 ▶▶▶ 移民と租税

て割り当てられたSSN（Social Security Number：社会保障番号）と、②IRSによってSSNを取得する資格のない外国人に割り当てられたITIN（Individual Taxpayer Identification Number: 個人用納税者番号）である[30]。

米国籍、米国の永住権（グリーンカード）保持者、米国籍以外を有し米国内で働く許可を得ている者などはSSNを取得することが可能であり、納税申告の際にこれを使用することになる。SSNを取得する資格がない者には、納税申告用としてIRSによりITINが発行される（26 U.S.C. §6109; 26 C.F.R. §301. 6109-1）。undocumented immigrantsは、社会保障番号を取得する資格がないので、ITINを使用することになる。ITINは米国における就労の資格を許可するものではない。働き口を求めるundocumented immigrantsは偽のSSNを取得する。ITINを使用して給与税を支払うことはできないため、偽のSSNを使用することになり、社会保障税を払うことになる[31]。かくして、undocumented immigrantsは、納税を行うが公的給付を受ける資格を有していないため、彼らが利用する公的給付に係る費用を凌ぐ財源を政府に提供するとされる（前記1.(3)参照）。

米国で稼いだ賃金を報告するITINを含む個人所得税申告書（Form 1040）と無効なSSNを記載している源泉徴収票（Form W-2）を受け取った場合、IRSは、当該納税者が正規の許可なしに、賃金を稼いでいることに気が付く。しかしながら、議会は、IRSが入国管理当局に許可の欠如を積極的に明らかにするような行動をとることを禁じ

---

30 Staff of Joint Comm. on Tax'n, *supra* note 23, at 2.

31 undocumented immigrants と TIN の問題について、*See* Lipman, *supra* note 14; Lipman, *supra* note 16; GAO, Social Security: Better Coordination Among Federal Agencies Could Reduce Unindentified Earnings Reports, GAO-05-154(2005). 非居住外国人は米国源泉の賃金に課税されるところ、この場合に、雇用が合法的になされたものであるか否かは問われないことについて、*See* Staff of Joint Comm. on Tax'n, Present Law and Relating to Tax Issues Associated with Immigration Reform 3 (2006).

ている。限られたケースでの開示は認められているものの、IRSの職員には、雇用主によって社会保障局に提出された源泉徴収票（Form W-2）を含む納税申告書その他の納税者情報に関して守秘義務が課せられている（26 U. S. C. §6103）。ただし、かかる義務に反するようなことが行われているのではないかと疑われるケースの存在も指摘されている[32]。

また、控除額の超過部分につき還付金を受領できる税額控除のうち最も使われている勤労所得税額控除（Earned Income Tax Credit）及び子ども税額控除（Child Tax Credit）は、申告者本人及び／又はその家族がSSNを有している場合にのみ適用される（26 U.S.C. §32 (c)(1)(E), (c)(3)(D) and (m), 24(h)(7)）[33]。偽のSSNを利用している場合は、これらの税額控除を適用できない。

なお、とりわけラテン系移民の相対的税負担が重くなっているという指摘もある[34]。

結びに代えて

これまでの考察を通じて、移民（法）と租税（法）がどのように交錯するのか、両者はどのような結節点を有するのか、という点に関して得られた知見を整理しつつ、さらに検討を加える。

移民は、プラスとマイナスの両面から税財政に影響を与える。移民は、一般的・抽象的な意味における納税者として税収に貢献するとと

---

32 See Lipman, *supra* note 16, at 27.

33 Ray Martin, *How legal immigrants can claim U.S. tax credits,* (November 1, 2018 / 8:45 AM), *available at* https://www.cbsnews.com/news/how-legal-immigrants-can-claim-u-s-tax-credits/. *See also* Lipman, *supra* note 16, at 6. なお、移民の問題については、外国生まれの独身者（第1世代）だけでなく、アメリカで生まれた彼らの子どもたち（第2世代）も踏まえて、検討すべき場面もあろう。*See* The Economic and Fiscal Consequences of Immigration, *supra* note 8, at 51.

34 Leo P. Martinez, *Latinos and the Internal Revenue Code: A Tax Policy Primer for the New Administration,* 20 Harv. Latinx L. Rev. 101 (2017).

もに、経済にプラスの効果を与え、他の納税者を通じて、間接的にも税収に貢献する可能性がある。他方、移民が増えれば、種々のコストも増える。国が負担する入国管理コストや、居住地域の地方自治体が負担する行政コストなどを考慮すると、国と地方の税源配分と負担配分、行政便宜や税負担の公平に資するための課税・徴収制度の見直しなどに議論が及び得る。移民の問題に関してはundocumented immigrantsにフォーカスした議論が展開されることも多いが、ここでは、合法移民であるか、undocumented immigrantsであるかの区別がどのような差異をもたらすかという視点も備えておく必要がある。

　移民は、実際に税金を納めており、個別的・具体的な意味における納税者でもある。さらにいえば、一人の納税者としてのみならず、公的給付の受給者、あるいは尊重すべき個人としても捉え得る。ここから、納税と公的給付の関係及びバランス、個人の尊厳や基本的人権の尊重、あるいは納税者として参政権を付与することの是非といった議論に発展する。移民制限論者が用いるillegal immigrantという表現に対抗するために、移民擁護論者によって移民がtaxpayerであることが強調される構図として把握される場合もある[35]。

　上記のような、移民（法）と租税（法）との交錯ないしつながりは、歳入の増加と社会政策の両方のツールであるという、租税のよく知られてはいるがやっかいな側面を再認識させるものである[36]。

　また、より法的な見地からは、帰化要件に納税義務の適正な履行を入れ込むなど、移民法の側から租税法の側に伸びる接続の矢印の存在に関心が寄せられる。移民法が描く市民権や市民観の議論も含めて、かかるつながりを設けることの妥当性などが検討の対象とな

35　徳永悠「『非合法納税者』と合法化運動—サンディエゴ郡・メキシコ人非合法移民の実態調査（1980）を中心に—」京都ラテンアメリカ研究所紀要13号36頁以下（2013）参照。

36　*See* Davisd, *supra* note 20, at 200.

ろう[37]。

　逆に、租税法の側から移民法の側に向かう接続の矢印も存在する。すなわち、納税義務者の区分判定の場面で、移民法上、市民権を有する者であるかを問う規定や合法的に永住を認められた者であるかを問う規定が内国歳入法に組み込まれている（しかも意図的なものである。）。これは、移民法との結節点ないし直接的なつながりであると表現してもよいであろう。ここでも、かかるつながりを設けることの妥当性などが検討の対象となる。間接的なつながりになるが、納税者識別番号及び税額控除など、内国歳入法の規定の中には移民と関わりが深いものが存在する。租税法内部における、移民とそれ以外の者、合法移民と非合法移民など納税者間の公平性の問題、納税負担と享受する利益（税負担軽減に結び付くような規定の適用による利益）又は保有する権利のバランスの問題、あるいは勤労所得税額控除及び子ども税額控除の不適格性を機縁として貧困者の救済や担税力の配慮のあり方が議論の対象となるであろう[38]。

　いずれにせよ、それぞれ法の目的が異なるにもかかわらず、内国歳入法と移民法は市民権という概念でつながっていることは実に興味深い。しかも、米国の移民法は税法と同様、一連の改革や改正によって、複雑で、時には矛盾しているかのようなルールや例外の迷路となっており、法律家を混乱させるものであるといわれる点で[39]、両法は共通点を有してい

37　合法的に永住を認められた者（lawful permanent resident）である居住外国人は、内国歳入法上、合衆国市民と同じように課税されるが、税法の不遵守がもたらす結果は、両者の間で相当の差異があり、例えば、合衆国市民による税法違反が金銭的ペナルティや懲役刑につながるのに対して、合法的に永住を認められた者による税法違反は帰化への扉を閉ざしたり、強制送還につながる可能性がある点で相違するという指摘として、Davisd, *supra* note 20, at 203-204.

38　課税の公平や貧困者（とりわけ貧困家庭の子女）の救済などの問題視角について、*See* Israel X. Nery, *The Earned Income Tax Credit Conundrum: The Unintended Exclusion of Latina/o Children,* 28 Harvard Journal of Hispanic Policy 81 (2016). 雇用主の所得の計算上、不法移民に対する支払の控除を認めないような措置をとった場合にも、公平性等の観点から問題視され得る。*See* Legomsky & Rodríguez, *supra* note 2, at 1253.

2 ▶▶▶ 移民と租税

る。かような両法をつなぐ結び目を設けることは一般に困難な作業となることが予想されるため、余計に惹き付けられるのである。

さらに、移民や移民の増加に対応ないし配慮した税制をデザインすることも考えられる。送金税に見られるように、「移民に対する課税を強化するような立法措置」を要求する声が出てくる場合、担税力や租税条約等への抵触の問題も含めて、保護主義的観点からの措置をとることが可能であるか、あるいは妥当であるかを慎重に議論する必要がある。undocumented immigrants は、十分な教育を受けておらず、英語のスキルを欠いており、自ら納税申告書を作成し、提出することは難しいという指摘があることも考慮すると、言語スキル等に配慮した簡素で分かりやすい税制をデザインすること（税制のユニバーサルデザイン化）を求める意見もあり得よう。個別に又は各移民コミュニティを対象としたサポートの体制を整備するという現場レベルでの対応をとることも選択肢に入り込むと考える。広く、納税環境整備の一環として議論を進める余地もあるし、納税意識や文化の差異の把握が求められる可能性もある。

immigration に照準を定める立ち位置から一歩引いて、emigration という視座に移動してみると、海外に移り住む個人に関する問題（国外転出時課税（出国税）[40] 又は高度なスキルを持つ人材が流出するいわゆる brain drain の問題[41]）や本社機能を外国に移転する企業の問

---

39 Allison Christians, *A Global Perspective on Citizenship-Based Taxation*, 38 Mich. J. Int'l L. 193, 215 (2017). アメリカの移民法について、他の法律よりも政治からの干渉が大きく影響する分野であることはある程度仕方がないと指摘されており（楠田弘子「アメリカ移民法の破綻と改革への課題」比較法学50巻2号51頁（2016））、この点においても租税法との親和性を見出すことができよう。

40 米国市民権等を放棄した場合のExpatriation Taxについては26 U.S.C. § 877参照。米国による課税を回避するために市民権を放棄した場合にその後の入国資格を認めない8 U.S.C. §1182⒜⑽⒠も併せて参照。

41 brain drainと租税の問題について、*See also* Brauner, *supra* note 10; Taxing the Brain Drain: A Proposal (Jagdish N Bhagwati & Martin Partington eds., 1976)；The Brain Drain and Taxation: Theory and Empirical Analysis（Jagdish N Bhagwati ed., 1976).

第2章 ▶▶▶ インバウンド税制

題（コーポレートインバージョン）などにまで、議論は広がりを見せる[42]。受入国のみならず送出国の立場からの検討を加えたにすぎないが、かように広くmigrationとtaxの問題として捉えた場合に、新たに考察すべき課題が浮かび上がるであろう[43]。

　移民の増加は、我が国に対して、既存の税制の点検や立案の視点の見直しを含めて種々の課題を突き付ける可能性がある。また、移民と租税の問題を移民の統合政策の中で議論することも考えられよう[44]。外国人労働者の受入れを拡大した入管法の改正（平成31年4月施行）を考慮すると、我が国においても租税を含めた様々な方面から移民に関する研究を進めることが求められる。

〔泉　絢也〕

42　Montano Cabezas, *Migration and Taxation in the Popular Imagination*, 62 St. Louis U. L. J. 103 ,111-112 (2017); Diane M. Ring, *Corporate Migrations and Tax Transparency and Disclosure*, 62 St. Louis U. L. J. 175 (2017); Reuven S. Avi-Yonah, *And Yet It Moves: Taxation and Labor Mobility in the Twenty-First Century*, in Taxation and Migration, *supra* note 10, at 45.

43　なお、移民と関連してしばしば論じられる難民と租税との交錯領域については、*See* Ryan Bubb, Michael Kremer & David I. Levin, *The Economics of International Refugee Law*, 40 J. Legal Stud. 367 (2011); Christina Trenta, *Migrants and Refugees: A EU Perspective on Upholding Human Rights through Taxation and Public Finance*, 62 St. Louis U. L. J. 1 (2017). 難民の地位に関する1951年の条約は、29条において、「締約国は、難民に対し、同様の状態にある自国民に課しているもしくは課することのある租税その他の公課（名称のいかんを問わない）以外の公課を課してはならず、また、租税その他の公課（名称のいかんを問わない）につき同様の状態にある自国民に課する額よりも高額のものを課してはならない。」と定めている。国連難民高等弁務官事務所HP（https://www.unhcr.org/jp/treaty_1951#.）参照。

44　移民の統合政策に関して、近藤敦「国際比較の中の日本の移民法制」法時84巻12号16頁以下（2012）参照。例えば、労働市場において移民と競合するような自国労働者を保護するための移民規制の提案に対して、所得再分配機能等を高めるような租税政策を対案として提示することも可能である。*See* Howard F. Chang, *Immigration Restriction as Redistributive Taxation: Working Women and the Costs of Protectionism in the Labor Market*, 30 Immigr. & Nat'lity L. Rev. 487 (2009).

3 ▶▶▶外国人労働者と源泉所得税

▶**3** 外国人労働者と源泉所得税

はじめに

　経済のグローバル化が進み、国境を越えて他国で所得を得る外国人労働者となる状況は珍しいことではなくなってきている。例えば、厚生労働省公表の平成30年10月末の数値（外国人雇用状況届出書）によると外国人労働者は前年比14.2%の146万人（在留資格が「外交」「公用」「特別永住者」である者は対象外）である[1]。その内訳としては、①就労目的で在留が認められる者（教授、高度専門職、企業経営者などの、いわゆる「専門的・技術的分野」の者）が27.6万人、②定住者（主に日系人）、永住者、日本人の配偶者などの身分に基づき在留する者が49.5万人（これらの者は、様々な分野で報酬を受ける活動が可能である。）、③技能実習が30.8万人、④EPA（経済連携協定）などの特別活動を行う者が3.5万人、⑤留学生のアルバイトなど資格外活動をする者が34.3万人（これらの者は、本来の在留資格の活動を阻害しない範囲内（1週28時間以内）で相当と認められる場合に報酬を受ける活動が許可される。）となっている[2]。

　このように増加傾向にある外国人労働者に対する税務はどのように行われるのであろうか。ここでは、課税方法として採られる中心的手法である源泉所得税の取扱いについて確認を行う。なお、平成26年度税制改正により、国際課税原則であるソースルールが約50年ぶりに変更されている。特に断りのない限り、ここでは改正後の条文を使用する。

1　厚生労働省HP「『外国人雇用状況』の届出状況まとめ（平成30年10月末現在）」（https://www.mhlw.go.jp/stf/newpage_03337.html〔2019年6月6日訪問〕）。
2　橋本泰彦「外国人雇用に伴う税務処理場の留意点」税理62巻5号47頁（2019）参照。

129 ──┥

第2章 ▶▶▶ インバウンド税制

1. 非居住者に対する源泉徴収制度の構造

(1) 国際課税の原則

　一般に、ある国が所得に課税を行う際の管轄権については、2通りの見方がある。1つは、居住地管轄（residence jurisdiction）に基づくものであり、所得を稼得する者に対する人的なつながり（nexus）を根拠とする[3]。多くの国は、居住地管轄に服するものに対して、所得の地理的源泉を問わず、全世界所得（world-wide income）に課税している。もう1つは源泉地管轄（source jurisdiction）に基づくものであり、所得を生み出す活動との物的な関連性を根拠とする。源泉地管轄に基づく課税は、自国で生み出された所得、すなわち国内源泉を持つ所得を対象とする。このような所得を国内源泉所得（domestic source income）という[4]。

　さて、所得の源泉地を定めるルールはソースルール（source rule）[5]

---

3 このような考え方は、アメリカにおけるクック対テート（Cook v. Tait）事件連邦最高裁判決（265 U.S.47（1924））に求められる。この事件において、連邦最高裁判所は、「〔課税権とは、〕政府が、市民およびその所有する財産に対して利益を与えているという前提に基礎をおいている。いいかえるならば、課税権の基礎が、すべての場合に、その財産の位置（situs）、つまり、その財産が合衆国の中にあるかあるいは外にあるかどうかということに依存するのではないのであるし、合衆国の市民の所在（domicile）、つまり合衆国に所在していたかどうかということによって定まるというのではないのである。むしろ、市民としての合衆国との関係に依存する場合もあるのである。そのような関係からの帰結は、課税対象となる市民には合衆国にdomicileを有するであろうし、そこから所得を生ずるような財産にはsitusがあるということになるのである。」と判示した。要するに、「国家との結び付きが認められ、政府から利益を受けているということが課税権、つまり課税管轄の基礎となるというのである。この場合には、市民という地位を有することが、国外財産から生ずる所得について課税が正当化される根拠となる」と解される（水野忠恒『21世紀を支える税制の論理　第4巻国際課税の理論と課題〔2訂版〕』4頁以下（税務経理協会1995）参照）。

4 増井良啓＝宮崎裕子『国際租税法〔第3版〕』6頁（東京大学出版会2015）。我が国は居住地管轄並びに源泉地管轄の2通りを用いて課税を行っているため、その個人が居住者であるか非居住者であるかは非常に重要な判定要素となる。居住者・非居住者判断については、第1章1、2参照。また、移民や外国人労働者の定義等については、第2章1、2参照。

5 日本法におけるソースルールの原型は昭和37年度税制改正で整備された。平成26年度税制改正はこれに次ぐ改正であり、整備された後50年経過する中で生じた租税条約とのギャップにも対応し、さらに租税条約の新しい傾向を先取りする形となっている。

と呼ばれ、上述したとおり、源泉地国の判定により大きく課税が異なってくることから、非常に重要視される。我が国では、国内源泉所得について、所得税法161条《国内源泉所得》と法人税法138条《国内源泉所得》の各号に掲げるものと定められており、それぞれの規定における号数を指して、○号所得と通称されている。所得税法161条は、個人と法人のいずれに対しても適用される[6]。

　所得税法161条は、非居住者（個人）について、日本で課される所得の範囲を定める。これには課税方式の違いに応じて、ポートフォリオ投資と直接投資の2つの類型がある。ポートフォリオ投資は、非居住者が日本国内の支店を通じて事業を行う場合における当該支店に帰せられるべき所得（所法161①一）のように、居住者に準じて所得の金額を計算し申告納付する類型である。直接投資は、非居住者が内国法人の発行する債券の利子支払を受ける場合（所法161①八イ）のように、支払の際に源泉所得税の対象になる類型である。所得税法161条は同様に、外国法人については、源泉所得税が課される範囲を定める。源泉所得税が所得税法の所管事項であるため、法人も所得税の納税義務を負うこととされており（所法5④、7①五）、したがって、ソース・ルールも所得税法に定めてある[7]。

図表1　所得税法161条の適用範囲の例示

非居住者（個人）	→①非居住者が国内支店を通じて事業を行う場合
	→②非居住者が内国法人の発行する債権の利子支払を受ける場合
外国法人	→③外国法人が内国法人の発行する債権の利子支払を受ける場合

（出所）増井良啓＝宮崎裕子『国際租税法〔第3版〕』（東京大学出版2015）

6　増井＝宮崎・前掲注4、49頁。
7　増井＝宮崎・前掲注4、49頁。

第2章 ▶▶▶ インバウンド税制

　ポートフォリオ投資と直接投資のような2つの課税方式が存在する
のは、非居住者や外国法人が、課税する国との間に持っている結び
付き（nexus）の大小によって説明できる。恒久的施設（Permanent
establishment：PE）を有さずに、単にポートフォリオ投資家として
社債の利子を得る者は、日本とのつながりが小さい。そのような者に、
正確な所得を計算・申告させるのは実際的ではないため、支払者に対
して、グロス（gross）の金額を基準として源泉徴収義務を課し、原
則としてそれだけで課税関係が終了するのである。他方で、PEを有
している場合、その者と日本とのつながりは大きく、居住者・内国法
人と同様に事業を行っている。そうであるならば、所得の申告納付を
期待することができるとして、ネット（net）所得に課税することが
可能となる[8]。

　非居住者に対する課税については以下のとおりである。縦軸は所得
税法161条を、横軸は所得税法164条《非居住者に対する課税の方法》
を表わしている[9]。

8　増井＝宮崎・前掲注4、15・16頁。
9　総合課税とは、他の所得と総合して課税標準と所得税額を計算し、非居住者本人が
　申告納付する課税方式を意味する（所法165）。これに対し、分離課税とは、他の所
　得と区分して所得税を課す方式のことである。分離課税の場合、所得税の課税標準は、
　支払を受けるべき国内源泉所得の金額とされている（所法169）。この金額は、基本
　的にはグロスの収入金額を意味している。この金額を他の所得から切り離して課税標
　準としておくことで、源泉徴収に服するだけで納税義務を果たしたことにできるわけ
　である（増井＝宮崎・前掲注4、75頁）。

── 132

図表1　非居住者に対する課税関係の概要[10]

非居住者の区分 / 所得の種類	非居住者			(参考)外国法人
	恒久的施設を有する者		恒久的施設を有しない者	所得税の源泉徴収
	恒久的施設帰属所得	その他の所得		
（事業所得）	【総合課税】	【課税対象外】		無 ／ 無
①資産の運用・保有により生ずる所得（⑦から⑮に該当するものを除く。）	【総合課税】	【総合課税（一部）】		無 ／ 無
②資産の譲渡により生ずる所得		【総合課税（一部）】		無 ／ 無
③組合契約事業利益の配分	【源泉徴収の上、総合課税】	【課税対象外】		20% ／ 20%
④土地等の譲渡による所得		【源泉徴収の上、総合課税】		10% ／ 10%
⑤人的役務提供事業の所得				20% ／ 20%
⑥不動産の賃貸料等				20% ／ 20%
⑦利子等		【源泉分離課税】		15% ／ 15%
⑧配当等				20% ／ 20%
⑨貸付金利子				20% ／ 20%
⑩使用料等				20% ／ 20%
⑪給与その他人的役務の提供に対する報酬、公的年金等、退職手当等				20% ／ —
⑫事業の広告宣伝のための賞金				20% ／ 20%
⑬生命保険契約に基づく年金等				20% ／ 20%
⑭定期積金の給付補塡金等				／ 15%
⑮匿名組合契約等に基づく利益の分配				20% ／ 20%
⑯その他の国内源泉所得	【総合課税】	【総合課税】		無 ／ 無

(2)　平成26年度税制改正におけるソースルールの変更

　ソースルールについては平成26年度税制改正において変更が行われ、外国法人及び非居住者（外国法人等）に対する課税原則について、それまでの総合主義から帰属主義へと移行された[11]。BEPSプロジェ

10　国税庁HP「非居住者に対する課税関係の概要」（https://www.nta.go.jp/law/tsutatsu/kihon/shotoku/23/01.htm〔2019年6月6日訪問〕）。なお、この図表の縦軸の丸囲み数字は号数ではないことに注意されたい。この他に復興特別所得税。

11　国税については平成28年4月1日以降に開始する事業年度分の法人税及び平成29年分以後の所得税について適用。

クトを背景とし、2017年に改訂されたOECDモデル租税条約7条の考え方（Authorised OECD Approach：AOA）に基づき「帰属主義」に則した国内法の規定に改めたのである。これに伴い、外国法人等についてはその国内源泉所得に対して課税するというこれまでの基本的な考え方を維持しつつ、外国法人等が我が国に有するPEに帰属する所得（PE帰属所得）を、国内源泉所得の1つとして位置付けることとされた。また、非居住者（個人）課税については、原則として、帰属主義に変更する外国法人に準じた取扱いとし、居住者（個人）の外国税額控除についても、原則として、内国法人に準じた取扱いとされた[12]。

国内法と租税条約が帰属主義に統一されることで、これまで二元化されていた国際課税原則が簡素でかつ国際的に調和のとれた税制に近づくこととなり、①対内・対外投資に好影響を及ぼすことが期待されるとされた。また、②支店形態で進出する場合と、子会社形態で進出

図表2　総合主義と帰属主義の違い

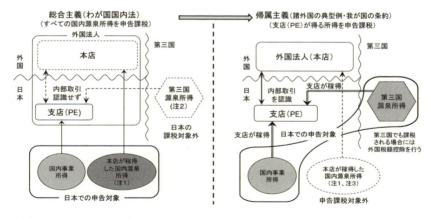

(注1) 本店が支店（PE）を介さずに行う直接投資等
(注2) 支店（PE）が行う国外投融資で第三国において課税されているもの
(注3) 原則として源泉徴収で課税関係終了
(出所) 国税庁「平成26年度改正関係参考資料（国際課税関係）」

12　国税庁「平成26年度改正関係参考資料（国際課税関係）」。

3 ▶▶▶外国人労働者と源泉所得税

する場合とで、AOAに従ってできる限り課税上のミスマッチを解消することが期待される（**図表2**参照）[13]。従来の総合主義によると、国内源泉所得の規定は居住者の所得区分との重複が存在したが、改正によりPE帰属所得としてまとめられたことにより、利子所得や譲渡所得などの投資所得も含まれるものとして、所得区分とは異なることが明確となったといえる。

(3) 源泉徴収制度の概要[14]

　図表1で確認したとおり、非居住者における課税の大半を占めるのが源泉徴収制度であるが、これはどのような原理によって行われるものであろうか。

　租税の徴収方法のうち、納税義務者以外の第三者に租税を徴収させ、これを国又は地方団体に納付させる方法を徴収納付といい、所得税の源泉徴収、住民税その他の地方税の特別徴収は、いずれも徴収納付の例として挙げられる。徴収納付義務は、納税義務者から租税を徴収する義務（作為義務）と徴収した租税を納付する義務（給付義務）の結合した特殊な義務であると解されており、それは、本来の納税義務ではないが、給付義務を内容とする点において、本来の納税義務に類似する。国税通則法では、納税義務者と徴収納付義務者を合わせて「納税者」と呼び（通法2⑤）、また、納税義務者の租税を納付する義務と徴収納付義務者の租税を納付する義務とを合わせて納税義務として、両者に共通の定めを置いている場合が多い。源泉徴収による国税（通法2②）の納付義務は、源泉徴収の要件の充足と同時に自動的に確定する。源泉徴収税額が法定納期限までに納付されないときは、納税の告知及び督促の手続を経た上で滞納処分がなされる。以下、本来の納税義務者を「受給者」、源泉徴収の徴収義務者を「源泉徴収義務者」

13　水野・大系687頁。
14　金子・租税法992〜994頁。

135

第2章 ▶▶▶ インバウンド税制

ということとする[15]。

我が国の源泉徴収制度の淵源[16]は、明治32年の所得税法改正により公社債の利子所得に係るものとして創設されたことに始まる。この時開始された源泉徴収は「最初は、公債や社債への投資の奨励ないし促進というような政策的理由よりは、むしろ簡易で確実な租税の徴収にあったと見るべきであろうか。」[17]と説明されている。その後、大正12年の所得税法改正において銀行預金の利子についても源泉徴収が行われることとなった。昭和に入ってからの我が国は、戦争による財政需要の急速な拡大のため、応急的な租税措置を取っていた。そのため、昭和13年の所得税法改正によって退職所得に対する源泉徴収制度が、更に昭和15年の所得税法改正では配当利子所得（甲種）、勤労所得（甲種）、及び退職所得（甲種）にまで源泉徴収の範囲が拡大された[18]。昭和22年改正には、初めて近代的な総合累進所得課税が採用され、総合所得税制へ一本化された。この時に、現行のものに相当する源泉徴収制度が導入され、また、それまでの賦課課税制度に代わり申告納税制度が全面的に採用され、納税者が自ら税額を計算し納付することとなった[19]。このように、本来的には租税行政庁が担うべ

---

15 今村隆教授は、「実体法である所得税法では、所得の帰属する者が『納税義務者』（同法5条1項）であるが、手続法である国税通則法（以下『通則法』という。）では、源泉徴収の徴収義務者が『納税者』として規定されている（同法2条5項）。通則法でいう『納税者』とは、徴収・納付義務者のことであり、実体法上の本来の納税義務者ではない。」とされる（今村「徴収納付の法律関係に関する諸問題」税研153号40頁（2010））。

16 源泉所得税の沿革については多くの文献が存在するが、金子宏「わが国の所得税と源泉徴収制度」同『所得課税の法と政策』125頁（有斐閣1966）をはじめとして、村上義弘「源泉徴収制度をめぐる法的諸問題」日本税法学会編『中川一郎先生古希祝賀税法論文集』301頁（日本税法学会1979）、加藤睦夫＝宇田川璋仁＝石弘光『昭和財政史―終戦から講和まで(7)』644頁（財務総合政策研究所1975）など参照とする。

17 金子・前掲注16、130頁。

18 なお、当時は、分類所得税制と総合所得税制の併用方式が採用されていて、退職所得は第2種所得税の丙に分類されていた。

19 今本啓介「申告納税制度と源泉徴収制度の関係―申告納税制度の下での源泉徴収制度のあり方を求めて―」税研153号34頁（2010）。

3 ▶▶▶外国人労働者と源泉所得税

き役割を源泉徴収義務者に任せる形にしたのは、戦後の税務職員不足が背景にあった。この点に関し、昭和24年9月のシャウプ勧告は、「源泉徴収制度は効果的に機能しているかのように見える」と評価している[20]。

　非居住者に対する源泉徴収制度は、所得税法「第3編 非居住者及び法人の納税義務」のうち、「第5章 非居住者又は法人の所得に係る源泉徴収」に規定が置かれている。所得税法212条《源泉徴収義務》は「非居住者に対し国内において…国内源泉所得…の支払をする者又は外国法人に対し国内においては…国内源泉所得…の支払をする者は、その支払の際、これらの国内源泉所得について所得税を徴収し、その徴収の日の属する月の翌月10日までに、これを国に納付しなければならない。」とする。これは平成2年度税制改正によって導入された規定である。我が国に事務所等を有しない非居住者・外国法人に対して、我が国の課税管轄権[21]を執行するための簡便な徴収の技法が、「非居住者・外国法人に係る源泉徴収」であるとされる。国内租税法に比して、国際租税法においては、制度上、課税漏れを防ぐため源泉徴収が重要な役割を担うこととなるが[22]、その重要性にも

20　シャウプ税制勧告第14章、附録D・C・2参照。

21　高野幸大教授は、「国家の管轄権は、一般に、法令を成立する立法管轄権、裁判所がこれを適用する裁判管轄権、行政機関がこれを執行する執行管轄権に分類される」とされ、課税管轄権とは、国家の主権に基づく内在的属性であり、行政機関がこれを執行する執行管轄権の一部であると論じられる（高野「国家管轄権と国際租税法の関係—資産税の側面からの基礎的考察」租税法研究42号84頁(2014)）。本来、主権とは、領域と相まって論じられた「他の国家の主権を排除するような権力の行使が認められる」管轄権の範囲であった。言い換えると、課税管轄権とは、他の国家の主権を排除し、国の行政機関が税の課税徴収を行うことが許される範囲、と定義することができるであろう（水野・前掲注3、4頁）。

22　増井＝宮崎・前掲注4、78頁は、「源泉地国が国外に向けて支払われる投資所得に対して源泉徴収税を課すことは、比較法的にも広く観察される。日本も例外ではなく、2013年の数字で、非居住者や外交法人に対する各種支払について課された源泉徴収税の額は3322億円にのぼる（ただし、投資所得以外のものも含む数字である。）。ところが、投資所得はしばしば、『逃げ足が速い』といわれる。源泉地国が課税しようとしても、税引き後の利回りをみてより条件のよい地域へと、瞬時に移動してしまうから

137

第2章 ▶▶▶ インバウンド税制

かかわらず、依然として源泉徴収に係る法令には不明確な部分が存在する[23]。

⑷　所得税法212条とPE

　非居住者に対する源泉徴収制度は、所得税法「第3編 非居住者及び法人の納税義務」のうち、「第5章 非居住者又は法人の所得に係る源泉徴収」に規定が置かれている。

所得税法212条 （源泉徴収義務）

　非居住者に対し<u>国内において第161条第1項第4号から第16号まで（国内源泉所得）に掲げる国内源泉所得（政令で定めるものを除く。）の支払をする者</u>又は外国法人に対し国内においては…国内源泉所得…の支払をする者は、その支払の際、これらの国内源泉所得について所得税を徴収し、その徴収の日の属する月の翌月10日までに、これを国に納付しなければならない。

　上記下線部は、平成2年の所得税法改正により、改正されたものである。当時は、ちょうどバブル経済の真っただ中から崩壊にかかる時期であり、不動産価格高騰が続き、土地等の売買によって多額の利益を得る者が多かった時代である。本条項の制度趣旨については、「外

である。とりわけ、グロス金額への源泉徴収は、投資家にとっては税引後の利回りを大きく引き下げるため、これを嫌う投資家は源泉税の低い国へと投資先を移してしまう。このような中、1984年に米国がポートフォリオ利子について国内法上源泉徴収を免除したことをきっかけとして、投資を呼び込みたい各国は、雪崩を打ってポートフォリオ利子への源泉税を免除していった。日本も、租税特別措置法により、非居住者・外国法人に対する種々の利子支払について源泉徴収所得税を免除している。」とされる。

23　例えば、米田隆＝北村導人＝黒松昂蔵「非居住者・外国法人に係る源泉徴収」金子宏監修『現代租税法講座第4巻　国際課税』161頁以下（日本評論社2017）では、「支払」の意義や「支払をする者」の意義、という文言についてすらも文理解釈の観点から疑問が認められる旨を論じている。酒井克彦「所得税法上の『支払』概念」ビジネス法務18巻7号132頁（2018）も参照。

138

国法人・非居住者が国内に有する不動産を譲渡した場合の所得は、総合課税の対象となる国内源泉所得とされていましたが、現実問題として、申告期限前に譲渡代金を国外送金し無申告のままに出国してしまう事例がかなり見受けられます。本源泉徴収制度は、このような問題に対処する観点から、少なくとも譲渡時点においては非居住者又は外国法人である典型的な売逃げ事案に対して一定の課税権を行使するため、導入することされたものです。」と説明され[24]、さらに「同様の制度は米国でも1985年以降実施されており、又は非居住者の収入に特有の源泉徴収制度としてはこれまでも、貸付金利子、不動産賃貸料等の例があります。」と述べられている[25]。

さて、図表1のとおり、非居住者に対する支払については、所得税法161条4号から16号までに掲げる国内源泉所得が源泉徴収の対象となる[26]。非居住者の課税所得の範囲は、所得税法7条《課税所得の範囲》1項3号に定められるとおり、PEの有無と、国内源泉所得がPEに帰属するか否かに応じて、課税方式を整理されることとなった（所法164）。

---

24 適用除外として「譲受者の取得した土地等又は建物等が1億円以下で、かつ、当該土地等を自己又は親族の居住の用に供する場合」が挙げられている（大高洋一「改正所得税法（国際課税関係）〔非居住者・外国法人が行う土地等の譲渡等〕」税理33巻7号61〜76頁（1990）。

25 大高・前掲注24、61〜76頁。このほか、加藤治彦ほか『改正税法のすべて』153〜155頁(日本税務協会1990)、木村嘉秀「国際課税関係の平成2年租税制改正点」国際税務10巻6号18頁（1990）を参照。

26 これに対し、外国法人に対する支払については、所得税法161条4号から11号までと、13号から16条までに掲げる国内源泉所得が、源泉徴収の対象となる。4号から16号のうち、12号（給与）を除いているのは、法人自体が給与を稼得することを想定できないためであろう。4号から16号のうち、12号を除いた各号に掲げる国内源泉所得を、外国法人課税所得という（所法5②二）。ただし、外国法人がPEを有する場合、所得税法180条1項の特例に該当するものは源泉徴収の対象から除外される（所法212①第2かっこ書き）。この特例は、外国法人がPEを有しており、PEに帰属する所得につき法人税を申告納付する場合に、源泉徴収の手間を省くための規定である。非居住者がPEを有する場合にも、同様の規定がある（所法214）。増井＝宮崎・前掲注4、75頁。

第2章 ▶▶▶ インバウンド税制

　ここでPEとは、次のように定義される。

所得税法2条《定義》

八の四　恒久的施設　次に掲げるものをいう。

　イ　非居住者又は外国法人の国内にある支店、工場その他事業を行
　　う一定の場所で政令で定めるもの

　ロ　非居住者又は外国法人の国内にある建設作業場（非居住者又は
　　外国法人が国内において建設作業等（建設、据付け、組立てその
　　他の作業又はその作業の指揮監督の役務の提供で一年を超えて行
　　われるものをいう。）を行う場所をいい、当該非居住者又は外国
　　法人の国内における当該建設作業等を含む。）

　ハ　非居住者又は外国法人が国内に置く自己のために契約を締結す
　　る権限のある者その他これに準ずる者で政令で定めるもの

　具体的に、PEとは、OECDモデル租税条約5条によると、事業を
行う一定の場所（事業の管理の場所、支店、事務所、工場、作業場、
採掘場）、建築工事現場又は建設もしくは組み立ての工事で12か月を
超えて存続するもの、一方の締約国で他方の締約国の名において契約
を締結する権限を有し、かつ、これを恒常的に行使する者、いわゆる
代理人PE等と定義しており、我が国の国内法の定義もほぼこれと同
様であるといえる。

2. 国内法と租税条約の適用

　租税条約の規定と国内法の規定が相互にどのような関係に立つかに
ついては、検討すべき点が多い。一方で条約を遵守する必要があり（憲
98②）、他方で租税法律主義の要請が働くため（憲84）、両者の要請
をうまく折り合わせなければならないからである[27]。我が国では憲法

27　この点につき、租税条約上の課税制限規範については課税要件明確主義の見地から
　国内適用可能性の有無を判断し、課税根拠については課税要件法定主義の見地から国
　内適用可能性をそもそも一般的に排除するという有力説がある（谷口勢津夫『租税条
　約論』32頁（清文社1999））。

140

3 ▶▶▶外国人労働者と源泉所得税

98条2項に規定される条約遵守主義に基づき、租税条約等の実施については、「租税条約等の実施に伴う所得税法、法人税法及び地方税法の特例等に関する法律」によって必要な事項を定めている[28]。

(1) 勤務等に対する報酬等課税

本節冒頭の「はじめに」でも述べたとおり、現在日本には約127.9万人の外国人労働者がおり、その中でも最も適用対象が多いと見込まれる、勤務等に対する報酬等について中心に確認を行う。

所得税法161条《国内源泉所得》

十二　次に掲げる給与、報酬又は年金

　イ　俸給、給料、賃金、歳費、賞与又はこれらの性質を有する給与その他人的役務の提供に対する報酬のうち、国内において行う勤務その他の人的役務の提供（内国法人の役員として国外において行う勤務その他の政令で定める人的役務の提供を含む。）に基因するもの

　ロ　第35条第3項（公的年金等の定義）に規定する公的年金等（政令で定めるものを除く。）

　ハ　第30条第1項（退職所得）に規定する退職手当等のうちその支払を受ける者が居住者であった期間に行った勤務その他の人的役務の提供（内国法人の役員として非居住者であった期間に行った勤務その他の政令で定める人的役務の提供を含む。）に基因するもの

12号所得は、非居住者が自己の役務の提供に基づき取得するものであり、他人の役務を提供することを目的とした人的役務の提供事

28　租税条約は国内法に受容され国内で法としての効力を有すると解され、国内法に優先すると理解されているが、条約の直接適用可能性については、有力説の立場では否定されている（村井正編『入門国際租税法』26頁（清文社2013）。また、実施特例法の法的性格については、増井良啓「租税条約実施特例法上の届出書の法的性格」税務事例研究114号60頁（2010）参考。

141

第2章 ▶▶▶ インバウンド税制

業[29]の対価である6号所得（人的役務の提供事業の対価）と区別される。非居住者は、国内に源泉がある所得（国内源泉所得）についてのみ納税義務を負うのであるが（所法7①三）、課税の方法については、所得税法164条1項に定める日本における活動の態様により異なる。すなわち、非居住者が申告納税の対象となる国内源泉所得を有する場合には確定申告書の提出が必要となるが、むしろ、一般的には20%の税率による所得税の源泉徴収により課税関係が終了する（源泉分離課税）。なお、源泉分離課税の適用を受ける非居住者が12号所得を有する場合に、その支払者が国外に所在するため、その給与等について、みなし国内払いによる源泉徴収がなされないときは（所法212③）、その年の翌年3月15日までに、いわゆる準確定申告書を提出し20%の税率による納税義務を有する（所法172①）[30]。

ア 給与所得（雇用契約等に基づく役務提要に対するもの）

租税条約においても、給与等については、国内法と同様に、原則として、役務提供が行われた国が課税する。免税規定に該当しない場合には、その給与・報酬について所得税法213条《徴収税額》1項1号に基づき20%の税率により源泉徴収がなされる。なお、国際的人的交流の促進等の観点から、短期滞在者、交換教授、留学生、事業修習者については、一定の条件の下に源泉地国における免税を定めている。

【役員報酬】

役員について日本の租税条約例は、国内法と同様に、その役務提供地ではなく法人の居住者（所在地）国でも課税できる旨を定めている

29 　租税条約は、人的役務の提供の対価等を、①雇用契約等に基づく役務提供に係る給与所得（OECD15.16）と、②雇用契約等に基づかない自由職業者の役務提供に係る事業所得（OECD7）、③芸能法人（OECD17）とに区分して規定している。

30 　赤松晃『国際課税の実務と理論—グローバル・エコノミーと租税法—』155頁以下（税務研究会2015）。

142

例が多い。OECDモデル租税条約16条において規定される。

【短期滞在者免税】

租税条約は一定の短期滞在者に関する免税規定を設け、人的役務の提供地である源泉地国での課税を免除するいわゆる短期滞在者免税を採用しているのが通例である。日本の条約例は、OECDモデル租税条約15条2項と同様、原則として次の3つの要件を全て充足することを条件として認めている。

① 滞在期間が、その前後の12か月を通じて合計183日を超えないこと

② 報酬を支払う雇用者が、勤務が行われた締約国の居住者でないこと

③ 報酬を支払う雇用者が勤務の行われた締約国の居住者でない場合であっても、当該給与等の報酬が役務提供地国に所在する支店その他のPEによって負担されないこと

【退職年金等】

日本の条約例は、OECDモデル租税条約18条と同様に、受給者の過去の勤務につき支払われる退職年金について、当該受給者の居住地国のみが課税管轄権を有すると定める。保険年金についても退職年金同じく当該受給者の居住地国のみが課税管轄権を有すると定める条約例がある[31]。

【政府職員の報酬の免税】

日本の条約例は、OECDモデル租税条約19条と同様に、政府職員の取得する報酬について職員派遣国の課税権を確認し、接受国における免税を定めている（政府職員の報酬の免税）。なお、一定の国際機関に勤務する者の給与について租税条約以外の国際条約（協定）にお

---

[31] 政府職員としての過去の勤務に基づき支払われる退職年金についての日本の条約例は、OECDモデル租税条約19条2項と同様に、一般の退職年金と異なり、退職年金等の支払地国が排他的に課税管轄権を有する。ただし、受給者の相手国の国民である居住者の場合は、居住地国が排他的に課税管轄権を有する。

いて課税上の特例（非課税）を定めているものがある[32]。

【学生又は事業修習者の免税】

　日本の条約例は、OECDモデル租税条約20条と同様に、学生又は事業修習者が生計、教育、訓練のために受け取る給付について課税を免除する定めを置いている（学生又は事業修習者免税）。日本と欧米諸国との条約例では、OECDモデル租税条約の規定と同様に、生計、教育、勉学、研究又は訓練のために受け取る給付で国外から送金を受ける給付に限定して課税を免除する。一方で、日本と中国、タイ、フィリピンなどアジア諸国との条約例では、国外から送金を受ける給付のほか、政府、宗教・慈善・学術団体等からの交付金、手当・奨励金、雇用主などから支払われる給与等の報酬、滞在地国における一定金額以下の人的役務の提供対価をも含むより広い免税を定めている。条約によっては免税期間を定めるものもある。

　なお、事業修習者とは、職業上又は事業上の知識・技能をほとんど有しない見習者をいうが、ある程度の技能を有する者で、日本の企業から技術上又は職業上の経験を習得するために日本を訪れる事業修習者も対象とし、その習得に関し海外及び日本で支払われる一定の報酬について一定期間免税とするなどの政策的条項を定めている条約例もある。入国管理法の改正により、この定義については以前よりも該当者が広く当てはまることとなるが、所得区分については変更がないものと思われる（詳しくは、第2章1参照）。

【教授免税】

　教授免税はOECDモデル租税条約には規定がなく、我が国における条約締結に当たっての学術・文化交流の促進のための政策的条項である。日本の条約例は、教育・文化・学術交流の一層の促進を目的と

32　主なものとして、日本国とアメリカ合衆国との間の相互協力及び安全保障条約6条に基づく施設及び区域並びに日本国における合衆国軍隊の地位に関する協定等が挙げられる。

して、大学その他の教育機関において教育又は研究を行うために来日した教授等が取得する人的役務の提供による報酬について、2年間を限度（中国は3年間）として免税とする定めを置いている。学校教育法1条に規定される高等教育機関に限定、あるいは、政府又は教育機関の招聘を要件としている例や、公的な利益を目的とする教育・研究に限定している例もある。なお、入国管理法の改正により、この定義については以前よりも該当者が広く当てはまることとなるが、所得区分については変更がないものと思われる。

イ　自由職業者の報酬（給与所得以外のもの）

OECDモデル租税条約7条《自由所得条項》は、2000年に削除され[33]、OECDモデル租税条約14条に統合された。現在、日本の条約例はOECDモデル租税条約14条と同様に、学術上、文学上、美術上及び教育上の独立の活動、医師、弁護士、公認会計士などの自由職業者を特掲し、自由職業者の人的役務の提供に対する報酬については、事業所得に準じて「PEなければ課税せず」の原則を定めている。すなわち、役務提供地国内に自己の活動を遂行するためのPEを有しない場合には、源泉地国である役務提供地国では課税されない。なお、PEを有する場合には、そのPEに帰属する部分のみが課税対象となる。

演劇、映画、ラジオ又はテレビジョンの俳優、音楽家その他の芸能人及び運動家（芸能人等）に対しては、滞在期間の長短（PEの有無）又は活動状況（雇用契約の有無）にかかわりなく、役務提供地国においても課税できることを2000年に新設されたOECDモデル租税条約17条が確認している[34]。ただし、例外的に文化交流目的として政

33　日本語訳として、水野忠恒監修『OECDモデル租税条約2017年版（所得と財産に対するモデル租税条約）』（日本租税研究協会2019）のOECDモデル租税条約7条に関するコメンタリー・パラグラフ77を参考とする。

34　OECDモデル租税条約7条（特に7条の4）及び15条の2で定められたルールの例外。水野・前掲注33のOECDモデル租税条約17条に関するコメンタリー・パラグラフ1参照。

第2章 ▶▶▶ インバウンド税制

府の支援を受けている芸能人に対して免税を認めている条約例（ノルウェー、フランスなど）もある。

所得税法161条《国内源泉所得》

六 国内において人的役務の提供を主たる内容とする事業で政令で定めるものを行う者が受ける当該人的役務の提供に係る対価

　人的役務の提供を主たる内容とする事業の範囲については、所得税法施行令282条《人的役務の提供を主たる内容とする事業の範囲》に規定されており、以下の事業が国内において行われる場合、その対価が国内源泉所得である。芸能法人等から報酬を受け取る非居住芸能人等については、国内の興行主から当該芸能法人等に支払われる段階で20％の源泉徴収が行われることをもって納税が完了したものとみなされる。

　① 映画若しくは演劇の俳優、音楽家その他の芸能人又は職業運動家の役務の提供を主たる内容とする事業

　② 弁護士、公認会計士、建築士その他の自由職業者の役務の提供を主たる内容とする事業

　③ 科学技術、経営管理その他の分野に関する専門的知識又は特別の技能を有する者の当該知識又は技能を活用して行う役務の提供を主たる内容とする事業

　日本の条約例は、芸能法人等について事業所得と同様にPEを有する場合にそのPEに帰属する所得のみについて課税するとしている。事業所得条項が適用されると芸能法人等はPEを有しないのが通例であるために、源泉地国である日本では事業所得として課税できず（OECD7）、また、当該芸能法人等から給与として報酬を受け取る芸能人等が短期滞在者免税の適用要件を充足するのが通例であるために給与所得としても課税できない（OECD15）。そこで、OECDモデル租税条約は17条1項において、芸能人等について役務提供地国の課税権を認容する規定を置き、さらに同条2項で、芸能人等がいわゆる

146

3 ▶▶▶外国人労働者と源泉所得税

ワンマン・カンパニーである芸能法人等を設立することで、「PEなければ課税せず」の原則の適用を受けるという操作性の排除を目的として、当該芸能法人等の以外の者に当該芸能法人等の役務提供による所得が帰属する場合であっても、当該芸能法人等の役務提供地国が課税管轄権を有する確認規定を置いている[35]。

(2) 上記以外の国内源泉所得各号の定め

所得税法212条に基づき、国内源泉所得を定めた同法161条1項ないし3号に区分される所得については、源泉徴収を行わず申告納税の対象となる。そのため、ここでは上記した源泉徴収対象となる所得の概要を確認する。

所得税法161条 《国内源泉所得》

四　民法第667条第1項（組合契約）に規定する組合契約（これに類するものとして政令で定める契約を含む。以下この号において同じ。）に基づいてPEを通じて行う事業から生ずる利益で当該組合契約に基づいて配分を受けるもののうち政令で定めるもの

本号の改正により、改正前所得税法161条1項2号に定められていた組合契約事業利益の配分について、その課税要件の1つが「投資組合契約に基づいてPEを通じて事業を行っていないとしたならば、PE帰属所得を有しないこととなること」とされた[36]。所得税法213条《徴収税額》1項に基づき、20％の税率により源泉徴収される。

所得税法161条 《国内源泉所得》

五　国内にある土地若しくは土地の上に存する権利又は建物及びその附属設備若しくは構築物の譲渡による対価（政令で定めるものを除く。）

35　赤松・前掲注30、142頁。
36　赤松・前掲注30、137頁。

147

第2章 ▶▶▶ インバウンド税制

　租税条約においても同様に認められる。OECDモデル租税条約13条《譲渡所得》では、「一方の締約国の居住者が第6条に規定する不動産であって他方の締約国内に存在するものの譲渡によって取得する収益に対しては、当該他方の締約国において租税を課することができる。」と定められている。所得税法215条《非居住者の人的役務の提供による給与等に係る源泉徴収の特例》1項2号に基づき、10％の税率により源泉徴収され、申告納税義務を負う。

所得税法161条《国内源泉所得》

七　国内にある不動産、国内にある不動産の上に存する権利若しくは採石法…の規定による採石権の貸付け（地上権又は採石権の設定その他他人に不動産、不動産の上に存する権利又は採石権を使用させる一切の行為を含む。）、鉱業法…の規定による租鉱権の設定又は居住者若しくは内国法人に対する船舶若しくは航空機の貸付けによる対価

　所得税法213条1項に基づき、20％の税率により源泉徴収され、申告納税義務を負う。

　OECDモデル租税条約6条において、「不動産の賃貸料による所得について租税条約では、その不動産の所在地国にも課税管轄権を認める。事業所得条項に優先して不動産所得に関する条項が適用されるから、PEの有無やその所得がPEに帰属するかどうかにかかわらず、その不動産の所在地国が課税管轄権を有する。なお、条約例では船舶及び航空機は不動産とみなされていない。なお、国際運輸業所得については、OECDモデル租税条約8条に基づき、その事業を営む企業の本国でのみ課税し、源泉地国での課税は免除するのが国際租税原則である[37]。

37　赤松・前掲注30、145頁。

3 ▶▶▶外国人労働者と源泉所得税

所得税法161条《国内源泉所得》

八　第23条第1項（利子所得）に規定する利子等のうち次に掲げるもの

　イ　日本国の国債若しくは地方債又は内国法人の発行する債券の利子

　ロ　外国法人の発行する債券の利子のうち当該外国法人のPEを通じて行う事業に係るもの

　ハ　国内にある営業所、事務所その他これらに準ずるもの（以下この編において「営業所」という。）に預け入れられた預貯金の利子

　ニ　国内にある営業所に信託された合同運用信託、公社債投資信託又は公募公社債等運用投資信託の収益の分配

　所得税法213条1項3号に基づき、15％の源泉徴収を行う。なお、業務用貸付金の利子は10号所得に該当する。非居住者又は外国法人の我が国におけるPEの態様によって、申告納税又は源泉分離課税で課税関係が終了する。日本の条約例は、国内法上の利子の区分である1号利子、4号利子及び6号利子にかかわらず、利子所得として包括的に規定している[38]。

所得税法161条《国内源泉所得》

九　第24条第1項（配当所得）に規定する配当等のうち次に掲げるもの

　イ　内国法人から受ける第24条第1項に規定する剰余金の配当、利益の配当、剰余金の分配、金銭の分配又は基金利息

　ロ　国内にある営業所に信託された投資信託（公社債投資信託及び公募公社債等運用投資信託を除く。）又は特定受益証券発行信託の収益の分配

　OECDモデル租税条約10条は、源泉地国と居住地国との双方が課税管轄権を有し、所得税の源泉徴収の税率を15％に制限している。なお、25％以上の出資関係を有する親子会社間配当の税率は5％に制

38　赤松・前掲注30、146頁。

149

第2章 ▶▶▶ インバウンド税制

限されている。出資比率及び保有期間に関する一定の要件を満たす親子会社間配当について別段の定めを有する租税条約の場合、その限度税率は10%又は5%である[39]。

所得税法161条《国内源泉所得》

十　国内において業務を行う者に対する貸付金（これに準ずるものを含む。）で当該業務に係るものの利子（政令で定める利子を除き、債券の買戻又は売戻条件付売買取引として政令で定めるものから生ずる差益として政令で定めるものを含む。）

　国内源泉所得である貸付金の利子とは、国内で業務を営んでいる者に対する、その国内の業務に使用される貸付金等の利子（6号利子）をいい、貸付金等の使用の場所を所得源泉地とする使用地主義を採用している。貸付金の利子は、所得税法213条1項に基づき20%の税率により所得税が源泉徴収される。使用地主義を採用しているため、日本の金融機関の外国支店が外国の金融機関から借り入れた資金を国外で使用している場合は、国内法上は使用地主義により国内源泉所得が判断されるので、所得税の源泉徴収は不要となる。国内法上は、上記の公社債の利子、預貯金の利子及び合同運用信託・公社債投資信託の収益の分配について利子等（4号利子）と規定し、事業用の貸付金の利子（6号利子）と区別して規定しているが、日本の条約例は、4号利子及び6号利子を区別せずに利子所得として包括的に規定している。国内法は、貸付金の利子について使用地主義によるが、日本の条約例は債務者主義を採る[40]。

39　赤松・前掲注30、149頁。
40　赤松・前掲注30、150頁。

150

3 ▶▶▶外国人労働者と源泉所得税

> **所得税法161条**《国内源泉所得》
>
> 十一　国内において業務を行う者から受ける次に掲げる使用料又は対価で当該業務に係るもの
>
> 　　イ　工業所有権その他の技術に関する権利、特別の技術による生産方式若しくはこれらに準ずるものの使用料又はその譲渡による対価
>
> 　　ロ　著作権（出版権及び著作隣接権その他これに準ずるものを含む。）の使用料又はその譲渡による対価
>
> 　　ハ　機械、装置その他政令で定める用具の使用料

　使用地主義は、源泉地国のライセンシーがさらに国外にサブライセンスをしていた場合の各々の源泉地国による二重課税を排除する（所基通161−21）という理念的な意義を有するものの、使用地の判断基準が明確でないという問題がある。工場所有権等の譲渡益（キャピタルゲイン）は、国内法上は使用料に含まれるが、OECDモデル租税条約コメンタリーは、知的財産の権利の譲渡が個別の独立した財産の譲渡に当たる場合はOECDモデル租税条約12条の使用料でなく、同条約7条の事業所得又は13条の譲渡収益とする[41]。日本の条約例には、①譲渡収益を使用料と同様に取り扱うもの、②真正（完全）な譲渡以外の譲渡対価を使用料とするもの、③OECDモデル租税条約13条5項に定められるキャピタルゲインと同様に取り扱うものの類型がある。機械・装置の使用料（いわゆるリース料）について日本の条約例は国内法どおり使用料に含めているが、OECDモデル租税条約は事業所得[42]としている[43]。

41　水野・前掲注33の12条に関するコメンタリー・パラグラフ8.2。
42　水野・前掲注33の7条に関するコメンタリー・パラグラフ64。
43　赤松・前掲注30、153頁。

第2章 ▶▶▶ インバウンド税制

所得税法161条《国内源泉所得》

十三　国内において行う事業の広告宣伝のための賞金として政令で定めるもの

　所法213条1項1号ロに基づき、「その金額（金銭以外のもので支払われる場合には、その支払の時における価額として政令で定めるところにより計算した金額）から50万円を控除した残額」を控除したのち、20%の税率により源泉徴収される。日本の条約例は、事業の広告宣伝のための賞金の規定を定めたものはない。OECDモデル租税条約21条と同じく「その他所得（明示なき所得）」について排他的に居住地国が課税管轄権を有する条約例が多い（アメリカ、イギリス、オランダ、韓国、ドイツ、フランス）。一方で「その他所得（明示なき所得）」について源泉地国の課税管轄権を定める条約例もある（カナダ、シンガポール、中国など）[44]。

所得税法161条《国内源泉所得》

十四　国内にある営業所又は国内において契約の締結の代理をする者を通じて締結した保険業法第2条第3項（定義）に規定する生命保険会社又は同条第4項に規定する損害保険会社の締結する保険契約その他の年金に係る契約で政令で定めるものに基づいて受ける年金（第209条第2号（源泉徴収を要しない年金）に掲げる年金に該当するものを除く。）で第12号ロに該当するもの以外のもの（年金の支払の開始の日以後に当該年金に係る契約に基づき分配を受ける剰余金又は割戻しを受ける割戻金及び当該契約に基づき年金に代えて支給される一時金を含む。）

　所得税法213条1項1号ハに基づき、「同号に規定する契約に基づいて支払われる年金の額から当該契約に基づいて払い込まれた保険料

44　赤松・前掲注30、164頁。

▌―― 152

又は掛金の額のうちその支払われる年金の額に対応するものとして政令で定めるところにより計算した金額」を控除したのち、20%の税率により源泉徴収される。平成23年度税制改正により導入された、いわゆる保険年金と呼ばれる、源泉徴収を要しない相続等保険年金については対象から除かれる。なお、この相続等保険年金は、国内にある資産の運用又は保有により生ずる所得に該当するため、PEの有無にかかわらず申告納税の対象となる。日本の条約例には、生命保険契約に基づく年金（保険年金）について上記のとおり退職年金条項を適用するものもある（アメリカ、イギリス、オーストラリアなど）。その場合は受給者の居住地国のみでの課税となる。退職年金条項に保険年金を含まない条約の場合は、OECDモデル租税条約21条と同様に「その他所得」条項が規定されていれば居住地国のみが課税管轄権を有し、規定されていない条約例の場合は国内法どおりの課税となる。

所得税法161条《国内源泉所得》

十五　次に掲げる給付補塡金、利息、利益又は差益

イ　第174条第3号（内国法人に係る所得税の課税標準）に掲げる給付補塡金のうち国内にある営業所が受け入れた定期積金に係るもの

ロ　第174条第4号に掲げる給付補塡金のうち国内にある営業所が受け入れた同号に規定する掛金に係るもの

ハ　第174条第5号に掲げる利息のうち国内にある営業所を通じて締結された同号に規定する契約に係るもの

ニ　第174条第6号に掲げる利益のうち国内にある営業所を通じて締結された同号に規定する契約に係るもの

ホ　第174条第7号に掲げる差益のうち国内にある営業所が受け入れた預貯金に係るもの

ヘ　第174条第8号に掲げる差益のうち国内にある営業所又は国内において契約の締結の代理をする者を通じて締結された同号に規定する契約に係るもの

第2章 ▶▶▶ インバウンド税制

所得税法213条1項3号に基づき、15％の税率により源泉徴収される。

所得税法161条《国内源泉所得》

十六 国内において事業を行う者に対する出資につき、匿名組合契約
（これに準ずる契約として政令で定めるものを含む。）に基づいて受
ける利益の分配

所得税法213条1項1号に基づき、20％の税率により源泉徴収され
る。現在の日本の租税条約締結ポリシーは、匿名組合契約等に基づく
利益の分配に関する日本の課税管轄権を明示的に規定することとして
いる。

所得税法161条（国内源泉所得）

十七 前各号に掲げるもののほかその源泉が国内にある所得として政
令で定めるもの

---

(3) 実務における注意事項

　入国管理法の改正が行われたが、外国人労働者に対する納税者要件
は従前から引き続き居住地管轄をベースとしているため、外国人労働
者が居住者であるか非居住者であるかが最も重要となる（この点につ
いては、第2章1参照）。一方で、マスコミ報道等によれば、平成30
年10月末時点での外国人を雇用する事業所数は約21万6,000か所と
前年同期比で11％増であるということである[45]。外国人労働者に対
する源泉徴収を行った経験がない事業所数が増加している可能性があ
るという観点から述べると、居住者判定等に関して、税理士等による
指導が従前よりも必要となることが考えられるであろう。
　一定程度の継続性が見込まれる勤務等に対する報酬等の源泉徴収と

---

45 橋本・前掲注2、47頁参照。

154

3 ▶▶▶外国人労働者と源泉所得税

異なり、源泉徴収の漏れが発生しやすいのは5号所得（国内にある土地若しくは土地の上に存する権利又は建物及びその附属設備若しくは構築物の譲渡による対価）等のような、継続性が低く、単発となる可能性の高い所得区分に対する源泉徴収であろう。この点について、非居住者との土地等売買における源泉徴収義務について争われた事案として、東京地裁平成23年3月4日判決（税資261号順号11635。以下「東京地裁平成23年判決」という。）[46] も参考とすることができる[47]。これは、不動産会社であるX（原告）がAから不動産を購入したところ、処分行政庁において、Aが非居住者（所法2①五）に該当するから、売買契約に係る譲渡対価が国内源泉所得に当たるとして、源泉徴収に係る所得税の納税告知処分及び不納付加算税賦課決定処分を受けた事案である。同地裁は「源泉徴収義務が発生する売買か否かは重要なことであるから、非居住者性の確認を行うのが通常であり、それが取引の実情であると考えられる。」と判示した。現行法及び現在の裁判例では源泉徴収義務者の注意義務の範囲内において譲渡人を非居住者であると判断できたはずであると理解されていることには注意が必要であろう。

　また、源泉徴収金額について過誤納金が存在した場合についても問題が生じる。通常、源泉徴収金額の不足や徴収漏れ等があった場合、源泉徴収義務者は受給者の代わりに国に源泉徴収税額を納付し、その後に受給者へ納付した源泉徴収税額の返還を求める。このとき受給者が任意に支払を行わない場合、源泉徴収義務者は民法上の求償権（民442）に基づき源泉徴収税額の返還を求める訴訟を提起する必要が出てくる。しかし、この場合、受給者は既に非居住者であるため、国を

46　判例評釈として、駒宮史博・租税判例百選〔第6版〕134頁（2016）、山口敬三郎・税理59巻7号85頁（2016）など参照。

47　酒井春花「非居住者による土地等売買における源泉徴収制度—東京地裁平成23年度判決を契機とする国際課税の一検討—」経営学研究論集50号（明治大学大学院経営学研究科2019）参照。

第2章 ▶▶▶ インバウンド税制

またいで訴訟を提起し、国外にいる受給者の住所を特定し、その住所地の裁判所において、債務名義を得た上での強制執行を求める必要があることから、非常な困難に陥るといえるであろう[48]。源泉徴収制度はその制度設計上、受給者に対して重い注意義務を課しているという指摘がある。このような状況に陥らないために、居住者判定についての深い理解が必要になる。また、同時に、法制度の改正も視野に入れるべきであるように思われる。

また、留意しなければならない外国人労働者に関するものとして、非永住者に対する送金課税が挙げられる。非永住者とは、居住者のうち日本の国籍を有しておらず、かつ、過去10年以内において国内に住所又は居所を有していた期間の合計が5年以下の個人である（所法2①四）。所得税法7条1項2号に定められるとおり、非永住者の課税所得の範囲は、国内源泉所得のほかに、その年の国外源泉所得のうち、国内で支払われ又は国内から送金されたものを含む[49]。したがって、日本の勤務に起因する給与（国内源泉所得に該当する。）などが国外で支払われる場合のほか、国内で支払われる国外源泉所得がある場合及び国外源泉所得がある年に海外からの送金がある場合は、確定申告の後、所得税を納付することとなる。送金課税における国内払いを一言で説明すれば、債務の履行地が国内にあることを

---

48 なお、最高裁昭和49年3月8日第二小法廷判決（民集28巻2号186頁）では源泉所得税の徴収・納付に誤りがある場合には、支払者は国に対し当該誤納金の還付を請求することができる旨判示されている。この点について水野忠恒教授は、「これは所得税法第4編に関する判示であるが、非居住者又は法人の所得にかかる源泉徴収も、その第4編の第5章に規定されているので、この解釈にしたがえば、ここでは徴収義務者である支払者〔筆者注：受給者〕が、国に対して納税義務者であるということになる」とし、「非居住者ないし外国法人の所得にかかる源泉徴収においては、国（税務署長）と本来の納税義務者とが直接法律関係に立つものとして構成されていると考えられるのである。したがって、非居住者ないし外国法人の所得にかかる源泉徴収税額については、当該主たる納税者〔筆者注：受給者〕が、源泉徴収義務者を経由するとしても、国に直接還付請求をする、もしくは、税務署長は、当該主たる納税者に還付することが義務づけられていると解することができるのである。」と主張される。この考えは多くの研究者によって支持されている（水野『国際課税の制度と理論—国際租税法の基礎的考察—』83〜84頁（有斐閣2000））。

156

3 ▶▶▶外国人労働者と源泉所得税

意味するため、当該非永住者以外の者から、国内の非永住者の預金口座へ直接振り込まれる場合等は、国外からの送金ではなく、国内において支払われたものとされる（所基通7-3）[50]。

結びに代えて

　我が国を取り巻く経済環境や国際関係の変化、並びに我が国の高齢化社会の進展に伴い、税務における法改正は、その周辺法域も含めてより現実的、実務的な変更がなされている。源泉徴収は、特に国際課税の一端を担う重要な課税方法であり、実務上でも避けては通れない必須のものである。外国人労働者に係る源泉徴収義務につき、その課税原則を理解した上で、税の実務に携わることは非常に重要であり、執行を強固なものにするであろう。

〔酒井　春花〕

49　これまでは、非永住者の課税所得の範囲は、「国内源泉所得以外の所得で、国内において支払われ、又は国外から送金されたもの」とされていたが、平成29年度税制改正により「国内源泉所得で、国内において支払われ、又は国外から送金されたもの」という規定に変更された。これは、外国金融商品取引所で譲渡した有価証券の譲渡所得が、原則として新たに課税所得に含まれることになり、外国人が日本において勤務することの阻害要因になり得ると指摘されていた点を整理するための改正である。(1)外国金融商品取引所において譲渡されるもの、(2)国外において金融商品取引業を営む者への売委託により国外において譲渡されるもの、(3)国外において金融商品取引業等を営む者の国外営業所等に開設された有価証券の保管等に係る口座に受け入れられているもの、に該当するものの譲渡により生ずる所得は、国内払い・国内送金が行われない限り、その有価証券等の取得時期に応じ平成29年4月1日以後に行われる譲渡について課税所得該当性が異なることとなった。

50　山脇康嗣＝田中秀治『外国人及び外国企業の税務の基礎』110頁以下（日本加除出版2015）参照。

157

第2章 ▶▶▶ インバウンド税制

4 外国人労働者を巡る租税事件

はじめに

　外国人労働者を国内に派遣する実態が明らかにされた租税訴訟と
していわゆる一条工務店事件第一審東京地裁平成17年7月21日判決
（税資255号順号10086）[1]及びその控訴審東京高裁平成18年3月15
日判決（税資256号順号10344）がある。以下では、同事件を素材
として、外国人労働者派遣制度に係る寄附金課税該当性を考えること
としたい。なお、本節は判例評釈を目的とするものではないため、事
案の概要は東京地裁において認定された事実関係をあらかじめ示した
上で論を進めることとする。

1. 素材とする事案

(1) 事案の概要

　本件は、ノウハウ使用許諾契約等に基づいて関連会社D社に支払っ
たロイヤリティを損金に算入して法人税等を申告したX社（原告・被
控訴人）が、税務署長（被告・控訴人）から、上記損金算入は認めら
れず、他に収入の計上漏れがあるなどとして、法人税等の更正処分、
過少申告加算税等の賦課決定処分及び青色申告承認取消処分を受けた
ことから、上記各処分は違法であると主張して、その取消しを求めた
事案である。

(2) 事実関係

　ここでは事実関係に関心を寄せるため、やや具体的な内容について

1　判例評釈として、司馬えんに・税研148号113頁（2009）など参照。

158

4 ▶▶▶外国人労働者を巡る租税事件

も明記しておくこととする。なお、前述のとおり、以下の事実関係は
東京地裁における認定事実である。

ア　本件海外人材養成派遣制度の内容等

①　X社・T社間の契約関係

　a　X社とT社は、平成6年10月25日付けで、「派遣契約書」を締結
したが、同契約では、T社はX社に対し、T社が雇用する日系ブラジル
人労働者を派遣し、X社はT社に対し、労働者派遣の対価として派遣料
金を支払うこと（1条）、派遣料金は、1日につき1人当たり1万8,540
円（税込み）であること（3条）等が定められている。

　なお、上記派遣料金は、X社とT社間の平成7年11月30日付け覚
書により、同年4月支払分から、1日につき1人当たり1万5,759円（税
込み）に、次いで、同年12月5日付け覚書により、同年12月支払分
から、1日につき1人当たり1万5,450円（税込み）に順次改定された。

　b　X社とT社は、平成7年3月31日付けで、「派遣契約書」を締結
した。

　(a)　同契約の前文では、「現在日本国内では、外国人労働者の増加
　　に伴い、これら外国人労働者が引き起こす事件等が増加しており、
　　そのことがマスコミ等で多数取り上げられている。外国人労働者
　　は言葉の障害もあり管理が難しく、外国人労働者を雇用するとい
　　うことは、雇用した外国人労働者がいつ問題を起こしてもおかし
　　くないという危険を負担することになる。シンガポール法人のD
　　社がX社へ派遣する日系ブラジル人労働者（以下派遣労働者とい
　　う）も例外ではなく、このような派遣労働者をX社にて雇用し、
　　その雇用した派遣労働者が刑事事件等の問題を起こした場合、X
　　社の社会的地位を著しく低下させるばかりでなく、会社としての
　　管理能力を問われ、一般顧客を販売先とするX社の事業そのもの
　　の存続を危うくしかねないことになる。このような派遣労働者の
　　雇用に関する問題点を考えた場合、知名度のあるX社にて直接雇

159

用するよりも、X社の関連会社であるT社にて雇用し、T社がX社へ派遣労働者を派遣すれば、万が一派遣労働者が問題を起こしたとしても、X社の名前がマスコミ等に取り上げられることもない。また、T社であれば会社としての知名度も低いためマスコミ等に取り上げられたとしても、X社もしくはX社のグループに及ぼす影響は低いものと思われる。以上の点に鑑み、X社及びT社は、D社が派遣する労働者をT社にて雇用し、T社がX社へ派遣することに同意し、次のとおり契約を締結する。」とされている。

図表1

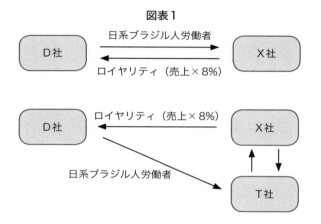

(b) そして、T社は、D社が派遣する派遣労働者を雇用してX社に派遣し、X社はT社に対し、労働者派遣の対価として派遣料金を支払うものとされている（1条）。

② X社・D社間の契約関係

a X社・D社間の平成7年3月1日付け本件技術保証等契約書では、D社は、X社の要請に応じて必要な人材の募集、教育、育成を国際レベルで行い、これを供給することとし（2条2）、他方、X社は、D社に対し、本件海外人材養成派遣の対価として、所定の売上金額に0.8パーセントの報酬料率を乗じて得られた金額に相当するロイヤリティを支払うこととされている（3条）。

4 ▶▶▶外国人労働者を巡る租税事件

　b　X社とD社は、平成7年3月1日付けで、「海外人材養成派遣制度に関する覚書」を締結したが、その内容は、次のとおりである。

(a)　本件海外人材養成派遣制度の目的（1項）

　「日本では建築業界が3K職場と言われ、職人の高齢化と後継者問題が職人の人手不足・人材不足を深刻化させている。また、近年の住宅着工は政府の金利政策などにより、工事の時期が年間のある特定の期間に集中する傾向があり、職人不足に拍車をかけている。統計では住宅建設業従事者数は1980年をピークに減少を続けており、大工職に於いても1980年から減少の一途をたどっている。熟練技能労働者不足は、今後も拍車をかけて深刻な状況が続くと考えられる。

　このような職人不足は、賃金の高騰によるX社の住宅建設のコストを上げ、利益を圧迫するばかりでなく、顧客のクレームを発生させ、信用を失う原因となる。具体的には職人不足によって、顧客が希望する時期に着工ができないこと、上棟後に職人が入らないために現場が雨ざらしになることによる部材品質の劣化、職人が入らないことによる工程管理の混乱、未熟練作業者による施工の不良化、住宅金融公庫の審査の遅れ、完成引き渡しの遅れなどが発生する。これらの現場状態による顧客の心労は甚だしいものであり、喜びのはずの家造りが苦痛となり、X社に対する不信不安の家造りとなる。これらは大きなクレームやX社の信頼の失墜につながり、ひいては受注の減少となってX社の経営基盤を弱体化させる原因ともなる。

　そこでD社はX社に対し職人不足解消のため、海外人材養成派遣制度を提供する。これはD社が日本国外に於いて人材を募り、現在X社に於いて労働力が不足している大工職、サイディング職のそれぞれの技術を研修、習得させ、日本に派遣しX社の現場、工場にて就労させる制度である。海外人材養成派遣制度は、海外の人材は建築技能職には使えないという旧来の観念を破る画期的な制度であり、

161 ━━┫

第2章 ▶▶▶ インバウンド税制

この制度によってX社の職人不足による人件費のコストプッシュを解決し、顧客からのクレームを解消し、信頼を得ることにより、X社の経営基盤安定の一助を担うことを目的とした制度である。」

(b) 制度の詳細（2項）

> Ⅰ 職種は、大工職、サイディング職とする。
> Ⅱ 人員は、D社とX社の協議による。
> Ⅲ 新聞掲載及びプロモーターを通じて人材を募集する。
> Ⅳ 募集条件として、15歳以上43歳以下の日系人とする。
> Ⅴ D社は、X社のマニュアルに沿って技術を研修させるものとし、研修期間の費用はすべてD社の負担とする。

(c) 派遣料（3項）

X社はD社に対して派遣料を支払うものとし、取引条件及び支払条件は、その都度、協議の上決定するものとされている。

c X社とD社は、平成7年3月1日付けで、「出資者の地位確認に関する覚書」を締結したが、同覚書では、ブラジル（省略）に主たる事業所を有するF社は、D社が自社の設立に合わせて準備を進め、D社がX社に対してブラジル人労働者を派遣する目的で設立された会社であること、F社はD社の設立前に設立され、X社がF社の出資名義者となっているが、本来はD社がX社の職人不足を補うために準備され設立された会社であり、F社の真実の出資者はD社であることを、それぞれ確認するとした上、D社はX社に対し、F社の出資立替金を立替時の円貨にて支払うものとされている。

③ 契約書等

D社とT社との間では、契約書等の書面は作成されていない。

④ ロイヤリティ等の支払

X社は、本件各事業年度において、D社に対し、本件技術保証等契約に基づいて、本件海外人材養成派遣の対価としてロイヤリティを支

払った。

　また、X社は、本件各事業年度において、T社に対し、労働者派遣の対価として派遣料金を支払った。

イ　D社の行っている本件海外人材養成派遣制度に関する事業

　① F社の運営

　a　F社の活動の実態

(a)　F社は、平成6年7月27日、我が国で大工として働くブラジル人労働者を養成する目的で、ブラジルに設立された会社で、同国に主たる事業所を有する。

図表2

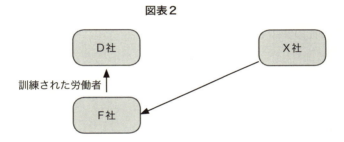

(b)　F社は、平成6年7月に第1期生の募集を開始し、翌8月から訓練を開始し、同年10月に第1期生を我が国（T社）へ派遣したのを手始めに、以後数百人を訓練して、我が国へ派遣した。本件各事業年度に対応する期間には、約300人の日系ブラジル人大工を養成した。

　そして、T社は、F社から派遣を受けた日系ブラジル人労働者を工事職人として雇用し、これをX社に派遣していたが、X社は、ピーク時で、一時的に約100人のブラジル人大工の派遣を受けていた。

(c)　F社では、訓練生の募集は、新聞広告（我が国からの人材要求に応じて、多い時は毎週、通常は月に2ないし3回の割合である。）や、我が国へ人材派遣している出稼ぎ専門の旅行業者等を介して行われていた。

第2章 ▶▶▶ インバウンド税制

(d) F社には、通常は3人程度の教育者がおり、施設として、寮、900平方メートルの倉庫（練習用にも使われていた。）及び練習所（6棟分あり、2棟は平屋、2棟は2階建、2棟は屋根工事の練習用）がある。

そして、訓練生に対して、大工作業についての理論的な講義と実地訓練が行われ、我が国に派遣されるためには、教育者の認可と最終試験への合格が条件とされている。また、日本語の語学教育も行われている。さらに、平成9年ころからは、サイディング工事（建物外壁の防水加工、板はめ等を行う工程）の研修を始めていた。

b　D社の費用負担

(a) X社は、F社の資本金1,982万2,408円を、仮払金として計上していた。

そして、X社は、平成9年2月10日付けで、D社に対し、「立替金F社JAPAN訓練センター」の項目で、上記1,982万2,408円を請求し、D社は、同月28日、X社に対し、同金額を支払った。

(b) D社は、平成8年6月19日以降、F社に対して、F社の職員の給料等の運営費を支払っている。

また、平成6年6月16日から平成8年6月21日までは、T社がF社の運営費7,936万1,457円を支払っていたが、平成13年10月19日に、D社とT社の間で清算され、最終的にD社がこの運営費を負担することとなった。

これらによってD社が負担したF社の運営費用の額を、X社の決算期に応じて集計すると、平成7年2月期分が4,121万7,748円、平成8年2月期分が2,922万2,453円、平成9年2月期分が3,009万9,440円、平成10年2月期分が2,357万3,834円（1USドル＝127円で換算）、平成11年2月期分が1,024万4,832円（1USドル＝120円で換算）となる。

4 ▶▶▶外国人労働者を巡る租税事件

② フィリピン及びインドネシアでの大工学校の設立運営

D社は、本件各事業年度の後と推測されるが、フィリピン及びインドネシアで、それぞれ大工学校を設立、運営している。

そして、X社は、平成15年12月8日時点で69人の、現在までに延べ138人のフィリピン人大工の派遣を受け、また、平成15年12月8日時点で50人のインドネシア人大工の派遣を受けていた。

(3) 争　点

本件には争点がいくつかあるが、ここでは、海外人材養成及び派遣（売上金額の0.8パーセント）に関する争点として、X社が本件技術保証等契約に基づき海外人材養成及び派遣の対価としてD社に支払ったロイヤリティについて、X社はD社から役務提供を受けた事実がなく、同支払は対価性のない支出であったとして寄附金課税の対象となると解すべきか否かを取り上げることとする。

2. 判決の要旨

(1) 東京地裁平成17年7月21日判決

「ア　Yは、D社とT社との派遣契約は存在しないから、X社・T社間の平成7年3月31日付け『派遣契約書』は、X社からD社に対して金員を支払うべき根拠とはなり得ないとか、労働者の最終的な派遣先であるX社が、直接の派遣元であるT社ではなくてD社に派遣料金を支払う根拠が明らかにされておらず、労働者の雇主であるT社以外の者がその養成費を支払う根拠も明示されていないと主張する。

a(a)　しかしながら、…X社とD社との間では、本件技術保証等契約書及び『海外人材派遣制度に関する覚書』により、職人不足解消のため、D社がX社に対し、日本国外で人材を募り、大工職、サイディング職の技術を研修、習得させたうえで、我が国に派遣してX社に供給し、これに対して、X社がD社にロイヤリティを支払う

165

第2章 ▶▶▶ インバウンド税制

ことが合意され、また、X社とT社との間では、平成7年3月31日付け『派遣契約書』により、上記のとおりD社がX社に派遣するものとされている日系ブラジル人労働者が刑事事件等の問題を起こした場合のX社の社会的信用の低下を慮って、両者間にT社が介在することとし、T社においてD社が派遣する派遣労働者を雇用したうえ、これをX社に派遣し、これに対して、X社がT社に労働者派遣の対価を支払うことが合意された。

そして…上記の各合意がされた平成7年3月当時、我が国では大工不足や大工の高齢化が深刻な問題となっており、他方で、外国人労働者の引き起こす犯罪等が社会問題化していたことが認められるから、X社らが上記の各合意を締結するについては、合理的な根拠があったものと認められる。

(b) また、現に、…D社はブラジルでF社を運営して大工を養成したうえこれをT社に派遣し、T社は、これらの大工を雇用したうえX社に派遣し、他方、X社はT社に対して派遣料金を支払うとともに、D社に対して本件海外人材養成派遣の対価としてロイヤリティを支払っていた。

(c) これらの事実に照らすと、D社とT社の間で契約書等の書面は作成されていないものの、両者間において、D社が養成して派遣するブラジル人大工を、T社において雇用したうえ、これをX社に派遣する旨の合意が成立していたものと認めることができる。」

「b …X社、D社及びT社の三者間の合意や本件海外人材養成派遣の運用状況に照らせば、X社が本件技術保証等契約書に基づいてD社にロイヤリティを支払うに足りる合理的な理由が存するものということができる。」

⑵ 東京高裁平成18年3月15日判決
原審判断を維持した。

4 ▶▶▶外国人労働者を巡る租税事件

■3. 事案の検討―本裁判例の意義

(1) 海外人材養成派遣の運用状況

　本件東京地裁判決は、海外人材養成派遣制度の運用に着目をしてX社がD社に支払ったロイヤリティには、対価としての意味があると論じている。その判断の根拠は、本件海外人材養成派遣の実際の運用状況の有無にあったといってよかろう。契約関係の一部をみると、D社からX社への海外人材の派遣等について、D社からX社に役務提供がなされていないとみることもできなくはない。なぜなら、X社はT社から海外人材の派遣を受けていたのであって、少なくとも形式的にはD社からの海外人材の派遣はなかったことになるからである。すなわち、D社とT社の間で契約書等の書面は作成されていなかったのである。Yは、この点に着眼した上で行政処分を行ったのであろう。

　しかしながら、本件では、単なる当事者間の契約書の有無という形式面だけではなく、その実態についての分析がなされているといえよう。実際は、D社がブラジルでF社を運営して大工を養成した上これをT社に派遣し、T社は、これらの大工を雇用した上X社に派遣し、他方、X社はT社に対して派遣料金を支払っていたとの認定がなされたのである。これは、まさに実態を観察した上での裁判所の判断であったといえよう。

(2) 契約解釈における当事者の内心的意思の模索

　ただし、東京地裁は、海外人材養成派遣の運用状況のみに着目をしたわけではない。

　すなわち、平成7年7月31日付けの派遣契約書には、派遣を受けた海外の労働者の雇用に関する問題点を考えた場合、知名度のあるX社にて直接雇用するよりも、X社の関連会社であるT社にて雇用し、T社がX社へ派遣労働者を供給すれば、万が一派遣労働者が問題を起

167

第2章 ▶▶▶ インバウンド税制

こしたとしても、X社の名前がマスコミ等に取り上げられることもないという狙いがあったことが示されている。かかる契約書が、証明度の高い証拠であると認定されており、結局のところ、これらの資料が、X社、D社及びT社の三者間の合意の実態を強く推認させたのであろう。

　これら三社間の真意の合致するところは、海外人材養成派遣の運用状況を裏付けるものでもあり、X社とD社との間の契約関係において何ら対価のない経済的利益の移転をX社からD社に行ったものではないという認定に直接結び付いたものと推察されるところである。

図表3

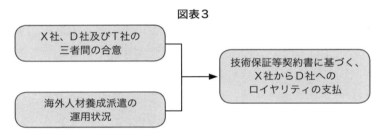

　このように、本件は、海外人材養成派遣の実態観察及びその分析に基づき判断されたものと位置付けることができよう。海外人材養成派遣業の実態観察の重要性を再認識させるものとして本件の意義を確認することができる。

4. 実態観察

　海外における研修機関等で外国人労働者を養成し、国内の人材不足に充てるという海外人材養成派遣のシステム（スキーム）は、大手企業において一般に採用されているものである。例えば、コンビニエンスストアチェーンのローソンは、他社に先駆けて海外に専門の研修施設を設けており、ベトナムと韓国に計5か所の研修施設を設置して、日本の文化や店舗作業の事前研修を行っているという。現地の研修施設でレジ打ちや接客の基本を身につけさせ、来日後、店頭で働ける即

戦力を育てているというのである[2]。

上記の例に限らず、アジアのいくつかの国では、日本企業の職業訓練施設が設けられており、その研修生が我が国の農業に送り込まれているのも事実である[3]。中国人研修生なくして我が国の農業は成り立たないといわれることがあるほどである[4]。

本件においては具体的にいかなる名目の下で外国人労働者を雇い入れていたのかは必ずしも判然としないが、多くの企業が技能実習制度を活用してきたと思われる。

この技能実習制度には企業単独型と団体監理型があるため、簡単に紹介をしておくこととしたい[5]。

図表4　技能実習制度の受入れ機関別のタイプ

【企業単独型】
　日本の企業等が海外の現地法人、合弁企業や取引先企業の職員を受け入れて技能実習を行う。

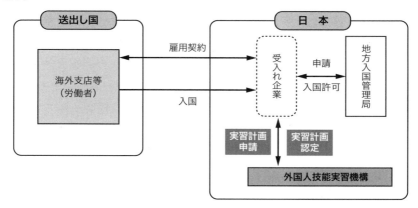

2　芹澤健介『コンビニ外国人』17頁（新潮新書2018）。
3　本件は日系ブラジル人を外国人労働者として扱った事例であるが、日系ブラジル人の我が国における労働力に関しては、例えば、望月優大『ふたつの日本—移民国家の建前と現実—』101頁（講談社現代新書2019）参照。
4　安田浩一『ルポ　差別と貧困の外国人労働者』23頁（光文社新書2010）。
5　NHK取材班『外国人労働者をどう受け入れるか—「安い労働力」から「戦力」へ—』88頁（NHK出版新書2017）。

【団体監理型】
　非営利の監理団体(事業協同組合、商工会議所、財/社団法人など)が技能実習生を受け入れ、その傘下の企業等で技能実習を行う。

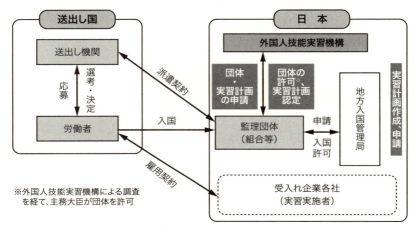

2017年11月1日からの新制度実施に伴い、■で囲んだ事項が加わった。

(出所)公益財団法人国際研修協力機関(JITCO)

　「企業単独型」とは、実習を行う企業が海外(送出し国)の企業や支店から直接労働者を受け入れるやり方で、実習生の人数を多く確保したい大企業などはこの方式を採用することが多いようである[6]。これに対して、「団体監理型」とは、実習先が農家や縫製工場といった規模の小さな事業所の場合に活用されることの多いやり方で、現地の仲介業者(送出し機関)を通じて、地域や業種など組合単位で受け入れた実習生を、各事業所に割り振る形式である[7]。

　本件は、実習生であるか否かは別とすれば、いわば前者の方式の類似スタイルを構築し採用していたケースであるといえよう。

　技能実習制度では、入国直後の講習以外は、労働関係法が遵守される建前で実習生と実習先の間に雇用契約が結ばれるが、実際は文書な

6　NHK取材班・前掲注5、87頁。
7　NHK取材班・前掲注5、87頁。

4 ▶▶▶外国人労働者を巡る租税事件

どで契約を交わすことがないようである[8]。

結びに代えて

　本件は、入管法改正前の事例であるが、その背景には、多くの外国人研修・技能実習制度が活用されて、単純労働に外国人が投入されてきた実態がある。ここでは、社会学的見地からの考察を加えることが目的ではないため、その是非は措くとして、課税実務上の処理を行うには外形的ないし形式的な契約関係のみならず、その実態に即した事実認定が必要となるのである。かような意味でも、租税専門家は外国人労働者の受入れや労働実態といった実質面を十分に知悉しておく必要があることはいうまでもないといえよう。

〔酒井　克彦〕

8　NHK取材班・前掲注5、87頁。

171

第3章

情　報

第3章▶▶▶情　報

1　国外財産調書

はじめに

　「国外財産調書制度」とは、居住者がその年の12月31日において、その価額の合計額が5,000万円を超える国外財産を有する者に対し、その国外財産の種類、数量、価額その他必要な事項を記載した調書（「国外財産調書」）を翌年3月15日までに、住所地等の所轄税務署に提出しなければならないという制度である（国外送金法5）。ただし、居住者であっても、「非永住者」はこの制度の対象外とされている（国外送金法5かっこ書き）。

　このような制度の内容からして、今回議論の対象とされた外国人労働者で、国外財産調書制度の直接対象となる者はそれほど多くないと思われる。

　しかし、外国人労働者の中には、職種（例えば高度専門職など14業種）によって5年超の滞在が認められている者もいる。

　また、それ以外の者であっても、新しい入管法の下で5年超の滞在が認められることになったことなどから、なかにはビジネスで成功し、本国等（日本からすれば外国）に要報告財産を所有することになる可能性もある。

　さらに、それ以外の可能性として、本来の居住者である富裕層の中に、外国人労働者の名前を借用して、それらの外国人労働者の出身国に国外財産を所有するというような事態も考えられる。

　そこで、ここでは、まず最初に国外財産調書制度について概観するとともに、外国人労働者にこの制度がどのように関わっていくかについてみていくこととする。

1 ▶▶▶ 国外財産調書

▌1.▐ 国外財産調書制度の趣旨、概要

　国外財産調書制度は、国際化が進展する状況下において、適正な課税・徴収の確保を図る観点から、平成24年度の税制改正で創設（平成26年1月1日から施行）された比較的新しい制度である。

　ちなみに、その制度の概要は、国税庁パンフレット「ご存じですか？国外財産調書」によれば、大略次のような内容のものとなっている。

⑴　国外財産調書を提出しなければならない者

　居住者（非永住者※を除く。）で、その年の12月31日において、その価額の合計額が5,000万円を超える国外財産を有する者である。

　　※非永住者とは、日本の国籍を有しておらず、かつ、過去10年以内において国内に住所又は居所を有していた期間の合計が5年以下である者をいうこととされている。

　　※したがって、大部分の外国人労働者はこの範疇に該当すると思われるので、基本的には本制度の対象外になると思われる。

⑵　国外財産の意義

　ここでいう「国外財産」とは、日本国外にある財産のことをいい、それらの財産が国外にあるかどうかの判定については、財産の種類ごとに行うこととされている。

・**不動産又は動産**……それらの財産の所在地

　　※したがって、例えばハワイに不動産を有していたとすれば、その所在地はハワイとなり、国外財産調書提出の対象となる。

・**預金、貯金又は積金**……その預金、貯金又は積金の受入れをした営業所又は事業所の所在地

　　※したがって、例えば外貨預金であっても、その預入先が国内の銀行の支店等であればそれらの預金は国内財産となる。

175

第3章 ▶▶▶ 情　報

　　他方、円建て預金であっても、その預入先が外国（例えば、ハ
　ワイ）の営業所であれば、たとえその銀行が日本の銀行の在外支
　店であったとしても、その預金は国外財産となる。
・**有価証券等**……その有価証券等を管理する口座が開設された金融商
　　　　　　　品取引業者等の営業所等の所在地
※したがって、外国法人の株式や社債であっても、かつ、その取引
　金融機関が外国系証券会社等であったとしても、それらの取引に
　係る口座の開設が日本国内の支店等を通じて行われたものであれ
　ば国内財産となる。
　　他方、本邦法人の発行した株式や社債等であったとしても、そ
　の取引口座が、例えばシンガポール支店で開設されたものであれ
　ば、その有価証券は国外財産となる。

・**仮想通貨**
　仮想通貨については、それらの通貨の所在地ではなく、それらの通
貨を有している者の住所又は居所の所在地によって判断することとさ
れている（国外送金法5②、国外送金法令10⑦）。
　すなわち、その者の住所（又は居所）が日本国内にあれば、たとえ
仮想通貨を海外の取引所に所有していたとしても、その財産の所在地
は国内にあるということになる。
　この点について、国税庁パンフレット「国外財産調書の提出制度
（FAQ）」のQ11では、次にみるように、居住者が国外の仮想通貨取
引所に保有する仮想通貨は、国外財産調書の対象にならない旨が明記
されている。

176

1 ▶▶▶ 国外財産調書

> **Q11** 国外の仮想通貨取引所に仮想通貨を保有しています。仮想通貨は国外財産調書の対象になりますか。

(答)

○ 仮想通貨は、国外送金等調書規則第12条第3項第6号の規定により、財産を有する方の住所（住所を有しない方にあっては、居所）の所在により「国外にある」かどうかを判定する財産に該当します（国外送金等調書法5②、国外送金等調書令10⑦）。また、国外財産調書は、居住者の方（非永住者の方を除きます。）が提出することとされています（国外送金等調書法5①）。

○ したがって、居住者の方が国外の仮想通貨取引所に保有する仮想通貨は、「国外にある財産」とはなりませんので、国外財産調書の対象にはなりません。

(3) 国外財産の価額

また、「国外財産調書」に記載する「国外財産」の「価額」は、その年の12月31日における「時価」又は時価に準ずるものとして「見積価額※」によることとされている（国外送金法5②、国外送金法令10④、国外送金法規12⑤）。

※ここでいう「見積価額」とは、その国外財産の種類等に応じ、次の方法で算定された価額である（国外送金法規12⑤）。

・事業所得の基因となる棚卸資産……その年の12月31日における棚卸資産の評価額

・不動産所得、事業所得、山林所得又は雑所得に係る減価償却資産……その年の12月31日における減価償却資産の償却後の価額

$$\Downarrow$$

したがって、例えばマレーシアに所有している不動産等については、その年の減価償却費控除後の金額が「見積価額」となる。

177

第3章 ▶▶▶ 情　報

・その他の資産……その年の12月31日における国外財産の現況に応じ、その財産の取得価額や売買実例価額などを基に、合理的な方法により算定した価額となる。

↓

例えば、土地であれば、外国（地方団体を含む。）の定める法令による固定資産税評価額又は取得価額をベースに、その取得価額における価額の変動を、合理的な方法により見積もって算出した価額となる。

(4)　外貨で表示されている国外財産の円換算

「国外財産調書」に記載する「国外財産の価額」は円貨で行うこととされていることから、外貨で表示されている国外財産について円貨への換算が必要となってくる。

その場合の円換算は、その年の12月31日における外国為替の対顧客直物電信買相場（TTB）又はこれに準ずる相場により行うこととされている（国外送金法令10⑤、国外送金法通達5−11）。

ちなみに、国外財産調書は原則としてそれぞれの財産ごとに、次のような形で記載することとされている。

1 ▶▶▶ 国外財産調書

図表1　国外財産調書の記載例

整理番号	0XXXXXXX

平成××年 12 月 31 日分　国外財産調書

国外財産を 有 す る 者	住　　　　所 （又は事業所、 事務所、居所など）	東京都千代田区霞が関 3－1－1					
	氏　　　　名	国税　太郎					
	個 人 番 号	0000 0000 0000			電話 番号	（自宅・勤務先・携帯） 03－××××－××××	

国外財産 の 区 分	種　　類	用途	所 国名	在	数量	（上段は有価証券等の取得価額） 価　　額	備考
土地		事業用	オーストラリア	○○州△△XX 通り 6000	1 200 ㎡	円 54,508,000 円	
建物		事業用	オーストラリア	○○州△△XX 通り 6000	1 150 ㎡	80,000,000	
建物		一般用 事業用	アメリカ	△△州○○市 XX 通り 4440	1 95 ㎡	77,800,000	土地を 含む
				建物計		(157,800,000)	
預貯金	普通預金	事業用	オーストラリア	○○州△△XX 通り 40 （XX 銀行○○支店）		58,951,955	
預貯金	普通預金	一般用	アメリカ	○○州△△XX 通り 123 （○○銀行△△支店）		23,781,989	
預貯金	定期預金	一般用	アメリカ	○○州△△XX 通り 123 （○○銀行△△支店）		5,000,000	
				預貯金計		(87,733,944)	
有価証券	上場株式 （○○securities, Inc.）	一般用	アメリカ	△△州○○市 XX 通り 321 △△証券××支店	10,000株	3,000,000 3,300,000	
特定有価証券	ストックオプション （○○Co, Ltd.）	一般用	アメリカ	○○州△△市 XX 通り 400	600 個	3,000,000	
匿名組合出資	C匿名組合	一般用	アメリカ	△△州××市○○通り 456 （Cxxx D. Exxx）	100 口	100,000,000 140,000,000	
未決済信用取引 等に係る権利	信用取引（××）	一般用	オーストラリア	○○州△△XX 通り 567 △△証券××支店	400 口	0 △4,500,000	
未決済デリバティ ブ取引に係る権利	先物取引（○○）	一般用	オーストラリア	○○州△△XX 通り 567 △△証券××支店	100 口	30,000,000 29,000,000	
貸付金		一般用	アメリカ	△△州○○市 XX 通り 10　123 号室 （Axxx B. Yxxx）		15,600,000	
未収入金		事業用	オーストラリア	○○州△△XX 通り 40 （Bxxx A. Jxxx）		4,400,000	
書画骨とう	書画	一般用	アメリカ	△△州○○市 XX 通り 4440	2点	2,000,000	
貴金属類	金	一般用	アメリカ	△△州○○市 XX 通り 4440	1 Kg	5,000,000	
その他の動産	自動車	一般用	アメリカ	△△州○○市 XX 通り 4440	1 台	6,000,000	
その他の財産	委託証拠金	一般用	アメリカ	○○州△△XX 通り 987 ○○証券○○支店		10,000,000	
合　　　　計　　　　額						513,841,944	
（摘要）							

（出所）国税庁パンフレット

そして、それらの財産は次の合計表の形でまとめて報告することとされている。

図表2　国外財産調書合計表

■　　　　　　　　　　　　　　FA5003　■

＿＿＿＿＿＿税務署長
＿＿＿年＿＿＿月＿＿＿日

平成□□年12月31日分　国外財産調書合計表

提出用

平成二十八年十二月三十一日分以降用

※特定有価証券に該当する有価証券は⑨欄に記載し、⑥欄から⑧欄への記載は要しません。

住所（又は事業所 事務所 居所など）	〒□□□-□□□□	個人番号	
		フリガナ	
		氏名	㊞
		性別 男 女	職業　電話番号（自宅・勤務先・携帯）－　－
		生年月日	□ □□.□□.□□　財産債務調書の提出有 ○
		整理番号	

受付印

財産の区分		価額又は取得価額（百万 千 円）	財産の区分		価額又は取得価額（百万 千 円）
土地	①		未決済デリバティブ取引に係る権利	⑫	
建物	②		取得価額	㋕	
山林	③		貸付金	⑬	
現金	④		未収入金	⑭	
預貯金	⑤		書画骨とう美術工芸品	⑮	
有価証券（特定有価証券を除く） 上場株式	⑥		貴金属類	⑯	
取得価額	㋐		動産（④、⑮、⑯以外）	⑰	
非上場株式	⑦		その他の財産 保険の契約に関する権利	⑱	
取得価額	㋑		株式に関する権利	⑲	
株式以外の有価証券	⑧		預託金等	⑳	
取得価額	㋒		組合等に対する出資	㉑	
特定有価証券※	⑨		信託に関する権利	㉒	
匿名組合契約の出資の持分	⑩		無体財産権	㉓	
取得価額	㋓		その他の財産（上記以外）	㉔	
未決済信用取引等に係る権利	⑪		合計額	㉕	
取得価額	㋔				

備考

税理士署名押印　　　　㊞
電話番号　－　－

整理欄	通信日付印	確認印	異動年月日	身元確認
			年 月 日	
	枚数	区分		
	枚	A B C D E F G H I		

■

1 ▶▶▶ 国外財産調書

⑸　義務違反者に対する加算税の加重、ペナルティ等

　国外財産調書の提出促進のため、加算税の加重軽減措置と罰則規定が設けられている（国外送金法6、10）

ア　加算税の加重軽減措置（国外送金法6①）。

・過少申告加算税の軽減措置

　　国外財産調書を提出期限内に提出していた者は、国外財産調書に記載のある国外財産に関して生じる所得で一定の所得又は相続税の申告漏れが生じたときであっても、それによって生じる過少申告加算税等が5%軽減される（10%→5%、15%→10%）（国外送金法6①）。

・過少申告加算税の加重措置

　　それに対し、国外財産調書の提出が期限内にない場合又は期限内に提出があったとしてもそこに記載すべきとされている国外財産の記載がない場合であって、その国外財産に関する所得税の申告漏れがあったときは、その国外財産に関する申告漏れに係る部分の過少申告加算税等が5%加算される（国外送金法6②）。

　　ただし、この措置は、相続税及び死亡した者に係る所得税は適用対象外とされている（国外送金法6②かっこ書き）。

イ　義務違反者に対する罰則

　国外財産調書を提出する義務があるにもかかわらず、正当な理由がなく提出期限内に国外財産調書を提出しなかった場合又は偽りの記載をした国外財産調書を提出した場合等においては、それらの行為をした者に対し、1年以下の懲役又は50万円以下の罰金が科される（国外送金法10①②）。

※なお、以下の行為が認められた場合に同様の刑が科されることとなっている（国外送金法9三、四）。

　　・国外財産調書の記載に関する調査における当該職員の質問に対して答弁せず若しくは偽りの答弁をし、又は検査を拒み、妨げ、若

181

第3章▶▶▶情　報

　しくは忌避したとき

・国外財産調書の提出に関する調査について預り物件の提示又は提
　出の要求に対し、正当な理由なくこれに応じず、又は偽りの記載
　若しくは記載をした帳簿書類その他の物件を提示し、又は提出し
　たとき

(6)　国外財産調書の提出状況等

　ちなみに、本制度スタート以降3年間における国外財産の提出状況
の推移及び平成29年度における過少申告申告加算税及び無申告加算
税の特例措置の適用状況等は次のようになっている。

図表3　国外財産調書の提出状況の推移

	平成26年分	平成27年分	平成28年分	平成29年分
1　総提出枚数	8,184件	8,893件	9,102件	9,551件 うち 東　京6,154件　64.4% 大　阪1,331件　13.9% 名古屋　699件　7.3%
2　総財産額	3.11兆円	3.16兆円	3.30兆円	3.66兆円 うち 東　京2.77兆円　75.0% 大　阪0.42兆円　11.7% 名古屋0.19兆円　5.2%
うち有価証券	1.68兆円	(1.53兆円)	(1.70兆円)	(1.92兆円)
預貯金		(0.54兆円)	(0.60兆円)	(0.62兆円)
3　調書1件当たり 　　財産額		3.80億円	3.56億円	3.84億円

（出所）国税庁記者発表資料　抜粋一部修正

182

1 ▶▶▶ 国外財産調書

図表4　過少申告加算税及び無申告加算税の特例措置の適用状況

	件　数	増差所得等金額
軽減措置※1	168件	45億7,467万円
加重措置※2	194件	51億1,095万円

※1　この措置は、提出された国外財産調書に記載された国外財産に係る所得税・相続税の申告漏れが生じた場合に適用される。

※2　この措置は、国外財産調書の提出がない場合又は提出された国外財産調書に記載のない国外財産に係る所得税の申告漏れが生じた場合に適用される。ただし、相続税及び死亡者の所得税については適用されない。

（出所）国税庁記者発表資料 抜粋一部修正

〈参考裁決例〉

平成26年分の所得税及び復興特別所得税に係る過少申告加算税の賦課決定処分・棄却・平成29年9月1日裁決

　　国外送金等法第6条第2項の規定は国税通則法第65条第5項の規定の適用がある修正申告書にも適用される。

《ポイント》

　本事例は、更正を予知せずにされた修正申告であっても、内国税の適正な課税の確保を図るための国外送金等に係る調書の提出等に関する法律第6条第2項の規定に基づく過少申告加算税は課されるとしたものである。

《要旨》

　請求人は、内国税の適正な課税の確保を図るための国外送金等に係る調書の提出等に関する法律（国送法）第6条《国外財産に係る過少申告加算税又は無申告加算税の特例》第2項の規定は、国税通則法（通則法）第65条《過少申告加算税》第5項の規定が適用される請求人の修正申告書（本件修正申告書）には適用されない旨主張する。

　しかしながら、国送法第6条第2項は、通則法第65条の規定の適用がある場合に過少申告加算税を加重する旨規定しており、同条第5項の

183

第3章 ▶▶▶ 情　　報

規定の適用がある場合を除く旨規定しているものではない上、同項の規
定の適用がある修正申告書にも国送法第6条第2項の適用があると解す
ることは、同条第1項及び第2項の規定の趣旨とも整合する。したがっ
て、国送法第6条第2項の規定は、通則法第65条第5項の規定の適用が
ある修正申告書にも適用されると解するのが相当であるから、本件修正
申告書についても国送法第6条第2項の規定は適用される。

《参照条文等》

　内国税の適正な課税の確保を図るための国外送金等に係る調書の提
出等に関する法律第6条第2項、第4項

（出所）国税不服審判所裁決事例集 一部修正の後抜粋

2. 財産債務調書との関係

　「財産債務調書制度」は、所得税及び復興特別所得税の確定申告書
を提出しなければならない者が、その年の総所得等の総所得金額及び
山林所得金額の合計額が2,000万円を超え、かつ、その年の12月31
日において価額の合計額が3億円以上の財産又は価額の合計額が1億
円以上である国外輸出特例対象財産を有する場合に、財産の種類、数
量、価額並びに債務の金額などを記載した「財産債務調書」を翌年の
3月15日までに所得税の納税地の所轄税務署長に提出するという制
度である（国外送金法6の2①本文）。

　そのため、それらの者が国外に財産債務を有している場合、基本的
には国内財産のみでなく、国外財産についても、その種類、数量、価
額並びに債務の金額について「財産債務調書」に記載の上、所轄税務
署長への提出が必要となってくる。

　それに対し、「国外財産調書」は、その者の所得額の多寡にかかわ
らず、その年の12月31日において、国外に5,000万円超の財産を有
する者に対して課されている義務である（国外送金法5①）。

　このように、両者は基本的には全く別の制度である。そのため、同

184

1 ▶▶▶ 国外財産調書

一の者がいずれの調書についても提出義務を負うことになるという事態が生じることもある。

そこで、このような場合には、納税者の負担軽減の見地等から、「財産債務調書」には国外財産に関する事項の記載は要しないこととされている（国外送金法6の2②）。

ただし、「財産債務調書」の提出基準の判定を行う際の判断基準の一助とするため、「財産債務調書」に「国外財産調書に記載した国外財産の価額の合計額」及び「国外財産調書に記載した国外転出特例対象財産の価額の合計額」を記載することとしている（国外送金法6の2②）。

この点について、前述した国税庁パンフレット「国外財産調書の提出制度（FAQ）」Q18では、次のような説明がなされている。

【財産債務調書との関係】

Q18 「財産債務調書」を提出する場合でも保有する国外財産の価額が 5,000万円を超える場合は、国外財産調書を提出する必要があるのですか。

（答）

○「財産債務調書」の提出が必要な方[注]であっても、その年の12月31日において、その価額の合計額が5,000万円を超える国外財産を有する方は、国外財産調書の提出も必要になります（国外送金等調書法5①）。

（注）「財産債務調書」の提出が必要な方とは、所得税等の確定申告書を提出しなければならない方で、その年分の退職所得を除く各種所得金額の合計額が2,000 万円を超え、かつ、その年の12月31日においてその価額の合計額が3億円以上である財産又はその価額の合計額が1億円以上の国外転出特例対象財産を有する方です。

　　なお、「各種所得金額の合計額」には、①源泉分離課税の所得、

第3章 ▶▶▶ 情　報

　②平成28年1月1日以降に支払を受けるべき一定の公社債の利子等のうち、確定申告しないことを選択したもの、③少額な配当所得のうち確定申告をしないことを選択したもの、④内国法人から支払を受ける一定の上場株式等に係る配当等のうち確定申告をしないことを選択したもの、⑤源泉徴収を選択した特定口座内保管上場株式等の譲渡による所得のうち確定申告をしないことを選択したものは含まれません。

○この場合、法令の規定上、「財産債務調書」には国外財産に関する事項の記載は要しないこととされていますが、「財産債務調書」の提出基準の判定を行う観点から、「財産債務調書」に、「国外財産調書に記載した国外財産の価額の合計額」及び「国外財産調書に記載した国外転出特例対象財産の価額の合計額」を記載する必要があります（国外送金等調書法6の2②）。

　具体的には、次のような形で作成した財産債務調書を提出することになります。

※なお、国外に存する債務については「財産債務調書」に記載する必要があります。

1 ▶▶▶ 国外財産調書

図表5　財産債務調書に係る国外財産の記載例（国外財産調書を提出する場合）

平成××年12月31日分　財産債務調書

財産債務を有する者	住　所〔又は事業所、事務所、居所など〕			東京都千代田区霞が関3－1－1				
	氏　名			国税　太郎				
	個 人 番 号			0000　0000　0000		電話番号	（自宅・勤務先・携帯）03－××××－××××	

財産債務の区分	種　類	用途	所　　　　　　　在	数量	（上段は有価証券等の取得価額）財産の価額又は債務の金額	備考
土地		事業用	東京都千代田区○○1－1－1	1　250 ㎡	250,000,000	
建物		事業用	東京都港区○○3－3－3	1　500 ㎡	110,000,000	
建物		一般用事業用	東京都品川区○○5－5－5－2501	1　95 ㎡	89,000,000	土地を含む
			建物計		(199,000,000)	
現金		一般用	東京都千代田区霞が関3－1－1		1,805,384	
預貯金	普通預金	事業用	東京都千代田区○2－2－2○○銀行△△支店		38,961,915	
有価証券	上場株式（B社）	一般用	東京都港区○○3－1－1△△証券△△支店	5,000 株	6,500,0006,450,000	
特定有価証券	ストックオプション（○○株式会社）	一般用	東京都港区△△1－2－1	600 個	3,000,000	
匿名組合出資	C匿名組合	一般用	東京都港区○○1－1－1株式会社　B	100 口	100,000,000140,000,000	
未決済デリバティブ取引に係る権利	先物取引（○○）	一般用	東京都品川区○○5－1－1××証券××支店	100 口	30,000,00029,000,000	
貸付金		事業用	東京都目黒区○○2－1－1○○　△△		3,000,000	
未収入金		事業用	東京都豊島区○○2－1－1株式会社　C		1,500,000	
貴金属類	ダイヤモンド	一般用	東京都品川区○○5－5－5－2501	3 個	6,000,000	
その他の動産	家庭用動産	一般用	東京都品川区○○5－5－5－2501	20 個	3,000,000	
その他の財産	委託証拠金	一般用	東京都品川区○○5－1－1××証券××支店		10,000,000	
※　借入金		事業用	東京都千代田区○2－2－2○○銀行△△支店		20,000,000	
※　未払金		事業用	東京都港区○○7－8－9株式会社　D		1,500,000	
※　その他の債務	保証金	事業用	東京都台東区○○2－3－4株式会社　E		2,000,000	
国外財産調書に記載した国外財産の価額の合計額（うち国外転出特例対象財産の価額の合計額（34,000,000）円）					89,000,000	
財産の価額の合計額	780,717,299		債務の金額の合計額		23,500,000	
（摘要）						

（これらについても要記載）

「国外財産調書に記載した国外財産の価額の合計額」及び「うち国外転出特例対象財産の価額の合計額」を記載する。

（出所）国税庁「国外財産調書の提出制度（FAQ）」平成30年11月

187

第3章 ▶▶▶ 情　報

3. 国外送金等調書との関係

⑴　**制度の概要**

　国外送金等調書制度は、納税義務者の対外取引、国外財産、債務等の国外送金等に係る調書を整備することにより、所得税、法人税、相続税その他の内国税の適正な課税の確保を図ることを目的として平成9年に創設された制度（施行は平成10年4月から）である（国外送金法1）。

（注）ここでいう「国外送金等」には、国内から国外へ向けた支払（いわゆる「国外送金」と国外から国内へ向けた支払の受領（いわゆる「国外からの送金の受領」）の双方が含まれる。）。

⑵　**報告対象とされる送金**

　国外送金等の額は、1国当たり100万円超のものである（国外送金法4①、国外送金法令8①：当初は1国当たり200万円超の送受金となっていたが、平成11年に1国当たり100万円超の送受金に改められた。）。

　ただし、この調書を提出する義務を負う者は国外送金等をした本人ではなく、その事務処理を行った金融機関とされている（国外送金法3）。

　ちなみに、国外送金等調書及び合計表は**図表6**のようになっている。

188

1 ▶▶▶ 国外財産調書

図表6　国外送金等調書

平成　　年分　国外送金等調書

国内の送金者又は受領者	住所(居所)又は所在地				
	氏名又は名称		個人番号又は法人番号		
国外送金等区分	1.国外送金・2.国外からの送金等の受領	国外送金等年月日	年　月　日		
国外の送金者又は受領者の氏名又は名称					
国外の銀行等の営業所等の名称					
取次ぎ等に係る金融機関の営業所等の名称					
国外送金等に係る相手国名					
本人口座の種類	普通預金・当座預金・その他(　　　　)	本人口座の番号			
国外送金等の金額	外貨額	外貨名	送金原因		
	円換算額	(円)			
(備考)					
提出者	住所(居所)又は所在地				
	氏名又は名称	(電話)	個人番号又は法人番号		
整理欄	①		②		

○個人番号又は法人番号」欄に個人番号(12桁)を記載する場合には、右詰で記載します。

350

平成　　年　　月分 国外送金等調書合計表

処理事項	通信日付印	検収	整理簿登載	身元確認
	※　.　.	※	※	※

税務署受付印

平成　　年　　月　　日提出

税務署長　殿

提出者	住所(居所)又は所在地	電話(　—　—　)
	個人番号又は法人番号(注)	個人番号等の記載に当たっては、左端を空白にし、ここから記載してください。
	フリガナ 氏名又は名称	
	フリガナ 代表者氏名印	㊞

整理番号				
調書の提出区分 新規=1、追加=2 訂正=3、無効=4	提出媒体	本店一括	有・無	
作成担当者				
作成税理士署名押印	税理士番号(　　　　) ㊞			
	電話(　—　—　)			

○平成28年1月1日以後提出用

区　　分	件　　数	(摘要)
国 外 送 金 分	件	
国外からの送金等の受領分		
計		

○　提出媒体欄には、コードを記載してください。(電子=14、FD=15、MO=16、CD=17、DVD=18、書面=30、その他=99)
(注)　平成27年12月分以前の合計表を作成する場合には、「個人番号又は法人番号」欄に何も記載しないでください。

189

第**3**章 ▶▶▶ 情　　報

　この制度が導入されたことにより、税務当局は納税者から個別に報告を求めることなく、金融機関から納税者の国外送金や国外で得た利得等の我が国への送金等に関する資金移動について、居ながらにして情報収集をすることが可能になった。

　その結果、この資料を利用した「おたずね」が税務当局から納税者に出されるようになった。現に、筆者のところにも、「税務署から、国外にある資産等を有しているか否かについて『おたずね』があったが、どうして私が国外に財産を有していることが分かったのだろうか。」という質問が寄せられてきている。

　ただし、この制度では、税務当局は国外への送金や国外からの受金等といったフローの事実については把握できるものの、どのような資産を国外に有しているのかという点に関する情報の記載はない。国外財産調書制度はこのような弱点を補強するために導入されたものである。

4. 諸外国における国外財産調書制度の概要

　我が国の国外財産調書制度は、米国など主要先進国で行われている「外国財産報告制度（Foreign Asset Reporting System）」を参考にしながら創設されたものである。

　ちなみに、各国の事例をみてみると、要報告対象となる資産の範囲や要報告とされている金額等については、かなり差がある。

　また、義務違反者に対するペナルティ等についても国によって差がある。

　ちなみに、財務省資料によれば、我が国でこの制度の導入が検討されていた平成23年11月時点における主要国の「外国財産報告制度」の概要は次のようになっている。

1 ▶▶▶ 国外財産調書

図表7　諸外国における「外国資産報告制度」の概要

	報告者等	違反があった場合の措置
米	○①残高1万ドル超の外国金融口座、②5万円ドル超の特定外国金融資産（外国預金口座、外国法人が発行する有価証券等）を保有する個人・法人等	○①の場合、当該口座に係る情報の未報告について、口座1件当たり1万ドル以下の制裁金（故意の場合は10万ドルと口座残高の50％のいずれか高い金額の制裁金）。また、刑事罰として、5年以下の懲役若しくは25万ドル以下の罰金またはその併科。 ○②の場合、当該金融資産に係る過少申告額の40％（通常20％）の制裁金。また、刑事罰として、1年以下の懲役もしくは2.5万ドル（法人は10万ドル）以下の罰金またはその併科。
独	○外国法人の10％以上の持分等を保有する個人・法人等	○未報告の場合、5,000ユーロ以下の制裁金。
仏	○外国金融口座、外国生命保険契約を保有する個人	○未報告の口座1件当たり1,500ユーロの制裁金。なお、情報交換協定等未締結国に保有する未報告口座については1万ユーロの制裁金。 ○未報告の保険契約に係る払込額の25％の制裁金。
加	○合計10万ドル超の外国資産を保有する個人・法人等	○以下のいずれかの金額の制裁金が課される。 ─未報告の場合、督促後違反継続期間中、1日25ドルの制裁金（最低100ドル、最高2,500ドル） ─故意による未報告の場合、督促後違反継続期間中、月1,000ドルの制裁金（最高24,000ドル） ─24ケ月以上の未報告の場合、未報告額の5％
豪	○合計5万ドル以上の外国資産、外国法人の10％以上の持分等を保有する個人	○未報告の場合、最大で1年以下の懲役もしくは5,500ドル以下の罰金またはその併科。
韓	○合計10億ウォン超の外国金融口座を保有する個人・法人	○未報告の場合、口座残高の10％以下の制裁金等。

（注）これらの国では、居住者が未報告の外国口座等からの所得を自主的に申告した場合に制裁金などを軽減する仕組み等を時限的または恒久的に採用し、コンプライアンスの履行を促進している。

（出所）財務省

第3章 ▶▶▶ 情　報

5. 在留外国人と国外財産調書制度

⑴　在留外国人

　法務省入国管理局によれば、平成30年6月末現在における在留外国人数は263.7万人（速報値）で、前年末に比し7.5万人の増加となり過去最高を記録したとのことである[注]。

（注）　国別には、次のようになっている。

中国 ・・・・・・・・・・・・・・・・・・・・・・・・・74.1万人

韓国 ・・・・・・・・・・・・・・・・・・・・・・・・・45.2万人

ベトナム ・・・・・・・・・・・・・・・・・・・・・29.1万人

フィリピン ・・・・・・・・・・・・・・・・・・26.6万人

ブラジル ・・・・・・・・・・・・・・・・・・・・19.6万人

ネパール ・・・・・・・・・・・・・・・・・・・・・8.5万人

　そして、それらの者を在留資格別でみてみると、次のようになっている。

（対前年末比）

①永住者・・・・・・・・・・・・・・・・・75.9万人28.8%（＋1.3%）

②特別永住者[注]・・・・・・・・32.6万人12.4%（−1.1%）

③留学・・・・・・・・・・・・・・・・・・・・32.4万人12.3%（＋4.1%）

④技能実習・・・・・・・・・・・・・・28.5万人10.8%（＋4.2%）

⑤技術、人文知識
　国際業務・・・・・・・・・・・・・・21.3万人8.1%（＋12.2%）

（注）「特別永住者」とは、平成3年11月1日に施行された「日本国との平和条約に基づき日本の国籍を離脱した者等の出入国管理に関する特例法」により定められた在留資格者のことである。

　　　具体的には、第2次大戦終了前（正式には日本が降伏文書に調印した昭和20年9月2日以前）から日本国内に居住していた平和条約国籍離脱者（朝鮮人と台湾人）とその子孫が主たる対象者としている。

1 ▶▶▶ 国外財産調書

　これらの人達は、昭和27年の講和条約発効後日本国籍を失うこととなった。しかし、日本国政府は、GHQなどの指導もあり、かつて日本国籍を有していた点なども考慮し、「協定永住者」という立場で永住権を認めた。

　それが平成3年に正式に「特別永住者」という形で法律上認められることとなった。

(2)　国外財産調書制度との関係

《原則》

　前述した①又は②に該当する者であっても、それらの者の我が国でのステータスが、所得税法上の「非永住者」（所法2①四）に該当する場合には、たとえそれらの者の有する国外財産の合計金額が5,000万円を超えていたとしても「国外財産調書」の対象とはならない（国外送金法5かっこ書き）。

　他方、①②以外の者（③～⑤）は我が国での滞在期間が最長でも5年以内に限定されている。そのため、たとえ我が国の居住者になったとしても、基本的には国外財産調書の対象外となる。

《例外》

　しかし、我が国の国民等で、本来であれば非永住者以外の居住者に該当する者が、③～⑤の立場の者の名前を借用（いわゆる「借名」）して多額の国外財産を所有するという可能性も考えられる[注]。

（注）例外的に5年を超えて滞在し非永住者以外の居住者になったときに他の居住者と同じ扱いとなる。

　そのような場合に有効な対抗策となってくるのが前述した国外送金等調書制度である。

　それは、国外送金等又は国外から送金を受ける者に係る金融機関から税務当局宛てに提出される「国外送金等調書」はその対象を居住者に限定していないからである（国外送金法4、4の2）。

193

第3章 ▶▶▶ 情　報

　したがって、この送金記録等を端緒に解明を進めていくことにより、その送金等を真に行っている者が③～⑤に該当する者であるか否かを解明することが可能になった。

　もう1つの解明方法として利用できそうなのが、平成27年度税制改正で導入された「送金関係書類」と外国政府又は外国の地方公共団体から発行される戸籍謄本、出生証明書等（いわゆる親族関係書類）の提出制度である。

　この種の情報が金融機関や相手国政府から我が国に提供されることにより、多額の送金等を行っている者に疑わしい点がある場合には相手国に送金した金銭等の使途について、相手国の権限ある当局に容易に解明を進めることができるようになった。

結びに代えて

　このように、国外財産調書制度は、制度創設の趣旨等からして在留外国人を目的としたものではない。したがって、基本的には大部分の在留外国人に関係ないと思われる。

　しかし、在留外国人であっても永住者や特別永住者などの場合にあっては、日本人と同じく国外財産調書制度の適用対象となる可能性がある。

　また、それ以外の在留外国人の場合であっても、日本人による借名等の利用といった可能性があるので要注意である。

〔川田　剛〕

2 ▶▶▶ 外国人労働者を巡る情報・税務調査

▶2 外国人労働者を巡る情報・税務調査

■ はじめに

　厚生労働省が公表している「外国人雇用状況」の届出状況によると、平成30年10月末時点における外国人労働者数は146万人余り、外国人労働者を雇用する事業所数は21万か所余りに上り[1]、平成25年10月末においてそれぞれ71万人余り、12万か所余りであったこと[2]と比べ、およそ倍増している。

　外国人労働者が増加した要因として、厚生労働省は、「政府が推進している高度外国人材や留学生の受入れが進んでいること、雇用情勢の改善が着実に進み、『永住者』や『日本人の配偶者』等の身分に基づく在留資格の方々の就労が進んでいること、技能実習制度の活用により技能実習生の受入れが進んでいること等が背景にあると考えられる。」と説明している[3]。

　もっとも、高度外国人材や技能実習生の受入れが進んだ背景には、平成26年に、「出入国管理及び難民認定法」の改正により、外国人の高度人材の受入れを促進するため「高度専門職」の在留資格が創設されたこと、同法の平成28年改正では介護の業務に従事する外国人を受け入れるため「介護」の在留資格が創設されたこと、「外国人の技能実習の適正な実施及び技能実習生の保護に関する法律」が施行されたことが影響しているということは、論を俟たないであろう。

1　厚生労働省「『外国人雇用状況』の届出状況まとめ【本文】（平成30年10月末現在）」1頁。なお、総務省統計局「労働力調査（詳細集計）平成30年（2018年）平均（速報）」（平成31年2月15日）によると平成30年の派遣社員の雇用者数は約136万人で、外国人労働者はこれを上回ったことになる。
2　厚生労働省「『外国人雇用状況』の届出状況まとめ（本文）（平成25年10月末現在）」1頁。
3　前掲注1。

195

第3章 ▶▶▶ 情　報

　それでもなお、入管法は、一定以上の専門的技術や技能、知識等を有するものでなければ我が国において就労活動ができないとされていることから、単純労働を目的とした外国人の入国を許可しておらず[4]、技能実習制度や留学生として事実上の単純労働者が急増しているのが実態だと指摘されてきた[5]。そこで、我が国の深刻な労働人材不足を外国人労働者で補おうと、従来の専門的・技術的分野における外国人材に限定せず、一定の専門性・技能を有し即戦力となる外国人材を幅広く受け入れることを企図して更なる入管法改正が行われ、平成31年4月に、特定の業種において外国人を受け入れる「特定技能1号・2号」の在留資格が創設された。とりわけ、「特定技能2号」については、在留期間の上限を付さず、家族帯同も認めるなどの点が、注目されている。

　ところで、外国人労働者が我が国で勤労の対価を得ていくと、税務上はどのような論点が想定されるであろうか。

　まず、所得課税の観点からは、居住者若しくは永住者又は非居住者という区分の判定に始まり、国内源泉所得該当性の判断、いかに国外源泉所得を把握するかという問題等が生じるであろう。また、相続課税の観点からは、在留資格及び日本に住所を有していた期間によって相続財産に国外財産が含まれるか否かが判断されるため、国外財産が相続財産に含まれる場合には、これをいかに把握するかが問題となるであろう。ことさら外国人だから税務調査を行うということは考えにくいが、母国に財産を保有していることは十分に想定され、国外で保有している財産や国外源泉所得は積極的に把握する必要があるといえる。

　これらを把握しようとするときに重要な資料となるのが、課税当局に提出が義務付けられている法定資料である。特に、近年は経済のグローバル化とともに国境を越えて行われる金融取引も増えてきている

4　山田鐐一＝黒木忠正＝高宅茂『よくわかる入管法〔第4版〕』79頁（有斐閣2018）。
5　平成30年1月27日付け日本経済新聞朝刊。

196

ことから、国外との取引や国外にある財産を把握するための情報交換を中心とした枠組みが充実してきている。

そこで、まずは税務調査の基礎的情報となる法定調書から、論を起こしてみたい。

1. 外国人労働者を巡る租税情報

(1) 法定調書

法定調書とは、「所得税法」、「相続税法」、「租税特別措置法」及び「内国税の適正な課税の確保を図るための国外送金等に係る調書の提出等に関する法律」の規定により税務署に提出が義務付けられている資料をいい、平成31年4月1日現在で60種類ある。

そのうち、国外所得や国外財産の把握もできるものとして、国外送金法に定める調書を概観しておきたい[6]。

同法に定める調書は、①金融機関又は金融商品取引業者から提出されるもの、②納税者から提出されるものに大別される。

ア 金融機関又は金融商品取引業者から提出される法定調書

① 国外送金等調書

国境を越える資金移動の把握を目的として、平成10年4月より、国外送金等調書制度が実施されている。この制度は、金融機関に、その顧客が当該金融機関の営業所等を通じてする1回当たり100万円を超える国外送金又は国外からの送金等の受領（以下「国外送金等」という。）に係る為替取引を行ったときは、国外送金等調書を、当該為替取引に係る金融機関の営業所等の所在地の所轄税務署長に提出することを義務付けている（国外送金法4①）。

6　参考文献として、酒井克彦「事業者が直面する情報管理に係る新たな義務—マイナンバー制度と情報管理をめぐる義務—」商学論叢57巻5＝6号549頁（2016）、川田剛「国外移住による租税回避とそれへの対応」MBS Review9巻3頁（2013）、酒井克彦編『新しい加算税の実務—税務調査と資料情報への対応—』第3章（ぎょうせい2016）など参照。

197

第3章 ▶▶▶ 情　報

　税務当局は、この調書により納税者の国外との資金移動の状況を把握できるため、確定申告の内容と調書とを突合することで、申告漏れなどの発見につながる。

　なお、国外送金等調書の詳細と書式については、本章**1-3.**を参照されたい。

②　国外証券移管等調書

　近年、株式や公社債をはじめとする有価証券のペーパーレス化が進み、クロスボーダーの金融取引も盛んに行われるようになってきたため、現金での資金移動に加え、有価証券の国境を越えた移管を行うことによりその運用所得や譲渡所得の課税を逃れる事例が散見されている[7]。こうした所得を把握するため、平成27年1月より、国外証券移管等調書制度が実施されている。

　この制度は、金融商品取引業者等が顧客からの依頼により有価証券

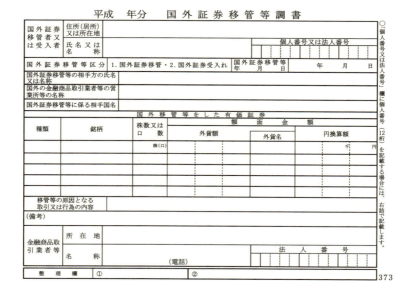

---

7 『平成26年版改正税法のすべて』200頁（大蔵財務協会2014）。

2 ▶▶▶ 外国人労働者を巡る情報・税務調査

の国外証券移管又は国外証券受入れ（以下「国外証券移管等」という。）
をしたときに、当該金融商品取引業者等に対して、国外証券移管等調
書を税務署長に提出することを義務付けている（国外送金法4の3①）。

イ　納税者から提出される法定調書

①　国外財産調書

　国外財産調書制度は、平成26年1月から実施されたものであり、居
住者が国外に保有する財産について調書の提出を求める制度である。
具体的には、その年の12月31日において、国外財産でその価額の合
計額が5,000万円を超えるものを有する居住者（非永住者を除く[8]。）は、
その国外財産の種類、数量及び価額その他必要な事項を記載した国外
財産調書を、その年の翌年の3月15日までに、税務署長に提出しなけ
ればならないとするものである（国外送金法5①）。

　なお、この調書はあくまでも自己申告に基づくものであることから、
適正な提出を促すための措置が講じられている（国外送金法6）。具
体的には、国外財産調書を提出期限内に提出した場合には、国外財産
調書に記載がある国外財産に関する所得税又は相続税の申告漏れが生
じたときであっても、その国外財産に関する申告漏れに係る部分の過
少申告加算税等が、5％軽減される。他方、国外財産調書の提出が提
出期限内にない場合又は提出期限内に提出された国外財産調書に記載
すべき国外財産の記載がない場合に、その国外財産に関する所得税の
申告漏れが生じたときは、その国外財産に関する申告漏れに係る部分
の過少申告加算税等が、5％加重される。

　国外財産調書の詳細については、本章**1-1.**を参照されたい。

②　財産債務調書

　財産債務調書は、従前の財産債務明細書では、その保有財産の記載

8　非永住者が除かれているのは、その課税範囲が国内源泉所得及び国外源泉所得で国
内において支払われ、又は国外から送金されたものに限られているためと説明されて
いる（『平成24年版改正税法のすべて』619頁（大蔵財務協会2012））。

199

第3章 ▶▶▶ 情　報

内容が概括的である上、金額等の記載がないものも多く、税務当局において申告内容の検証に活用するには不十分であったこと等の課題があったことから、平成27年度改正で創設され、平成29年1月より実施されているものである。具体的には、所得税の確定申告書を提出すべき者で、その年分の退職所得を除く各種所得金額の合計額が2,000万円を超え、かつ、その年の12月31日において、その価額の合計額が3億円以上の財産又はその価額の合計額が1億円以上の国外転出特例対象財産を有する場合には、その財産の種類、数量及び価額並びに債務の金額その他必要な事項を記載した財産債務調書を、その年の翌年の3月15日までに、税務署長に提出しなければならないとされている（国外送金法6の2①）。

　なお、国外財産調書における加減措置と同様に、適正な提出を促すための措置が講じられている（国外送金法6の3）。

　財産債務調書の詳細については、本章**1-2.**を参照されたい。

⑵　法定調書に対する質問検査権―法定監査

　支払調書の提出義務等が適正に履行されることを確保するために税務調査が行われることがあり（通法74の2①一ロ）、通常「法定監査」と呼ばれている。

　同様に、国外送金法に定める調書についても、法令に従い適正に提出されているかどうかを調査するために、質問検査権が付与されている（国外送金法7①②③）[9]。さらに、調書をその提出期限までに提出しなかったり、虚偽の記載があったりした場合等には、1年以下の懲役又は50万円以下の罰金に処する罰則規定も設けられている（国外送金法9）。

　しかし、所得税をはじめとする個別の税目に関する税務調査は強制

9　前掲注8、628頁（大蔵財務協会2012）。

調査ではないと解されているものの（最高裁昭和63年12月20日第三小法廷判決・民集155号477頁）、納税者がこれを拒否・妨害したときには、罰則が課されるにとどまらず、推計課税等の方法により課税処分の目的を達成することも可能であるが（所法156、法法131）、法定監査の場合には、提出義務者がこれを拒否・妨害したときには、罰則が課されるにとどまり、提出義務者が実際に法定調書を提出しない限り、税務当局は資料情報の入手という目的を達成することはできない。ここに、法定調書の適正な提出を確保する上での限界があるといえよう[10]。

(3)　国外送金法に定める情報収集の限界

ここまで、国外送金法に基づく租税情報の把握について概観してきたが、国外送金等調書及び国外証券移管等調書は、実際に資金や有価証券という財産の移動がなければ調書が提出されることはない上に、財産の残高を把握することができない。また、国外財産調書及び財産債務調書は、自己が保有する財産等の適正な申告を担保するための制度であるとはいえ、所詮自己申告であるため、国外の財産を把握するための客観的資料としては証拠能力が弱いといえよう。

さらに、所得を生み出す資産が国外に存在していたり、国外の取引相手との契約による財貨や役務の提供により所得が生じたりしている場合に、税務当局が課税要件事実を確認することは容易ではなかろう。なぜならば、執行管轄権に地理的制約があり、税務当局が外国で質問検査権を行使することは、相手国の同意なしには許されないからである。

かような状況から、国外送金法だけでは、国外の所得や財産を把握するにはおのずと限界があるといえよう。

そこで、租税条約において、我が国と諸外国とがそれぞれ自国の国

10　永井博「国際化における資料情報制度及び情報交換制度の課題」税大論叢34号414頁（1999）。

第3章▶▶▶情　報

内法令の規定を実施するために必要な情報交換が行える旨を定めており、この制度の充実が期待される[11]。具体的には、財務大臣は、租税条約の相手国の税務当局に対し租税情報の提供を行うことができ（実施特例法8の2①）、さらに、相手国からその租税の調査に必要な情報を提供するよう要請があった場合には、その要請において特定されている者に対して質問検査権を行使することができることとされている（実施特例法9①）。

⑷　租税条約等に基づく情報交換

　租税条約等に基づく情報交換には、「要請に基づく情報交換」、「自発的情報交換」及び「自動的情報交換」の3つの類型がある。

　「要請に基づく情報交換」は、個別の納税者に対する調査において、国内で入手できる情報だけでは事実関係を十分に解明できない場合に、必要な情報の収集・提供を外国税務当局に要請するものである。

　「自発的情報交換」は、国際協力等の観点から、自国の納税者に対する調査等の際に入手した情報で外国税務当局にとって有益と認められる情報を自発的に提供するものである。

　「自動的情報交換」は、法定調書から把握した非居住者等への支払等（利子、配当、不動産賃借料、無形資産の使用料、給与・報酬、株式の譲受対価等）についての情報を、支払国の税務当局から受領国の税務当局へ一括して送付するものである。国税庁では、外国税務当局から「自動的情報交換」により提供を受けた利子、配当等に関する情報を申告内容と照合し、海外投資所得や国外財産等について内容を確認する必要があると認められた場合には税務調査を行うなど、効果的

11　我が国が締結した租税条約の情報交換規定については、OECDモデル租税条約26条に基づいている。対象となる情報は、従前は「租税条約の対象である租税」に限定されていたところ、2000年のOECDモデル租税条約改正以後は、「全ての種類の租税」や「全ての種類の国税」に関連する情報に拡大している（川田剛＝徳永匡子『2017年版OECDモデル租税条約コメンタリー逐条解説』693頁（税務研究会2018）。

202

に活用している[12]。

さらに、平成29年1月から、OECDが策定した共通報告基準（CRS：Common Reporting Standard）に従って、各国の税務当局が自国の金融機関に非居住者に係る金融口座情報を報告させ、年1回、これを各国の税務当局間で情報交換する制度が始まり、国税庁は55万件もの海外の口座情報を入手したとの報道がある[13]。海外資産の相続が想定される事案や、海外との取引を行っている個人の税務調査において、これら情報交換の仕組みの活用が期待されている[14]。

2. 外国人労働者を巡る課税実務

ここまでみてきたように、納税者による租税情報の開示義務の範囲が広がってきている中、各国の税務当局による租税情報の交換も緊密化してきており、税務当局における情報の非対称性が薄れてきたといえよう。かような状況で、実務家としては、より踏み込んで国外の所得や資産の把握に努めていくことが必要なことはもちろんであるが、足許の国内源泉所得について、国内法のみならず租税条約の適用の有無も確認したり、国外居住扶養親族の確認をしたりしなければならないことなどから、税務調査で争点になりやすい点が多いのも事実であろう。また、税務上は、在留資格の有無や内容と国内源泉所得該当性

---

12 国税庁「平成29事務年度における租税条約等に基づく情報交換事績の概要」7頁（平成30年1月）によれば、平成29事務年度において、国税庁から外国税務当局に提供した「自動的情報交換」の件数は、約70万5,000件となり、地域別にみると、日本からの利子・配当等の支払が多い欧州・その他の国・地域向けの提供が約半数を占めている。また、外国税務当局から国税庁に提供された「自動的情報交換」の件数は、約12万3,000件となっている。事例として、E国の税務当局から提供された資料をもとに、日本の居住者Fの申告内容を検討したところ、E国のG銀行に預け入れた預金に係る受取利子が日本で申告されていなかったことを把握したケースが紹介されている。

13 平成30年11月1日付け日本経済新聞朝刊。

14 一方で、租税条約に基づく情報交換に関する納税者の権利を争った事件として、東京高裁平成29年10月26日判決（裁判所HP掲載）がある。判例評釈として、青山慶二・TKC税研情報28巻2号52頁（2019）参照。

203

第3章 ▶▶▶ 情　報

とは直接的な関係はないが、それでも在留資格が国内源泉所得該当性の判断基準の1つになり得ることがあること、外国人を不法就労させた場合には雇用者側が罰せられることから、実務上は、在留資格の確認が不可欠といえよう。

そこで、争点になりやすい点のうち、在留資格が影響する事例を挙げて検討してみたい。

(1)　在留資格と国内源泉所得に係る源泉徴収義務の判定―「研修」と「技能実習」

ア　研修生に対する本邦の課税関係

「研修」という在留資格は、外国人が「本邦の公私の機関により受け入れられて行う技能等の習得をする活動」を行うことを目的としており（入管法別表第一の四）、「研修」資格で入国した外国人（以下、便宜上「研修生」という。）は、企業などの現場において、実務研修を受けて技能等を習得することができる。実務研修とは、「商品の生産若しくは販売をする業務又は対価を得て役務の提供を行う業務に従事することにより技能等を修得する研修（商品の生産をする業務に係るものにあっては、生産機器の操作に係る実習（商品を生産する場所とあらかじめ区分された場所又は商品を生産する時間とあらかじめ区分された時間において行われるものを除く。）を含む。）」をいう（入管法第7条第1項第2号の基準を定める省令「法別表第一の四の表の研修の項の下欄に掲げる活動」五）[15]。かような活動から、一見すると労働者と思われるかもしれないが、研修生が行う実務研修の結果が生産の一助となることはあっても労働者として労務を提供するもので

15　研修生を受け入れるケースとして、例えば、一般財団法人海外産業人財育成協会（The Association for Overseas Technical Cooperation and Sustainable Partnerships: AOTS）の受入研修制度を利用したものがある。同協会は、主に開発途上国の産業人材を対象とした研修及び専門家派遣等の技術協力を推進する人材育成機関である。

はないとされている[16]。

したがって、受入企業が研修生に対する滞在費や研修手当等として現金を支給する場合には、これは研修生の日本滞在中の衣食住に係る実費を補填するものとされており、人的役務や労務の対価には当たらないため、税務当局に何らの手続をとることなく、非課税とされる[17]。

イ　技能実習生に対する本邦の課税関係

一方で、「技能実習」は、技能等に習熟するため本邦の公私の機関と雇用契約に基づいて業務に従事することができ（技能実習法2②）、受入機関はその労務の対価として技能実習生に報酬を支払わなければならない[18]。当該報酬は給与所得に該当し（所法28①）、源泉徴収義務に服することとなる。

①　居住者・非居住者の判断

技能実習生に対する報酬は給与所得に該当するため、実務上は、まず当該技能実習生が居住者か非居住者かの判定を行わなければならない。この場合、日本における在留期間が雇用契約等によりあらかじめ1年未満であることが明らかであると認められる場合を除き、国内に

16　前掲注4、161頁。

17　非課税とされる根拠は必ずしも明らかではないが、次のような見解が見受けられる。
　①　「実費弁償的なものであり、人的役務の対価とは認めがたいとして、実務上非課税として扱われる場合もある」（国際税務実務研究会編『国際税務の実務と対策第3巻』5594頁（第一法規加除式）。
　②　大要、研修を通じて経済的交流を促進することを目的としていることから生産活動に従事するものではないこと、役務提供の程度に応じて金額が決められるわけではなく、研修に必要な費用に充てるためであることなどを勘案すると、源泉徴収は必要ない（岡本勝秀＝杉尾充茂『源泉所得税の取扱〔平成7年版〕』768頁（日本税経研究会1995））。
　③　「外国人研修生を受け入れる場合には、入国管理法上、入国事前審査において研修手当等の金額を届け出ることになっており、(i)その支給について合理的な理由があり、かつ、(ii)支給額が生計費の範囲内であれば、その支給を認める」（仲澤幹彦『〔全訂版〕非居住者の税務』353頁（大蔵財務協会1991））。

18　受入機関は、技能実習生に対して支払う報酬額を技能実習計画に記載し（技能実習法8②九）、さらに受入機関として認定されるためには、技能実習生に対する報酬の額が日本人が従事する場合の報酬の額と同等以上であることなどが必要とされている（技能実習法9九）。

205

第3章 ▶▶▶ 情　報

おいて継続して1年以上居住することを通常必要とする職業を有する者に該当するとして、国内に住所を有する者と推定する（所令14①一、所基通3-3）。

②　租税条約の優先適用

次に、居住者又は非居住者のいずれに該当したとしても、当該技能実習生が居住していた国との租税条約を確認しなければならない。国内源泉所得について、租税条約に国内法と異なる定めがある場合には、その条約が優先して適用されるからである（所法162）。

例えば、中国からの技能実習生に給与等を支給する場合には、日中租税条約21条により、日本における課税は免除されている。

日中租税条約21条

専ら教育若しくは訓練を受けるため又は特別の技術的経験を習得するため一方の締約国内に滞在する学生、事業修習者又は研修員であって、現に他方の締約国の居住者であるもの又はその滞在の直前に他方の締約国の居住者であったものがその生計、教育又は訓練のために受け取る給付又は所得については、当該一方の締約国の租税を免除する。

このように租税条約が日本の課税を免除している場合には、当該給与等の支払日の前日までに「租税条約に関する届出書」を所轄税務署長に提出することにより（実施特例省令8①）[19]、租税条約に定める免税規定が適用される（実施特例法3の2②）。

ところが、例えば、ベトナムからの技能実習生の場合には、日越租税条約20条が日本以外から支払われるものに限り免税としていることから、日本で支払われる給与については日本で課税される。

19　租税負担をする納税義務者は、あくまでも中国の技能実習生であって、支払者である日本法人は源泉徴収義務者にすぎない。さらに言えば、税負担軽減の恩恵を受けるのは中国の技能実習生なので、その恩恵を受ける当該技能実習生が「租税条約に関する届出書」にサインをして、支払者である日本法人を経由して税務署長に提出することとされている。

2 ▶▶▶ 外国人労働者を巡る情報・税務調査

> **日越租税条約20条**
>
> 専ら教育又は訓練を受けるため一方の締約国内に滞在する学生又は事業修習者であって、現に他方の締約国の居住者であるもの又はその滞在の直前に他方の締約国の居住者であったものがその生計、教育又は訓練のために受け取る給付については、当該一方の締約国の租税を免除する。ただし、当該給付が当該一方の締約国外から支払われるものである場合に限る。

このように日本に課税権がある場合において、当該技能実習生が居住者に該当するときは、所得税法183条《源泉徴収義務》1項に基づいて源泉徴収を行い、当該技能実習生が非居住者に該当するときは、所得税法212条《源泉徴収義務》1項に基づいて源泉徴収を行うこととなる。

かようにみてくると、技能実習生が居住者であった国との租税条約の適用関係によって、日本における課税関係が異なってくるため、必ず租税条約の確認が必要となるのである。

③ 在留資格と異なる活動による所得

このように技能実習生が獲得する所得については、租税条約による免税規定の適用を受けることができる場合もあるのであるが、こうした場合でも在留資格の基準に適合した活動かどうかという確認が必要と考えられる。

国税不服審判所平成21年3月24日裁決（裁決事例集77号232頁）は、大要、日中租税条約21条の事業修習者等は、在留資格をもって日本に滞在している者であり、許可された在留資格に応じたそれぞれの活動を行うことができるのであるから、技術等の修得をする活動を行う「研修」[20]などの資格を持った者はその在留資格の基準に適合す

---

20 在留資格「技能研修」が創設されたのは平成22年からである。本事例は、平成18年6月〜平成20年1月の各月分の源泉徴収に係る所得税の各納税告知処分に係るもので、当時の技能研修は、「研修」という在留資格のもとに行われていた。

第3章 ▶▶▶ 情　報

る活動を行わなければならず、たとえ、在留を許可され滞在している者であっても、在留資格の基準に適合しないような活動を行っている者にあっては、日中租税条約21条に規定する事業修習者等には該当しないと判断した。

その結果、本件では、日中租税条約による免税を認めず、源泉徴収税額の納税告知処分が適法とされた。

④　租税条約に関する届出書の提出を失念した場合

実務では、租税条約の適用の検討を失念し、結果として租税条約に関する届出書を提出せずに、事後の税務調査で源泉徴収漏れを指摘されるケースが散見される。

このように源泉徴収漏れを指摘された場合には、いったん国内法に定める20.42%の税率を適用して源泉所得税を納付する（所法164②二、169、170、212①、213①一、復興財源確保法9①、13）。

しかし、後日、届出書とともに「租税条約に関する源泉徴収税額の還付請求書」（以下「還付請求書」という。）を、当該給与等の支払者を通じて、その納税地の所轄税務署長へ提出することで、租税条約の適用を受けた場合の源泉徴収税額と、国内法の規定による税率による源泉徴収税額との差額について、還付を請求することができる（実施特例法省令2⑧⑨）。なお、本税部分についてはこの請求をすることで還付を受けることができるが、加算税等の附帯税については還付されない。

また、還付請求書の提出期限は特に定められていないが、納付日から5年の間に請求しないと、時効により請求権が消滅することとなるため（通法72①）、早めの対応が必要といえよう。

⑵　在留資格と異なる活動による国内源泉所得該当性—「興行」

ア　芸能人の役務提供を主たる内容とする事業の認定

所得税法は、国内源泉所得の1つとして、「国内において映画若しくは演劇の俳優、音楽家その他の芸能人又は職業運動家の役務の提供

を主たる内容とする事業を行う者が受ける人的役務の提供に係る対価」を定めている（所法161①六、所令282一）。

　ここで、外国法人から「興行」の在留資格を得た外国芸能人の紹介を受け、これを国内の飲食店にホステスとしてあっせんするに当たって、当該外国法人に支払われた紹介手数料が「その他の芸能人の役務の提供を主たる内容とする事業」として国内源泉所得に該当するか否かについて、新潟地裁平成14年6月7日判決（税資252号順号9131）を素材に検討してみたい[21]。

　この事件で課税庁は、仮に外国芸能人の勤務実態がホステスであるとの事実があったとしても、あくまで外国法人は本邦で芸能活動を行わせるため、名実ともに芸能人である外国人を出国させたのであり、興行の在留資格で入国した当該芸能人を、飲食店にてホステスとして勤務させただけであると主張した。これに対し、新潟地裁は、実態として、原告は本邦飲食店においてホステスとして勤務する外国芸能人を本国（フィリピン及びインドネシア）から出国させることの対価として手数料を支払っており、このことについて外国法人と合意していた上に、さらに、外国芸能人は「興行」の在留資格を取得しているが、これは本国での出国の規制や入管法に定める本邦での在留資格の規制を潜脱するために形式的に整えたにすぎず、実際に芸能活動が行われたことはないとして、課税庁の主張を排斥した。

　すなわち、そもそも入管法ではホステスとしての在留資格は認められていないことから、外国法人と原告とが共謀してその規制を潜脱するために芸能人としての体裁を整えて入管法上の手続を行い、「興行」の在留資格を取得できるよう企図したものにすぎず、芸能人を派遣したことにはならないため「その他の芸能人の役務の提供を主たる内容とする事業」には該当せず、原告会社に源泉徴収義務はないと判示し

21　判例評釈として、本庄資・ジュリ1247巻174頁（2003）、高山政信・税務事例36巻1号16頁（2004）を参照。

第3章 ▶▶▶ 情　報

たのである。

イ　「ホステス」「芸能人」の定義

　上記判決では、「ホステス」や「芸能人」の定義付けをすることなく、ホステスは芸能人に当たらないと判断しているように見受けられるが、所得税法においても、非居住者又は外国法人の国内源泉所得に関連する規定においては、これらの用語の定義付けをしていない。しいて言えば、居住者に対する報酬・料金等の支払の際の源泉徴収義務を規定している所得税法204条《源泉徴収義務》において、ホステスとは「キャバレー、ナイトクラブ、バーその他これらに類する施設でフロアにおいて客にダンスをさせ又は客に接待をして遊興若しくは飲食をさせるものにおいて客に侍してその接待をすることを業務とする」者をいうとしており、同条の委任を受けた所得税法施行令320条《報酬、料金、契約金又は賞金に係る源泉徴収》5項では、芸能人とは「映画若しくは演劇の俳優、映画監督若しくは舞台監督（プロジューサーを含む。）、演出家、放送演技者、音楽指揮者、楽士、舞踊家、講談師、落語家、浪曲師、漫談家、漫才家、腹話術師、歌手、奇術師、曲芸師又は物まね師」としている。

　仮に、これらの定義も同じ所得税法で用いられていることから同義に解するとすれば、「ホステス」と「芸能人」は異なるため、ホステスのあっせんは「その他の芸能人の役務の提供を主たる内容とする事業」には該当しないといえよう。

ウ　租税条約に定める事業所得該当性

　次に、租税条約の規定を確認する。日本とフィリピン及びインドネシアとの租税条約において、外国法人が日本国内に恒久的施設を有しない限り、当該外国法人の事業所得は日本では課税されないとされている（日比租税条約7①、日尼租税条約7①）。なお、俳優その他の芸能人が芸能人としての活動によって取得する所得に対しては、日本で課税できるが（日比租税条約17①、日尼租税条約17①）、外国法

2 ▶▶▶ 外国人労働者を巡る情報・税務調査

人が取得する紹介手数料がこれには該当しないことは明らかである。

上記判決では、租税条約の適用についての検討がなされていないが、その紹介手数料が事業所得に該当し、本件の外国法人が日本に恒久的施設を有していないことから、日本が課税権を有しないという判断も可能であったと思われる。

エ 小 括

本判決及び先述した国税不服審判所平成21年3月24日裁決から得られる実務上の留意点として、外国人が有する在留資格で認められた範囲内の活動か否か、さらにはその活動実態を丁寧に確認した上で、そこから得られた所得の国内源泉所得該当性について国内法及び租税条約に照らして判断するという手続を踏むことが必要といえよう。

⑶ 国外居住親族に係る扶養控除等[22]の適用

ア 概 要

扶養親族とは、居住者の親族等でその居住者と生計を一にするもののうち、合計所得金額が38万円以下である者をいい（所法2①三十四）、その親族等が国内にいるか国外にいるかは問われない。また、必ずしも同居している必要はなく、勤務や修学の余暇に他の親族の下で起居を共にすることを常例としている場合や、親族間において、常に生活費、学資金、療養費等の送金が行われている場合には、「生計を一にする」ものとされている（所基通2-47）。

外国人労働者で居住者に該当する者が控除対象扶養親族（扶養親族のうち16歳以上の者）を有する場合には、年末調整や所得税の確

---

22 配偶者控除（所法83）、障害者控除（所法79）、配偶者特別控除（所法83の2）を含む。なお、一夫多妻制の下で多数の配偶者を有する場合に、当該配偶者の人数分の配偶者控除を受けることができるかという問題があるが、配偶者控除の課税要件は「配偶者を有する場合」で、その法律効果は「38万円（又は26万円・13万円）」を控除するとされているにすぎないので、複数の配偶者を有していたとしても、控除額は変わらないこととなる。この点、扶養控除が「控除対象扶養親族一人につき38万円」と規定されているのとは異なる（酒井克彦『レクチャー租税法解釈入門』36頁（弘文堂2015）参照）。

211 ━━┨

第3章 ▶▶▶ 情　　報

定申告で扶養控除の適用を受けることとなる（所法84）。ところが、申告した年における控除対象扶養親族の生存の有無及び住所を確認できなかったり、送金の事実を確認できなかったりして、控除対象扶養親族の適用要件を満たしているかどうかについて十分な確認ができない状況にあった。また、国外扶養親族に係る扶養控除の適用額と比較して、国外扶養親族への送金額が相当下回っており、担税力が減殺された分を相当上回る扶養控除の適用額になっていると思料される者も多数見受けられた[23]。こうした背景には、外国人労働者の増加や外国人を配偶者とする国際結婚の増加等により、国外に居住している親族を扶養親族等の対象とするケースが増えてきていることが挙げられる。

　そこで、平成27年度税制改正により、国外居住親族に係る扶養控除等の適用に当たり、「親族関係書類」及び「送金関係書類」（これらの書類が外国語で作成されている場合には、その翻訳文を含む。）を源泉徴収義務者に提出し、又は提示することとされた（所法194④）。

イ　提出又は提示する書類

「親族関係書類」とは、次の①又は②のいずれかの書類で、国外居住親族が居住者の親族であることを証するものをいう。

① 　戸籍の附票の写しその他の国又は地方公共団体が発行した書類及び国外居住親族の旅券（パスポート）の写し

② 　外国政府又は外国の地方公共団体（以下「外国政府等」という。）が発行した書類（国外居住親族の氏名、生年月日及び住所又は居所の記載があるものに限る。）

　なお、1つの書類だけでは国外居住親族が居住者の親族であることを証明することができない場合には、複数の書類を組み合わせること

23　『平成27年度版改正税法のすべて』130頁（大蔵財務協会2015）。

により、居住者の親族であることを明らかにする必要がある。

また、「送金関係書類」とは、次の書類で、居住者がその年におい
て国外居住親族の生活費又は教育費に充てるための支払を必要の都
度、各人に行ったことを明らかにするものをいう。

① 金融機関の書類又はその写しで、その金融機関が行う為替取引
により居住者から国外居住親族に支払をしたことを明らかにする
書類

② いわゆるクレジットカード発行会社の書類又はその写しで、
国外居住親族がそのクレジットカード発行会社が交付したカー
ドを提示してその国外居住親族が商品等を購入したこと等によ
り、その商品等の購入等の代金に相当する額の金銭をその居住
者から受領した、又は受領することとなることを明らかにする
書類

なお、送金関係書類については、扶養控除等を適用する年に送金等
を行った全ての書類を提出又は提示する必要がある。

ウ 個人番号 (いわゆるマイナンバー)

平成25年5月に施行された「行政手続における特定の個人を識別
するための番号の利用等に関する法律」に基づくいわゆるマイナン
バー制度が導入されているが、一定の外国人にも個人番号が付与され
る。具体的には、在留資格を得て中長期在留者[24]となった外国人は
その住居地[25]を届け出ることとされており（入管法19の7①）、住民
基本台帳に登録され、個人番号が付与される（番号法7①）。

これを受けて、平成28年1月以後、扶養控除等申告書や確定申告

---

24 中長期在留者とは、本邦に在留資格を持って在留する外国人のうち、次に掲げる者
以外の者をいう（入管法19の3）。①3か月以下の在留期間が決定された者、②短期
滞在の在留資格が決定された者、③外交又は公用の在留資格が決定された者、④これ
らに準ずる者として法務省令で定めるもの。

25 住居地とは、本邦における主たる住居の所在地をいうが（入管法19の4①二）、住
民基本台帳法が求める住所と同じになると考えられている（前掲注4、111頁）。

213

第3章 ▶▶▶ 情　報

書にも個人番号の記載が義務付けられている（所法194①三、四、五、195①二、所規47一、十八、十九等）。しかし、国外に居住する扶養親族については個人番号がないため、空欄で提出することになる。なお、扶養控除等申告書には、非居住者である親族である旨及び生計を一にする事実としてその年に国外居住親族へ送金等をした金額の合計額を記載することとされている。

結びに代えて

　外国人労働者を採用しようとすると、在留資格をはじめ、就労制限の有無や在留期間などの様々なポイントを確認しなければならない。とりわけ税務の観点からは、在留資格で定められた活動を行った上での所得なのか、その所得について相手国との租税条約の適用関係、国外居住扶養親族がいる場合の必要書類の確認など、多くの検討項目がある。これらの項目は、今後外国人労働者の増加が見込まれる中、租税の実務家としては、適正な納税義務を実現できるよう確実に押さえておきたいポイントである。

　なお、仮想通貨の基礎となる技術として台頭するブロックチェーンによる国際送金や証券決済が普及するのではないかとみられているが[26]、国外送金等調書や国外証券移管等調書制度、さらにはCRSに基づく金融口座情報の自動的交換のための制度のいずれも仮想通貨や仮想通貨交換業者を対象としていないことから、これを対象とすべきという指摘がある[27]。

　課税要件事実の把握という視点から、このようにして獲得した所得に関する情報をいかに得るかは、今後の課題といえよう。

〔多賀谷　博康〕

26　中島真志『After Bitcoin仮想通貨とブロックチェーンの次なる覇者』223頁（新潮社2017）。

27　安河内誠「仮想通貨の税務上の取扱い―現状と課題―」税大論叢88号438頁（2017）。

第4章

対　談
「外国人納税者の実際の状況」

《参加者》
酒井　克彦（アコード租税総合研究所所長・中央大学教授）
成田　元男（米国税理士）

《対談日》
令和元年6月18日㈫

第4章 ▶▶▶ 対　談

●はじめに

酒井：本日は、とてもお忙しい中、お時間をいただきありがとうございます。

　対談に先立ち、まずは成田先生について簡単にご紹介をしたいと思います。成田先生は、現在、米国税理士として、アメリカ人の確定申告や、日本人のアメリカにおける税務申告をされるなど、多方面でご活躍されております。本日は、先生のお話から様々な示唆を得たいと考え、お忙しいところを承知でお願いいたしました。

　最近、「出入国管理及び難民認定法」の改正がありましたが、もちろんそれ以前から、多くの外国人が日本に来て、生活していたわけです。今回の入管法の改正により、更に多くの外国人が日本に居住するようになると予想されており、社会経済的にも非常にインパクトがあると同時に、税務の面においても、いろいろと影響を及ぼすのではないかと思われます。

　さて、日本の税法というのは、基本的に、国籍ではなく、我が国の居住者であるか非居住者であるかに分けて考える仕組みをとっております。国籍で分けるというのは、基本スタイルの中には入って来ないわけですね。

　そうすると、例えば、非居住者である外国人からアパートを借りる場合、借主が、その大家である外国人が日本の居住者なのか、あるいは、非居住者なのかというのを判定して、非居住者に該当するときには、源泉徴収しなければならなかったりするんですね。

　これから外国人がどんどん入ってきて、マンションなどの不動産を所有するケースも増えると思いますが、果たして借主が適切に源泉徴収できるだろうかといったことが問題となると思われます。そうすると、税理士が適切なアドバイスをしてあげないといけないことになるでしょうね。

　したがって、税理士は、「私は

▶▶▶「外国人納税者の実際の状況」

国内が専門ですから、外国人に関するご相談については受け付けておりません」なんて言っていられなくて、想像以上に外国人を念頭に置いた税務上の扱いというものを意識しなきゃいけないのかなと思うんですね。

●アメリカの内国歳入庁の取組み

酒井：そこで、まずは外国の状況から教えていただけますか。IRS（アメリカの内国歳入庁：Internal Revenue Service）などはどういった対応をしているのでしょうか。

成田：IRSは、日本の国税庁と比べると、国際的な対応というのはかなり進んでいるというように思います。

　まず、特に最近の特徴なんですけれども、ヒスパニック系の納税者が非常に多いので、そもそも英語がほとんどできないというような納税者がアメリカにはたくさんいます。特に南部の辺りとかですね。そういった人も重要な納税者なので、やっぱりちゃんと申告してもらわないといけないと。ご存じのようにアメリカは年末調整制度がありませんので、納税者がみんな確定申告しなきゃいけないということで、それを前提とした体制はある程度、構築されていると思います。

　具体的には、IRSはインターネットによる情報がやはり圧倒的に多いんですけれども、ウェブサイトとか、あるいはYouTubeとか、Twitterとか、そういったSNSを通じて情報提供をしています。特にスペイン語による情報に関しては、ものすごく充実していまして、私のイメージでは、英語の情報とほぼ同レベルのものが、スペイン語でも提供されていますね。例えば、TwitterやYouTubeはスペイン語でも発信しています。それはもう日本とはだいぶ違うかなと思います。

　あと、IRSが重要だと認定している言語というのが、英語も含めて6か国語あります。もちろん、スペイン語は入っています。実は、アジアの言語の中でなぜか韓国語とベトナム語が入っているのですが、日本語は入っていないんです。

酒井：入っていないんですか？

成田：入っていないんですよ。なので、例えば、IRSの、日本で言うと「税の手引」のようなパブリケーションという出版物があるんですけれども、

217

第**4**章 ▶▶▶ 対　談

　重要なものは6か国語で出版されているんですね。ですけれども、日本
語版はないんですね、残念ながら。

　それはさておき、マルチナショナルな言語の対応というのは、少なく
とも日本に比べればかなり進んでいると思いますね。

　次に申告実務についてみると、アメリカは昔は移民の国でしたから、
そもそも移民のマーケットというのがやっぱり大きいわけです。そこが
いろんな分野で、もう既にビジネスになるレベルになっています。例え
ば、税の世界で何が起きているかというと、インド人であるとか、チャ
イニーズとか、あるいはジャパニーズの人たちの税を専門に見る専門家
というのが結構います。

　特に、インドとか、チャイニーズについては非常に多いですね。あと、
日本人もやはり大きなマーケットなので、それなりにやはり多いですね。
日本人の多く住んでいるエリアや、例えば、ニューヨークとか、ロサン
ゼルス、そういったところの納税者を顧客とする日本人のU.S.CPAな
どの方々は結構いらっしゃいますね。

　そういう方々は、現地の情報も分かるし、あと何よりも日本語でコミュ
ニケートできるということで、日本人の駐在員たちがそういった専門家
を利用されています。

　アメリカの場合は、こうした専門家によるサービスが充実していると
思いますが、日本ではそれが少ないような気がします。

　例えば、日本に駐在しているエグゼクティブの人たちが、日本で確定
申告をする場合、以前はどうしていたかというと、それこそビッグ4の
ような大きな会計事務所で、そのための専門部署があって、高いフィー
を取って申告代理をしていたのですが、現在はそういうことはもうやら
ないところが増えてしまっている。

　だから、アメリカと日本とでは、専門的サービスの提供者という意味
でも、ちょっと差がある気がします。

酒井：要するに、アメリカでは、行政側も、民間側（専門家）も両方でそ
　ういったニーズに対する対応がある程度できるような仕組みが機能して
　いるんですね。

成田：そうですね。アメリカについてはそう言っていいと思います。

── 218

▶▶▶「外国人納税者の実際の状況」

●日本の現状と課題

酒井：アメリカについては、その背景に多民族国家であるということが
あるのかもしれません。これから日本がコスモポリタンになっていく
と——東京はもうなってきているのかもしれませんが——変わってい
くのでしょうか。いずれにしても、アメリカに比べると、現状としては、
やっぱりお寒い状況というようなイメージでしょうか。

成田：率直に言って、お寒いと思います。というのも、今回、私をこの対
談に呼んでいただいたのも、ある程度そういった経験があるからだと思
います。私は本来、米国税理士なのに、なぜそういった経験があるかと
いうと、1つには、アメリカ人は、日本に住んでいても全世界所得課税
なので、アメリカに確定申告しなければいけないというのはありますけ
れども、それとは全く違う次元で、日本の税理士の方からSOSされる
ことが結構あるのです。いくつかの理由がありますけれども、大きいの
は、まず英語対応の問題。日本の税法は分かるけれども英語はできない、
ということがあります。ある意味、通訳的に手伝って欲しいという要望
が、大きなところであるかと思います。

　そのように通訳的な形でお手伝いすると、その中で、英語だけの問題
ではないな、と感じることも頻繁にあります。税務当局と日本の税理士、
どちらも、英語の問題はもちろん大きいのですが、それだけの問題では
なくて、外国人や国際的な取引に対応するということ自体に慣れていな
いな、ということをものすごく感じます。

　その意味では、外国人を十分にサポートする体制が、当局においても、
あるいは専門家においても、できていないのではないかと私は感じてい
ます。

酒井：それは、やはりこれまであまり経験がなかった、ニーズがなかった
ということがあるのかもしれませんね。ただ、今後はこれまで以上に外
国人が入国してくることが予想されますので、ちょっと心配ですよね。

　少し整理をすると、まずは行政側の対応についていえば、行政窓口も
実は英語が堪能な人がそんなにいなくて、それではたぶん納税者も困る
ことになると思うんですよね。また、ホームページを見ても、一応英語

219

第4章 ▶▶▶ 対　談

表記はあるんですが、一部にとどまっていますね。

成田：ごく一部です。

酒井：ごく一部に英語表記があるというだけで、他の言語はない。中国人がいっぱいいるのに、中国語もない。そういう意味では、アメリカの行政から学ぶことは多いですね。

　カナダでは、半分フランス語で行政の案内が表記されたりしていますし、その国々の実情に応じた言語対応というのがあると思います。全員確定申告者なので、マイノリティを切り捨てるわけにはいきません。そこのインフラ整備をしなければいけないのは間違いないですね。

　翻って日本をみると、実際に対応できる税理士さんが少ないという問題もある。当局もさることながら、税理士さんも少ないという、だから先生もそういう通訳的な仕事をよくされるんですね。

成田：そうですね。そう思います。逆に言えば、そういう専門家は少ないので、語学ができる税理士の方には、非常に大きなチャンスなのではないか、と思っております。

　私は、税務調査の立ち合いなどでも、「クライアントとの通訳をしてほしい」と言われてやったことがあります。これは、私としてはビジネスにはなりますけれども、日本の税理士で英語が堪能な方であれば、それで十分済む話なので、それができていないというのが現状なのかなと思います。

　おそらく、そういうことができる人材は、ビッグ4など、大きい組織には多くおられるのかもしれないですけれども、チャージがかなり高いでしょうし、また個人の方の案件に対応するということが、大きな組織では、きっと難しいのでしょうね。

　そうすると、誰が対応すべきかということになると、やはり普通の税理士さんに求められるのではないかと思います。

●外国人納税者の特徴

酒井：それでは次に、実際に、税理士や公認会計士が、海外から来た、不慣れな外国人納税者に対して対応するときに、語学の壁を乗り越えたとしても、ほかにどういう問題があるのか考えてみたいと思います。

220

▶▶▶「外国人納税者の実際の状況」

　　そもそも、外国人納税者にはどのような特徴があるのでしょうか。そういうところからお聞かせいただけますか。

成田：外国人の税務で難しい面があるのは、行政と専門家がそれに慣れていないというところもありますけれども、まさに納税者側にも問題があると思います。何かというと、外国人納税者がそもそも日本のことを分かっていないということですね。これは、外国人ですから、ある意味当然といえば当然のことかもしれません。そもそも、日本の税法を外国人は基本的に何も知りませんので、そこのところで最初から食い違いが出てくるというところがあります。

　　例えば、先ほど先生が言われた、居住者・非居住者で扱いが違うこととか。あと、私が一番現場で感じているのは、居住者に対する全世界所得課税ですね。これを知らない納税者がたくさんいます。もう、本当に基本的なところなのですけれど、知らない。なので、私が実際にお手伝いした案件の中で、一番問題が多いのは、外国人の方が日本で働いているのですが、本国で例えば自宅を貸していて、その不動産所得を申告していないというようなケースですね。本来入れなければいけないと知らなくて、それを当局が知るようになり、「ちゃんと申告してください」と言われて、慌てて相談に来るとか。

　　そもそも、日本の税法のことを本当に知らないという方が多いので、そこをまず最初にきちんと説明してあげる必要があると思いますね。

酒井：今私が取り組んでいることの1つに、日本の納税者は果たして十分な租税リテラシーを持っているのかという問題がありますが、それどころの話じゃないですね。外国人ですから、全く知らないわけですものね。何で日本人じゃないのに、日本で課税されるのか。そこで、もういきなり無申告加算税みたいなペナルティを課せられたりとかするわけですし。制度に関する十分な情報も取れない。あるいは、その取り方も分からない。

　　まず、日本に入国する人みんなに、入管のときに税金の説明をきちんと受けてから入ってくるみたいな仕組み。それを受けないと入国できないみたいな。そういった仕組みが必要かもしれません。

　　コンビニエンスストアでは、採用する外国人に対して入国前に現地

221

第**4**章 ▶▶▶ 対　談

で、日本のお店で働けるようにレジ打ちや日本風の接客のトレーニング
を行ったりしていますが、消費税の段階税率適用の場面で、「これは店
内で食べますか、テイクアウェイですか」という質問をテキパキしなく
てはいけないなどという新たなハードルもできますので、入国準備がよ
り大変になりますね。

成田：本当にそうですね。税金のこととか、あと健康診断もですね。あら
かじめ問題ないかをチェックしてから、日本に入ってきてもらいたいと
思っています。

酒井：そういう基本的ルールを知らないということにより、これからどん
どん問題が発生してくるように思います。これは架空の話ですけれど、
1年以上居住している人を片っ端から調査してみたら、全員無申告だっ
たなんてケースもあるかもしれません。東京ですと、東京国税局の資料
調査課というところが外国人担当なのですが、一斉に調査をしてみたら、
その業界全員が一網打尽みたいなことが普通に起こるのではないかなと
思います。

成田：自分がもし当局の立場であったら、それを考えますね。

酒井：そうですよね。もともと日本人は比較的コンプライアンスが高いと
思いますが、外国人については、もちろん全ての人ではないのですが、
国の風土によっては遵法精神的なものに関していささか不安もあります
しね。そういう意味では、本当に外国人労働者に対する問題は無視でき
ません。入管法改正のインパクトは大きいだろうなと思いますね。

　ここで、お話を少し整理してみましょう。日本の現状についてみると、
まずは当局の情報の出し方にちょっと課題があるといえそうです。また、
それをサポートする専門家も十分に育っていないし、あるいは、まだ発
展途上で、数も少ないということがある。

　そして、外国人納税者の側も、日本のことを何も知らないで入ってき
て、所得課税自体も分かっていないというわけです。そうすると、これ
ではもう目も当てられないということになりそうですが、それでも諦め
るわけにはいかないので、どうにか良くしていかなければいけないので
すが。

222

▶▶▶「外国人納税者の実際の状況」

●納税者の情報

酒井：そんな中で、少し最初にお話ししたとおり、日本には源泉徴収制度があるので、働いても一応会社側が徴収してくれれば、年末調整も勝手にやるし、日本の場合は、アメリカの皆確定申告制度、Form 1040（〔注〕1040：個人所得税（通年居住者）、1040NR：同（非居住者）などのことをいう。）みたいな感じではないので、ある程度はこぼれても、相当程度、源泉徴収や年末調整で防ぐことができるのではないかといえそうです。それでも日本に来た外国人がインターネットですごく稼ぐとか、仮想通貨で稼ぐというのがあるかもしれませんが、そうすると、日本の情報、税務行政が行っている情報の取り方の問題とかも出てくると思うんですね。特にアメリカのことをお尋ねしたいのですが、アメリカではいろんな情報を、法定調書みたいなものの情報を取るような仕組みを作っていますよね。

成田：ええ、あります。

酒井：日本はその点、まだまだ十分ではないような気がするんです。例えば、FATCA（Foreign Account Tax Compliance Act：外国口座税務コンプライアンス法）という制度がありますが、それにより、アメリカの税務当局は、どんどん外国の金融機関の情報を取ることができるんですね。これは、すごいなと思いますけれど。国際的な脱税や租税回避を防ぐために、約100か国・地域の税務当局が金融口座の情報交換を行うCRS（Common Reporting Standard：共通報告基準）が効果を示し始めたとは報道されているようですが（令和元年7月3日付け日本経済新聞）、それでも、まだまだ、日本の場合はその辺りが手薄だという感じはしませんでしょうか。

成田：はい。そうですね。アメリカの場合は、FATCAの絡みで言いますと、FATCAと、さらにFBAR（Report of Foreign Bank and Financial Accounts）といわれる、同じような規制があります。例えば、外国銀行に一定の金額以上の預金を持っていたら、何銀行の口座にいくらあるかを全部申告しなさいというものです。例えば、日本に住んでいるアメリカ人ですと、日本で生活しているわけですから当然、多くの人が日本

223

第4章 ▶▶▶ 対　談

成田元男米国税理士

の銀行に口座を作るわけですね。その残高を日本円に換算したら、約100万円（1万ドル）となった場合には、それは外国口座だから、米当局に申告しなさい、ということをやっているわけです。

　生活しているのですから、そのぐらいの口座残高があるのは当たり前だろうと思いますし、本来の制度趣旨に合ったことなのかと疑問に感じます。本来は、マネーロンダリングなどを防ぐことを目的としたもので、ちょっとやり過ぎではないかという気がするのですが、こうした金融に関する情報に関しては、アメリカは本当に厳しくやっていると思いますね。

　あと、アメリカでは、銀行口座を開くには、基本的にSSN（Social Security number：社会保障番号）が必要です。そうすると、日本で言えばマイナンバーに当たるものと銀行の口座番号がひも付いていることになるので、情報を取りやすいという部分はあると思いますね。

　背景として、日本の場合は、銀行の利子所得は源泉分離課税ですけれど、アメリカは利子所得も総合課税ですので、普通のサラリーマンの人も、例えば利子がちょっと付いただけの所得があっても、毎年年明けに銀行からForm1099-INTという様式（日本でいう「支払調書」）が送られてきて、それに基づいてForm1040で4月までに確定申告する、というサイクルになるわけですね。

酒井：アメリカの場合でいうと、アメリカでは、連邦最高裁判所（Cook v. Tait, 265 U.S. 47,56 (1924).）が、課税権は政府が市民及びその所有する財産に対して利益を与えているという前提に立っていて、課税権の基礎を合衆国の中にあるか外にあるかということに依存するのではなく、アメリカ市民は国内に居住地を有するとされるであろうし、そこから所得を生ずるような財産には課税上の地位が認められると肯定している市民権課税というような、日本の全世界所得課税よりももっと強力ではないかと思いますが。そうすると、それはそれで、例えばアメリカ人

▶▶▶「外国人納税者の実際の状況」

が日本に来ていても、IRSは銀行情報に限られるかもしれませんけれども、そういう情報は取れるというわけですね。

成田：取れますね。

酒井：だから、それで一応、アメリカ人が海外に行っても、その情報も取れているし、ある程度確定申告を補強するような手当てができているといえそうですね。

成田：はい、そうです。

酒井：ところが、先ほどの話に戻ると、日本の場合は、外国人が日本に来て、その人が居住者になったとしても、その国の情報を日本の税務当局が取れないので、そうすると、結果的に申告納税制度の申告水準が相当下がってしまうのではないかという懸念があるんですよね。

　言ってみれば、日本の国内に住んでいる日本国民がみんな適正な申告をしているのに対して、居住者である外国人はほとんどまともな申告をしていない。そういう意味での公平性も問題になります。外国人納税者と日本の納税者との間の公平性というのは、コンプライアンスにも関わる非常に重要な問題だと思います。

　先ほど、成田先生がおっしゃったように、本国での情報の取得についてはジュリスダクション（Jurisdiction：管轄権）の問題がありますから、強制調査もできませんし、反面調査なんか実際にできないわけです。

　訴訟法の世界では、「証拠との距離」なんていう言葉を使うんですけれど、挙証責任がアメリカの場合は、基本的には納税者側にあると一般にいわれています。これに対して日本の場合は、法律要件分類説が一応通説とされていますので挙証責任が行政側にある、課税する方にあるといわれていますね。そうすると、居住者である外国人納税者が、例えば、「実は本国は南アフリカです」と言った瞬間に、情報を入手できない、もう手も足も出ないという状況が今あるわけですよね。

　そうすると、外国の税務当局との間に情報の連絡をしっかりと取れるような体制を整えていかないと、日本人の納税者だけが割を食うみたいな事態になりかねないのではないかというおそれがあります。

成田：本当におっしゃるとおりだと思いますね。

酒井：ちなみに、所得税を考えると、ここまでは課税の問題を見てきまし

225

第4章 ▶▶▶ 対　談

たが、それとは別に控除の問題もあると思うんです。海外に家族がいて、本人だけが日本にやって来て、その人が居住者になると、配偶者控除とか、医療控除等を受けることができるわけですね。所得税法83条《配偶者控除》の条文には「居住者が」と書いてあります。

　そうすると、例えば、本人が「本国に娘がいる、息子がいる」と言っても、実際のところはなかなか分からないですよね。証拠との距離という問題がありますから。

成田：そうですね。まさに、ご指摘の点は大きな問題であったので、ご存じだと思いますけれど、2年ぐらい前ですか。

酒井：そうですね。平成29年です。

成田：親族である証拠と、送金の記録を送らないと控除できないことになりましたね。それは、一歩前進かなという気はしますね。

　これについて、私は感じたことがあります。例えば途上国から来ていて、扶養親族が20人いるみたいな申告をしていた人たちのために、例えば欧米から来ていて、本当に本国に家族がいて、生活費などを送っていた人が面倒なことになってしまっているのです。私は、以前、属していたACCJ（The American Chamber of Commerce in Japan：在日米国商工会議所）でクレームというか、不満として聞いたことがあります。

　また、そこで、いかにも日本的だなと思うのが、控除を認める条件として、送金の場合、ジョイントアカウントは駄目なのですね。共有名義だと。例えばアメリカでは、ジョイント口座は当たり前になっていますけれど、日本ではジョイントアカウントが駄目ということがまず1つありますね。

　あと、それから、扶養される配偶者と子どもについて、1人ひとり別々の口座に送らなければいけないということもあります。

酒井：それは面倒ですね。

成田：ええ。例えば、奥さんの口座に奥さんの分と子どもの分とを送ったら、控除できるのは奥さんの分だけなんですよ。それで、口座を1人ひとり作れというのです。無駄のような気もしますが、控除を受けたいと思ったら、そうしなければいけないのですね。

　あと、さらにその手前の段階では、日本では、銀行というものが重視

226

▶▶▶「外国人納税者の実際の状況」

されていて、銀行口座があることを前提として考えておりますけれど、世界的にみると銀行システムが発達していない国はたくさんあります。

酒井：それはおっしゃるとおりですね。

成田：その国の地元の銀行に送金しても、ちゃんと届くかどうか分からないという国がたくさんあります。そうした国の出身の人が、実際に今どうしているかというと、「ハワラ（Hawala）」といわれるような、イスラム流の特殊な送金システムを使ったりとかして、とにかく何らかの形で送っているわけですけれども、それでは駄目なわけですね。日本では控除は認めてもらえない。今後、そうした国々から来る人がさらに増えてくると思うので、これは結構大きな問題だと私は思っています。

　国税から冊子のQ&Aが出ていまして、私が今言ったような、「ジョイントアカウントは駄目」とか、「1人ひとりの口座でなければ駄目」とか、書いてあります。

酒井：「非居住者である親族について扶養控除の適用を受ける方へ」というリーフレットがあるんですね。

　成田さんも私も、子どもが海外に何年もいる。子どもに仕送りすると、この規定の適用はなかなか。

成田：そうなんです。私は送金に銀行口座を使っていますが、これは税の話から外れますけれど、銀行も国際的な取引に慣れていなくて、メガバンクでも送金するのにすごく時間がかかったり、手数料も高くて、本当に駄目だなと思いますね。

　なので、それ以外の送金方法、今やいろんなやり方が、FinTechなどが進んできているので、そういったものもちゃんと証拠が残れば控除を認めるという形にしてもらわないと、今後やっぱりワークしないのではないかと思います。

酒井：ちょっと今日の話からはズレてしまいますが、海外では、銀行口座を持っていない人にもブロックチェーンを利用して送金できるような技術が開発されています。こういう新しい技術も、こうした税務の手続の中で適正なものとして認められるべきではないでしょうか。

成田：まさにそうだと思います。私はブロックチェーンについては全く詳しくないのですけれども、これだけいろいろ技術が進んできていますから、

227

第**4**章 ▶▶▶ 対　談

ブロックチェーンによる送金もあり得ると思うのです。それでトレースできるのであれば、そうした新しいやり方も認めるべきではないか思います。

　それこそ、銀行口座からいちいち送金するよりも、アフリカなどですと、スマホのバンキングの方がよいかも知れません。

酒井：そうですね、ノーカントリー、ノーファミリー、ノーバンクの人たちに送金する方法の研究なども相当進んでいますね。

成田：進んでいるものですから、本当にスマホでの送金も控除として認める形にした方がいいのではないかと思います。

酒井：本当にそれこそ、宣教師は、昔はどんな山奥でも、ジャングルでも入っていったのと同じで、携帯会社は、どこでもアンテナを立ててつながるようにしているという時代ですからね。

成田：そうですよね。

酒井：この海外とのやりとりがより頻繁に増え、国境の壁が下がっていくという社会が到来する中で、日本の税金確保のために様々な水際作戦というのが行われています。

　例えば、これもご案内だと思いますが、いわゆる出国時に、不動産のキャピタルゲインを清算しないで行った場合、みなしでキャピタルゲイン課税をするという制度を入れてしまうとか、デリバティブ取引についても、決済したことにみなして課税するという仕組みを入れてしまうという話ですね。

成田：国外転出時課税ですね。

酒井：そうです。国外転出時課税ですね。これも相当インパクトが強いですよね。

●納税者の納税意識

酒井：先ほど少しお話しましたけれども、外国人納税者の租税リテラシーをどう保つのか、あるいは高めるかという問題はすごい難しいですよね。何て言うのでしょうか、日本の国民ですら難しいのに、外国人に税金を負担させていることについて、「私たち共通社会の、社会参画の構成員としての義務」と言ったって、「私はあなたの国の人間ではないですから」

と言われてしまう。

成田：そうですね。

酒井：もっと言えば、憲法30条には、「国民の納税義務」が書いてあるけれども、「私は国民ではないから、納税義務を負わないよ」と。

成田：納税義務はないね、という話ですね。

酒井：そういう話で、すごく難しくなりますよね。

成田：難しいですね。

酒井：みんなが意識を持って議論をしていかないと、アイデアも出てこないと思うんですよね。海外の不動産を持っている日本人でも、ハワイやアメリカなど計上漏れとか、しょっちゅうあるのですけれど。

成田：そうですね。実際、非常に多いと思います。例えば、私が応援を頼まれるケースというのは、外国人のエクスパットの人たち、すなわち大手の外資系企業で、本社から送り込まれてきている人とかが多いのです。そういう人たちは多くの場合、例えば本国の方で自宅を貸していて、そちらから不動産所得があるのに、それを申告していなかったりというのは結構ありますね。

その関係で1つ言うと、日本の税制に特徴的なものとして、非永住者という制度もありますね。

酒井：はい。居住者の中に非永住者という区分があります。

成田：居住者の中に非永住者がありますね。これは非常に特徴的だと思います。外国人は気を付けなければいけないし、それについて詳しく知らない日本の税理士の方も結構いらっしゃったりして、要注意だなというのを感じます。過去10年の間に……。

酒井：居所を有している。居所とは何かという問題もありますね。条文を確認しておきますと、所得税法2条《定義》1項3号が、「居住者」とは「国内に住所を有し、又は現在まで引き続いて1年以上居所を有する個人をいう。」とした上で、4号が「居住者のうち、日本の国籍を有しておらず、かつ、過去10年以内において国内に住所又は居所を有していた期間の合計が5年以下である個人」を「非永住者」としています。

成田：そうですね。あと、非永住者の特徴的な点は、非永住者である間は、国外源泉所得は日本に持ち込まれない限り、申告しなくていいというこ

229

第**4**章 ▶▶▶ 対　談

とです。

酒井：送金基準ですね。

成田：日本に送金したら、日本に持って来たら課税されますけれども、そうでない限りは課税されない。最初の5年間の非永住者である間は、それは申告しなくても問題はないのだけれども、それを過ぎてしまえば、もう完全に日本人と一緒で申告しなければいけない。

酒井：非永住者から、一般の居住者に時間とともに変わりますからね。

成田：そうですね。そのことに、本人は全然気付いていない。

酒井：税理士なんかも忘れてしまうかもしれませんね。去年までは居住者の非永住者だったけれども、今年からは純粋な居住者になったという場合には、課税対象が変わってしまいます。それまでは、国内源泉所得と送金基準だけだったのが、今度は全世界所得課税になってしまうわけです。

成田：そうですね。以前からずっと毎年その納税者を見ているという税理士の方でしたら、きちんと気付けるかもしれませんけれども、アドホックにいきなり依頼がきたような場合は、その考え方が抜けていたりすることもあり得るかな、という気がしますね。

酒井：なるほど。そうかもしれませんね。

　ところで、ちょっと話は変わりますが、例えば、東京都には『外国人労働者ハンドブック』というものがありまして、これはホームページ（東京都TOKYOはたらくネット）にも掲載されています（https://www.hataraku. metro.tokyo.jp/sodan/siryo/29eigoall.pdf〔2019年6月26日訪問〕）。

　右側が日本語、左側が全部英語で、非常に細かい点まで書いてあるんです。これは労働相談情報センターというところが出しているので、要するに、日本の法制度を知らないことによってトラブルが発生したり、生活習慣も、価値観も違うので、そういった相談が寄せられるので、こういうのに気を付けましょうね、というガイドブックなんですね。

　そういうものの、要するに税法版を作ってあげればいいのではないかと思うんですね。成田先生、外国人租税リテラシーの醸成のために、日本語と英語の見開きで解説するような本を作りましょう（笑）。

▶▶▶「外国人納税者の実際の状況」

●退職金と年金に係る源泉徴収の問題

酒井：さてお話を少し戻したいと思いますが、そのほかに実務の現場で気になることがありますでしょうか。例えば、先ほど少し触れた源泉徴収についてはいかがでしょうか。

成田：そうですね。源泉徴収の関係で、私も以前から感じていることがあるので、少しお話したいと思います。

　例えば、これはあるエクスパットの人が、日本に来て、日本の会社で仕事をして、退職した場合の退職金の課税の話です。退職金の課税関係は、その退職日時点で居住者か、非居住者かで変わってきますが、退職時に居住者であると普通の日本の優遇税制ですね。退職控除を引いた2分の1が課税対象になるんですけれども、退職時点で非居住者になっていると、20.42％の非居住者減税をされる。そうすると、差がものすごく大きいわけです。

　差が大きいので、それでは公平を失するということで、本国に帰ってから翌年確定申告で選択課税を申告して、居住者として扱ってもらって還付を受けるという制度がありますけれども、これもある意味、バカバカしいように感じるのです。結局、制度として、源泉徴収義務者が源泉徴収するのだけれども、その後で戻してあげるという話です。それだったら最初から取らなければいいではないか、と思うのです。それが1つですね。

　あと、もう1つが、これは社会保障とも絡みますけれども、日本の厚生年金には、脱退一時金という特殊な制度があります。外国人だけがもらえて、日本人はもらえない制度です。5年とか何年とか日本で働いて、その間厚生年金保険料を払っていた人が掛け捨てを防ぐ意味で、本国に帰ってからもらえるものですが、その代わり、社会保障協定が使えなくなるという形になります。そのときにやっぱり脱退一時金の給付について、20.42％源泉徴収されるのです。それも後で確定申告すると戻ってきます。

　これも、それだったら最初から源泉徴収をしなければいいのではないか、と思うのですね。今でもよく分からないのは、厚生年金の脱退一時

第4章 ▶▶▶ 対 談

金は20.42%源泉徴収されるけれども、国民年金の脱退一時金は源泉徴収しないのですね。その理屈も全く訳が分からなくて。このあたりも、前から感じている疑問なのです。

酒井：行き来が激しくなってくると、そういうのが相当増えるわけですね。今でも問題なのでしょうけれど。

成田：そうですね。さらにその関連で言うと、日本には納税管理人制度がありますね。

酒井：あります。

成田：これも独特な制度ですが、果たして必要なのかなという気はしています。例えばアメリカだと、納税管理人制度はないですから。日本に住んでいるアメリカ人も、直にIRSに、だいたい電子申告で行うわけです。電子申告ではなく紙ベースでも、IRSの中に海外からの申告を集中受付するセンターがありますので、そこに送ればいいだけなのです。けれども、日本はなぜか、とにかく外国人を信用していないのか、必ず納税管理人を立てろとなっています。この納税管理人というのも、私はよく分からない制度だと思っています。

　不勉強なのですけれど、税法上納税管理人の設置は義務と書いてあるのに罰則はないと聞いていますし、制度として中途半端に感じます。実際には、納税管理人を立てずに直に申告書を送っても、税務署としては、はねつけることはせずに受け取っているという話も聞きました。

酒井：そうですね。納税管理人はもちろん外国人だけではないですが、ただし、ちょっと、古いんでしょうね、制度の建て付けが。誰か信頼できる人を立てろ、みたいな。

成田：納税管理人もそうですし、さらに言えば源泉徴収制度もそうですけれど、何か納税者を信用していないな、という感じがしますね。

●外国人の相続税の問題

酒井：ええ。直接、納税者と当局が交渉しないような仕組みというのが、やっぱりいくつかあるんですよね。本日はここまで所得税の話が多かったのですけれど、外国人の相続税の問題もあると思うんですね。例えば日本に来ている外国人、居住者である外国人が死亡したり、あるいは日

本にいる居住者である外国人が相続人になるケース、両方あると思うんですが。仮にアメリカとの関係だけを見ると、アメリカって遺産課税ですよね。

成田：はい、遺産課税です。

酒井：いったんは、遺産、残された被相続人の遺産を処分して、そこから税金を引いた後に分

酒井克彦教授

配、遺産分配ということになるわけですが、それを今度、日本の居住者が相続財産として受け取ったりする場面とか、色々ちょっと面倒くさいことが起こりそうですね。日米の間は、相続税の取扱いは…。

成田：日米間だけには、相続税条約があります。

酒井：ありますけれど、外国人相続の複雑さというのは、いろいろと実務的にはありますよね。相続税二重課税防止条約の例としてOECDが示しているところですが、我が国の相続税法では、相続人の現在の住所と相続財産の所在国がそれぞれ異なることには関係がなく、相続人が、日本国籍を有する者で相続もしくは遺贈を開始するまでの一定期間以内に日本に住所を有していたか否かによって、日本での課税関係の有無が決定されることになるので、被相続人が日本国籍を有し、過去かかる期間内に日本に居住していたと認定されれば、第三国にある財産も含めて全世界所得課税がなされることになります。なお、資産の所在国が人ではなく、資産に着目して自国の相続税の課税権を主張する勘合、また、被相続人の居住国が、遺産税方式を採用している国である場合に、多重課税が生じることになる点などは既に指摘されてきたところです（例えば、松原有里「エステート・プランニング―相続・贈与税の国際課税をめぐる基本問題―」金子宏『租税法の基本問題』662頁（有斐閣2007）参照）。

成田：そうですね。複雑さというのとは少し違う話ですが、最近、日本の相続税で外国人絡みで変えたところがあります。それは何かというと、「一時居住被相続人」という概念を作ったのですね。日本に来て成功し財産を作ったとしても、短期間で本国に帰るような人も結構いるわけです。

第**4**章 ▶▶▶ 対　談

　そういう人たちも、以前は、被相続人が居住者だったら、全世界遺産課
税の対象となり、海外にある遺産にも日本から課税されてしまいました。

　実際にあったのが、アメリカの大手インベストメントバンクの若手マ
ネジャーが日本に来て2年目ぐらいに交通事故で亡くなってしまったの
です。財産はほとんどアメリカにあった。彼はアメリカ人なので、アメ
リカから全世界遺産課税。一方、日本の税法上では、日本の居住者とし
て、やはり全世界遺産課税。それで調整が入ったわけなのです。

　そうすると、やっぱりこれはひどいと。こういうのだと、安心して日
本でビジネスができないというので、ACCJ（在日米国商工会議所）辺
りにクレームが寄せられたのです。これを財務省、経産省、あるいは国
会議員にもだいぶロビイングして、実際に変わりましたね。

　それが何かというと、「一時居住被相続人」という概念なのです。「一
時居住被相続人」とは、相続開始の時に在留資格を有し、かつ、日本国
内に住所を有していた被相続人で、その相続の開始前15年以内に日本国
内に住所を有していた期間の合計が10年以下の人をいいます。そし
て、「一時居住被相続人」の場合は、日本にある財産だけに相続税がか
かるとしたのですね。これは、エクスパットの人たちにとっては、いい
ものだなと思いました。

　ただ、悪い面もちょっとあると思うのは、これは外国人にとってはい
い制度だと思いますが、逆に日本人にはそういう制度がないので、不公
平ではないのかと感じるところはありますね。

●国籍の問題

酒井：これは条文で言うと、相続税法1条の3《相続税の納税義務者》第
1項2号イという条文ですが、ここでは、日本国籍を有する個人と、日
本国籍を有しない個人に分けて、取扱いを異にしているのですね。はじ
めにお話したように、日本の税法では基本的に国籍ではなく、居住形態
の有無で居住者・非居住者を分ける仕組みを採っているのですが。

　ところが、この国籍になると、色々と問題があると思うんです。最近は、
テニスプレーヤーとか国会議員の国籍問題がマスコミを賑わしていまし
たけれど、国籍となると、結構難しいですよね。難しいというのは、日

234

▶▶▶「外国人納税者の実際の状況」

本の場合は、原則二重国籍を認めないという態度を示しているわけです
よね。そうすると、そのどちらかを選ばなければならないわけです。何
歳でしたっけ。

成田：22歳ですね。

酒井：22歳になるまでに国籍を選択しなきゃいけないと。一応そうなっ
ていますけれど、選択しない方もいますでしょ。

成田：ええ、います。正直言って、日本に住んでいる人でもそうですけれ
ど、特に海外に住んでいる人、例えばアメリカに住んでいる人では、逆
に選ばない人の方が多いと思います。ですから、実質的に二重国籍のま
まという人は非常に多いと思いますね。

酒井：そうすると、意思によらない客観的な基準を採用するという意味で
国籍が立法上用いられていることは承知しているところではあります
が、その国籍を有するか、有しないかでルールを作ってしまうと、有し
ていればもう全部、形式的に有するものとして扱われるということです
よね。

成田：そうですね。だから、相続のケースも扱ったことがあるのですが、
アメリカと日本の二重国籍という方がいて、日本の弁護士と日本の税理
士の方に相談した上で処理したのですけれど、結論としてやっぱり保守
的に処理したというか、両方の国籍があって有効で、両国から全世界遺
産課税という前提で組み立て、外国税額控除は取り合う、という形で申
告したということがありました。

　まさにおっしゃるように、日本は二重国籍を認めていないですが、認
める国は、特に欧米ではたくさんあります。例えばアメリカでも、国務
省は「望ましくない」という言い方をしながら、実際には認めています
から。その場合、結構面倒なことが出てくるなというふうに思いますね。

酒井：そうでしょうね。所得税法施行令14条《国内に住所を有する者と
推定する場合》のように、居住者・非居住者判定の中に国籍を使ってい
るところがありますね。その2号には「その者が日本の国籍を有し、か
つ、その者が国内において生計を一にする配偶者その他の親族を有する
こと」と、こういう事実を使って国内に有することと推定するという推
定規定が入っていますが、そうすると二重国籍の場合は、これは有する

235

第**4**章 ▶▶▶ 対　談

ということに含まざるを得ないと。

成田：私の友人・知人の中には、二重国籍の人がいることもあって、ある意味、人道的な問題として認めてほしいなと思いますね。私の友人でも、住んでいて国籍をもらったという人もいますし、働いていてもらったという人もいます。気の毒なのは、父親と母親の国籍が違う場合に、どちらかを選べ、といった話が出てくる。これは本当に残酷な話だと思います。

酒井：アメリカの場合は、国籍だと全世界所得課税ですが、実は、我が国の研究者でもアメリカのような国籍基準を設けた方がいいという意見があるんです。

成田：そうなんですか。

酒井：なぜ外国人のために日本人が情報を提供しなければいけないのか。FATCAの話なんかもそうなのですが、外国の納税者のために日本人がなぜ法定調書を作ったり、情報提供をしなければいけないのか。なぜその義務を負うのかと。これって、よく考えると深い問題がありますよね。

　国民であるからには、他の納税者の確定申告の情報を提供することも納税者の義務と言うのだと、ぎりぎりそこまでをつなげて言えるかもしれませんが、外国の納税者のために日本の納税者がなぜ義務を課されるのかということは、本当はすごく重要な問題です。

　そうすると、今後、更にボーダレス社会が進んできたときに、そういった何か、国籍で分けるみたいなことがより一層難しくなってくるのではないかという気がしていますね。

成田：なるほど。

酒井：もうお互いにレシプロで情報を取れるような仕組みがないと、課税の公平は維持できないのではないかなという気がしますね。

　最近は、すごく租税回避が話題になっていて、GAFAばっかりが注目されますけれど、もう少し平場で見たときに、私たちの納税環境が外国人の流入があっても、盤石なものとなるように、専門家はそういう面でもこの点の議論をしっかりとしていかなければいけないのではないかなというように思いますね。

▶▶▶「外国人納税者の実際の状況」

●在留資格・国籍に係る取扱いと租税法への影響

酒井：あと、入管法改正の影響というのはどうでしょうか。

成田：私が個人的に関心を持っているところをお話すると、例えば、国外転出時課税です。その場合の条件として、国外転出日前10年以内において、国内在住期間が5年を超えていることとあります。その国内在住期間の判定に当たって、在留資格を有する人の場合は国内在住期間に入れない、という規定が入っているんですね。私は、これはユニークだなと思いまして。

在留資格は法務省が決めていますので、それによって課税の扱いというのが変わってくるというところが、私には非常にユニークに思えます。ただ、それでいいのかというところが、頭の中でまだ整理できていないのですけれども。

酒井：おっしゃるとおりですね。それは法務省の管轄ですよね。法務省が決めたことで国税庁の税の取扱いが変わってくるという。

成田：そうですね。そういうパターンは、今まではなかったような気がするので、それが非常に面白いと。

酒井：さっきの国籍の話もそうですよね。

成田：国籍もまさにそうですね。国籍も法務省ですね。

酒井：そうですね。国籍について法務省がどう認定するかということに、実は大きく課税の扱いが影響を受けてしまうと。

成田：それが一番不都合ですね。

酒井：この問題と、たぶん同根ですね。

成田：そうですね。

酒井：この問題については以前、原稿に書いたことがあるのですが、私が考えたのは、国籍のはく奪の問題なんです。まず誰が、いかなる条件に基づいてその国の国籍を取得して、いかなる条件に基づいてその国の国籍を喪失するかというのは、これは各国の裁量だと理解される。これは、国際法の原則ですね。

成田：はい。

酒井：その原則は、常設国際司法裁判所の「チュニス及びモロッコ国籍法

237

第4章 ▶▶▶ 対　談

事件に関する勧告的意見」というのがあります。勧告書の意見がありまして、そこの付随的意見にこういうふうに書いてあるんです。ある事項が専ら国内管轄事項か、またはそうでないかの問題は、本質的に相対的なものであり、それは国際関係の発達にかかっている。そこで、本裁判所の意見によれば、国際法の現状において国籍問題は、原則として国内管轄に留保された領域に属すると。すなわち、国籍の問題は国内管轄の問題なのだということで、「国籍法の抵触についてのある種の問題に関する条約」というのがあって、そこの1条には、何人が自国民であるかを自国の法によって決定することは各国の権限に属すると。明確にこううたっているわけですね。すなわち、原則として、国籍に関する問題は国内法によって整理されるのだと。

　ところが、日本の国籍法11条には、「国籍の喪失」という規定があって、その1項に、「日本国民は、自己の志望によって外国の国籍を取得したときは、日本の国籍を失う。」とあります。先ほどの話につながりますが、こうなっていて、2項では、「外国の国籍を有する日本国民は、その外国の法令によりその国の国籍を選択したときは、日本の国籍を失う。」と、こうなっている。

　また、国籍法14条《国籍の選択》では、「外国の国籍を有する日本国民は、外国及び日本の国籍を有することとなった時が二十歳に達する以前であるときは二十二歳に達するまでに、その時が二十歳に達した後であるときはその時から二年以内に、いずれかの国籍を選択しなければならない。」というふうになっていて、これは、まさにテニスプレーヤーの大坂なおみさんの問題なのですが。

　そのときに、国籍法15条によりますと、「法務大臣は、外国の国籍を有する日本国民で前条第1項に定める期限内に日本の国籍の選択をしないものに対して、書面により、国籍の選択をすべきことを催告することができる。」とあります。さらに、その項では、「催告を受けた者は、催告を受けた日から1月以内に日本の国籍の選択をしなければ、その期間が経過した時に日本の国籍を失う。」となっていて、要するに、法務大臣が国籍選択の催告をするか、しないかで、その人の国籍が失われるか、失われないかという大きな問題があるのですね。

238

▶▶▶「外国人納税者の実際の状況」

　そうすると、法務大臣の裁量権次第で、ある人は国籍を失ったり、ある人は国籍を維持したりするという問題がある。それが直接、所得税法による居住者・非居住者判定に影響するということを考えると、先ほどの先生のご疑問と同じように、法務大臣の裁量次第で、税法の取扱いが左右されてしまうことになってしまうわけで、これはちょっとどうなのかなという問題は感じられますよね。

成田：そうですよね。まさに今の催告のお話で言うと、実際この法務大臣による催告というのは、ほとんど行われていないと聞いています。それはある意味、日本的だなと思いますけれども。その催告をしていないので、結局、アメリカやヨーロッパでも、二重国籍の日本人がいて、そのままになっているようです。

　二重国籍かどうかというのは、現地の日本の公館、すなわち大使館や領事館で分かる場面はあると思うのですね。でも、そこで、この人二重国籍だな、とうすうす分かっていても、特に何かアクションを起こしてはいないのだろうという気がします。

酒井：道具はあるけれども、それを使っていない。

成田：使っていないというのが現状なのかなと私は理解しています。ただ、そういう状態が、果たしていいのかという問題はありますよね。本来だったら、もっときちんと催告すべきなのか、あるいは、そもそも催告権があること自体がおかしいとするのか、しっかりと議論して決めるべきだという気がします。

酒井：そうですね。先ほどおっしゃったように、これはいわゆる人権の問題にも関わるので、慎重な態度を取るというのが、もちろん背後にあるのだとは思いますけれどもね。外国人がいっぱい入国してきて混乱するのは、何も旅館の銭湯の使い方だけや、トイレに行って、お尻を拭いた紙をごみ箱に捨てて流さないとか。税法の話からは

239

第**4**章 ▶▶▶ 対　談

少し外れちゃうかもしれませんけれど、私たちは、実は多民族国家には育っていないので、他人に対する許容度というか、トレーニングができていない。

成田：本当にそうですね。

酒井：みんな同じような人だから、言わなくとも分かるよね、表情で分かるよね、というすごい楽なところで生きてきたわけですよね。ですが、言わずもがなで、そんなの分かるでしょ、みたいなのが今後通用しなくなるじゃないですか。

　そうすると、国税庁が行っている処理って、圧倒的に通達行政だったり、あるいは、指導行政だったりするわけですよね。そうすると、外国人がたくさん入国してきて、権利意識が高まってくると、今後はそういうことが通用しなくなる。アメリカみたいに何でも訴訟になってしまうような世界がどんどん接近してくるというのがありますよね。

　そうすると、国税の行政手法も、変わっていかざるを得ないように思います。これまで当局は非常に強い存在でしたから、当局が何か言うと、日本の業界団体はすぐにその意向に沿うじゃないですか。合わせてくれるんですけれど、そういう行政ってもうできなくなりますよね。

成田：そう思いますね。

●外国人との契約での留意点

酒井：今後は行政手法も、もっともっとしっかりと、権利なのか、義務なのかということを正確にやるような、デュープロセスをしっかりしなければいけないことになるでしょうね。経済全体が、契約書（約因：Concideration）にどう書いてあるかによって動いていく、アメリカ的な仕組みになっていくと、やっぱり行政もそれ相応に対応していかざるを得ないわけです。

　例えば、日本の場合は、前もって料金とか明示していなくても、仕事の後で、「このようになりました」と言って請求書を送れば払ってくれると思います。文句はあまり言われない。収益や費用の計上金額もある程度のバッファはあった。ただ、アメリカ人とか欧米人であれば、そうはいかないですよね。

240

成田：そうですね。まさにおっしゃるとおりです。日本では、どうも一般的にお金のことを話すと、野暮というか汚いみたいなところがあって、事前に値段を取り決めずに仕事を進める、というのが結構多いですね。

その点、アメリカ人に限らず外国人は、日本人よりははっきりしていますから、「値段はいくらですか」とはっきり聞いてきます。私の経験で言うと、よくあるのは、「私の申告は簡単ですから、安くやってください」みたいなことを言っていたのにもかかわらず、ふたを開けてみると、色々面倒なことが出てくるというケースですね。そのぐらいのことは当たり前だと思って、仕事に取り組まないといけないのかなという気がしますね。

酒井：特に、日本の税理士の場合は、結構業界の締め付けが強くて、独占禁止法の規制だと思いますが、報酬限度というものがなくなったのです。昔は一応あったので、納税者もある程度見当が付いたと思うのですが。今はあまりそういうのもなくなってしまって、むしろ逆に分かりづらくなっていますね。それでは外国人クライアントには通用しないという気がしますよね。

成田：そうですね。

酒井：あとは最近でこそ日本でも、「税賠」なんていうことが話題になりまして、ご案内だと思いますけれど。税理士がクライアントから訴えられるケースも、それほど珍しい話ではなくなってきた。ところが、やっぱりその辺りもまだまだ緩いと思うのですよね。契約の取り交わしなんかも雑でしょうし。

成田：そうですね。その点、外国人と仕事をするときには、お金のことはやはりはっきりする必要があると思いますね。あと、外国人に関して言うと、日本人と違うなと思うのは、例えば、約束した時間にちゃんと来るとか、資料を揃えておくとか、そういうのを日本人はきちんとやるけれども、外国人は駄目ですね。

外国人のエグゼクティブでも、仕事はしっかりやるのかもしれないけれど、自分のことになるとすごくいい加減だったりするのですね。いつまでたっても資料を提出してこないとか。

もらっている所得からすると、仕事は相当できるのでしょうけれど、自分の申告に関しては全然駄目みたいな人はいますね。

第**4**章 ▶▶▶ 対　談

　　あと、外国の方の中には、もう資料自体もぐちゃぐちゃで、丸まって
　いたり少し破れていたりして、どうやったらこんなに汚くなるの、みた
　いなものを送りつけてきたりします。

酒井：個人差はあるでしょうけど、日本人とは違うところですね。

成田：ええ。普通の税理士の方は、最初すごく違和感があると思いますね、
　そういったところは。

酒井：権利意識というのは、そんなに変わらないですか。これだけのこと
　を頼んで金も払っているのだからという、クライアントとしての要求の
　程度ですね。「私の期待どおりに税金を安くしてくれない」とか、そう
　いうことを言われたりすることもあるのでしょうか。

成田：そういうことをはっきり言う人がいたりもします。みんながみんな
　そうだとは言わないですが。いわば、税金を安くするのがおまえの仕事
　だろうと。なかには、分かっていて言ってくる人もいます。エグゼクティ
　ブの人でも、例えば、申告の結果、納付になったとしますね。そうする
　と、「還付じゃないのか？」。「おまえにフィーを払っているのに、何で
　納付になるんだ」みたいな。「いや、私が納付にしたんじゃない。税法
　が納付にしたんですよ」と、あらためて説明したりします（笑）。

　　そういうことを平気で言ってくるメンタリティーがあったりします
　ね。これは途上国の人だけでなくて、欧米など先進国の人でもですね。

●アメリカの税務調査

酒井：先生は、IRSの税務調査に立ち会ったりすることもあるのですか。

成田：数は少ないですけれど、立ち会ったことはあります。

酒井：日本にいる外国人に対して、IRSが調査に来るなんていうことはあ
　り得るのでしょうか。

成田：私が経験したのは、以前、東京の米国大使館内に、IRSの出先があっ
　た時です。今はありませんが。

酒井：なくなってからどれくらいたちますかね。もうずいぶん…。

成田：もう10年ぐらいたちますね。IRSの事務所があった時は、彼らは
　調査をやるとすれば、大法人のものが多かったでしょうけれど、たまに
　個人のものも、ピックアップしてやっていたんです。たまたま、私のク

242

ライアントがピックアップされてしまって。彼らが納税者のところに来ることはなくて、呼び出されて、大使館の中で対応したのですけれどね。

酒井：そうすると、今でも、これから外国人、アメリカ人がいっぱい増えたりしたときにクライアントを持っている人のところにIRSから何かアクセスが来るということは、実地調査はないとしても、文書照会みたいなことはあり得ますか？

成田：文書はいくらでもあります。日本で言うと、いわゆる「お尋ね」みたいなものですね。それはあると思いますし、追加の資料を出してくれというのは、現にあります。

酒井：そうですか。あとは、大使館に来てくださいみたいなこともあり得ますか。今はもう、IRSの出先がなくなったということですが。

成田：今は、考えにくいと思います。ただ、聞いた話ですけれども、ある大手の日本のメーカーさんのところに、今度IRSが調査に来るという通知が来たので対応しなければいけないということを耳にしたことがあります。割と最近なのですけれども。

酒井：サモンズ（summons）みたいな話なんですか。

成田：サモンズではないようです。そういう話を聞いたことがあるので、どういうことなのかなという気はします。

　あと、私の以前のクライアントで、中小企業ですけれども、米国子会社がソーシャル・セキュリティー・タックスと、メディケア・タックス、日本で言う社会保険ですが、その会社負担分を払っていないということで、それに関する調査が、大した金額ではないのですけれども、それでIRSが来たというお客さんがいました。

　それは、私がそこの顧問になる前の話だったのですけれど、日本の税理士さんは逃げ回っちゃって（苦笑）。最終的に、そのクライアントは言われるままに払ったということでした。ただ、それはだいぶ昔の話であって、今ではさすがにそういった、国家主権を侵して来るようなことは基本的にないと思います。

　ただ言えるのは、アメリカはいざとなると、怒るとやるのですよね。税ではないですが、一番いい例がビン・ラディン暗殺のケースですね。パキスタンの主権を無視して、海軍の特殊部隊が乗り込んでいって暗殺

243

第**4**章 ▶▶▶ 対　談

する。それを受けて、オバマ大統領が、これで世界はより平和になった
と演説しました。そういう国ですから、いざとなると彼らはやりますか
らね。

　また、日本では話題にならなかったと思いますけれど、アメリカにオ
ンライン・ギャンブリングを運営していた若い起業家がいて、それで大
もうけしたにもかかわらず、全然申告していなかったんですね。彼は、
中南米の国に逃げたのですが、よせばいいのに、現地の新聞の取材に答
えて、「捕まえられるなら捕まえてみろ」、みたいなことを言ったのです。
そうしたら、DOJ（United States Department of Justice：アメリカ司
法省）の税務執行部門とIRSの犯罪捜査部門との共同部隊が、その国に
乗り込んで連れて行ったということがあります。

　それは主権侵害だと思うのですけれど、でも、アメリカは怒るとそう
いうことをやる国という気はしますね。ちょっと日本では考えられない
ですが。

　そこまではいかないですが、例えば、FATCAでも、形式上は銀行と
IRSとの私法上の契約関係ということになっていますが、実質的には国
家による強制のようなものだと思いますし。だから、アメリカにはそう
いう怖いところがあるなと思いますね。

●今後、税理士に求められる役割

酒井：これから、税理士の業務というのは、国民納税者の権利を守るとい
　　うところから、外国人納税者の権利を守るようなことも税理士の仕事に
　　なってくるわけで。

成田：なってきますね。

酒井：これからは、日本人だけを見ていればいいというわけにもいかなく
　　なる。そこで、最初の話に戻りますと、入管法改正で、こういった外国
　　人が増えると同時に、今度は、入管法という正式ルートではない不法滞
　　在者もたくさんいて、これは別に、入管法を改正するか、改正しないか
　　とは別に、不法滞在者も増加の一途をたどるわけですね。

　　でも、本当に多くの不法滞在者を抱えることが当たり前になってきて
　　も、税の中立性というのは不思議なもので、違法であろうが、所得は所

▶▶▶ 「外国人納税者の実際の状況」

得だと。不法滞在者だろうが、確定申告義務や、源泉徴収義務は負うことになってきますから、そうすると、税理士も大変ですよ。

不法滞在者であることを知りつつ、その人の確定申告業務なり、あるいは、その人から源泉徴収をしなければいけないという問題と、国民の社会正義としての告発というものとの折り合いをどう整理するのか。要するに、税理士にはある種の守秘義務というのがあるので、その守秘義務との抵触問題が発生してくると思いますね。

これは公務員も同じで、もちろん守秘義務があり、他方で告発義務がある。この抵触問題をどうするのかというのは、以前から議論されていますけれども、一般の社会ではそれほど議論がされていないので、この辺りの問題も色々出てくるのではないかと思います。

「うちの会社は不法滞在者を使って働かせているんです」とか、そういう内部告発みたいなものの問題だとかもあります。

今や税理士は、税金のことだけではなくて、社会保険のやり方も知っていれば労働法のことも知っているので、何でも屋みたいになっていますけれど、今後も、税理士さんが色々と勉強しなきゃいけないことが増えてくるのだろうなと、そんな予感がありますね。

成田：まさにおっしゃるとおりで、個人的に感じるのは、今後、外国人が増えてくると、税のことは大事なのですけれども、それ以外の社会保険で、外国人には特殊な脱退一時金というものがあるとか、社会保障の協定があるという話もあるし、あと、労働法との関係でも、外国人労働者をどのように扱うべきかとか、在留資格の話などもありますね。

酒井：国籍法だとか、在留資格についても。

成田：そういうところですね。そういったことについて、もちろん、その道の専門家と同じレベルの知識は必要ないですし、それは無理でしょうけれども。でも、ある程度のことは知っておいた上で、トータルでどういったアドバイスをしたらいいのかというのは、やっぱり税理士にかかってくると思うんですね。

酒井：そうですね。やっぱり、リスクヘッジでもありますから、ある程度を知っておかないと、もしかしたら雇っている従業員が、マネロンに関わるような問題、例えば、アル＝カーイダについては、税理士会なども

245 ◀

第**4**章 ▶▶▶ 対　談

検討しているようですが、テロリスト問題に関わる可能性も、これから
はいくらでもあるわけですよね。ですから、専門家としては、そういう
意味では、広い知識、深くなくてもいいかもしれませんが、ある程度の
広い知識が求められるのでしょうね。

成田：そうですね。それで1つ思い出したことがあります。最近、ある行
政書士の方とお話して、なるほどと思ったのですが、今、外国人が増え
てきているということで、経営管理ビザというのを欲しがる人が結構増
えてきているのですね。経営管理ビザというのは、日本で会社を経営で
きるというビザですけれども。

　経営管理ビザは、最初に取るのにもハードルがありますが、とりあえ
ず取ったとしても、最初から何年も長いビザは下りないそうです。最初
は1年1年更新して、その次が3年みたいな。その更新する場合の条件
として、会社が安定していなければいけないということで、恒常的に赤
字ではまずいようです。税理士がそれを知らないと、税金を払わないよ
うにするために赤字で申告してしまう。税理士本人はよかれと思ってそ
うすると、クライアントである外国人は経営管理ビザを更新できず、日
本にいられなくなってしまうのです。

酒井：もしかしたら、それこそ訴えられる可能性がありますね。

成田：専門家のリスクとして、そういう事例が実際にあるということですね。

酒井：あと、外国人の場合、銀行との付き合い方とか、保険業界との付き
合い方とか、そういうものも勉強しておかないといけないでしょうね。

成田：そうですね。来日したばかりの外国人のニーズが高いのは、税のこ
ともあるのですけれども、いわゆる住むところ、例えば、いわゆる保証
人の問題というのがありますね。あとは銀行口座を開くのにすごく苦労
するという話や、携帯電話の契約も大変だという話を聞きますね。それ
をサポートする、専門の業者はいるそうですが。

酒井：そういうのを一手にワンストップでやれる業者…。

成田：やっている業者はあるみたいですね。リロケーション関係の会社な
どですね。

　昔からあることはあるのですが。エクスパットの外国人向けにそう
いったものがあります。しかし、今や、日本に来る外国人の数がすごく

▶▶▶「外国人納税者の実際の状況」

増えているので、もっとマスのマーケットとしても、ニーズはあるのではないかと思いますね。

酒井：なるほどね。あとは、役所のワンストップ性もないので、そこら辺も求められるのでしょうね。

成田：そうですね。役所で思い出すのは、私が聞くところでは、国や地方公共団体などの公的機関が、ワンストップをうたった対日進出サービスセンターを作っています。でも、一口に言うと評判が悪いですね。全然役に立たないという。

酒井：そうなんですか。

成田：まったく現実的な提案をしてくれないとか、そもそも、外国人向けに出てくる専門家がほとんど英語が話せないとか。私が聞いたところでは散々な評判でした。

　行政がやると無料なのですけれども、使いものにならないから、リーズナブルな値段でやってくれる専門家を探しています、といった話はよく聞きますね。

酒井：そうなんですね。なかなか難しいところがありますね。

　さて、そろそろ時間もなくなってきましたが、成田先生から大変興味深いお話を色々とお伺いさせていただきとても参考になりました。本日は、お忙しい中、誠にありがとうございました。

成田：いいえ。こちらこそ、ありがとうございました。

あとがき

　我が国に外国人が流入することで得られる経済的メリットは計り知れないのではないかと思う。高い知識を有する外国人が我が国に来て、日本人と切磋琢磨することができれば、生産性の向上につながることは間違いがないのではなかろうか。

　また、ダイバーシティ（多様性）を本当の意味で日本人が理解するには、やはり広い視野が必要なのであって、多くの外国籍の人々の存在に触れることはその点からも有益であるといえよう。

　世界を見渡すと、外国人であっても、フロントランナーである企業のトップで活躍をしている例が少なくない。

　一例を挙げれば、元ソフトバンク代表取締役副社長兼元ヤフー取締役会長のニケシュ・アローラ（Nikesh Arora）、グーグルのCEOのサンダー・ピチャイ（Sundar Pichai）、マイクロソフトのCEOのサティア・ナデラ（Satya Nadella）、アドビシステムズの会長、社長兼CEOのシャンタヌ・ナラヤン（Shantanu Narayen）、マスターカードCEOのアジャイ・バンガ（Ajay Banga）、元ペプシコ会長のインドラ・ヌーイ（Indra Nooyi）、元ドイツ銀行共同頭取兼CEOのアンシュー・ジェイン（Anshu Jain）、ノキアのCEOのラジーブ・スリ（Rajeev Suri）はみなインド出身のインド人である。

　入管法改正によって、今後、多くの外国人が我が国に流入することで、鎖国的発想しかできない日本人の目を開かせることになるのではなかろうか。

　本書は、今回の入管法改正の影響の全てを取り扱うものでは決してなく、ごくごく一部の租税に関する影響を検討したものにすぎない。しかしながら、本書を手に取った読者は、おそらく意識をもって今後の外国人との付き合い方を考えるであろうし、外国人と協調しながら

経済活動を行うことに前向きである者が多いであろう。

　少なくとも、租税制度や租税行政がその開国の足取りに水を差すようなことがあってはならないと思うところである。

　令和元年7月

　　　　　　　　　　　　　　　　　　　酒井　克彦

著者紹介

◆編著者

酒井　克彦（さかい・かつひこ）

中央大学商学部教授（中央大学ロースクール兼担）、博士（法学）、（一社）アコード租税総合研究所所長、（一社）ファルクラム代表理事

執筆：序章、第2章4、第4章対談

[主な著書]

『レクチャー租税法解釈入門』（弘文堂2015）、『租税正義と国税通則法総則』〔共著〕（信山社2018）、『通達のチェックポイント－所得税裁判事例精選20－』（第一法規2018）、『同－法人税裁判事例精選20－』（第一法規2017）、『アクセス税務通達の読み方』（第一法規2016）、『プログレッシブ税務会計論Ⅰ〔第2版〕』『同Ⅱ〔第2版〕』（中央経済社2018）、『同Ⅲ』（中央経済社2019）、『裁判例からみる法人税法〔2訂版〕』（大蔵財務協会2017）、『裁判例からみる所得税法』（大蔵財務協会2016）、『ステップアップ租税法と私法』（財経詳報社2019）、『クローズアップ課税要件事実論〔第4版改訂増補版〕』（財経詳報社2017）、『クローズアップ保険税務』（財経詳報社2017）、『クローズアップ租税行政法〔第2版〕』（財経詳報社2016）、『スタートアップ租税法〔第3版〕』（財経詳報社2015）、『「正当な理由」をめぐる認定判断と税務解釈』（清文社2015）、『キャッチアップ改正相続法の税務』（ぎょうせい2019）、『キャッチアップ仮想通貨の最新税務』（ぎょうせい2019）、『新しい加算税の実務～税務調査と資料情報への対応』（ぎょうせい2016）、『附帯税の理論と実務』（ぎょうせい2010）、ほか多数。

◆著　者（執筆順）

内海　英博（うつみ・ひでひろ）

弁護士/ニューヨーク州弁護士/公認会計士/米国公認会計士、TMI総合法律事務所パートナー、早稲田大学大学院法学研究科非常勤講師（企業税法）、（一社）アコード租税総合研究所研究顧問

執筆：第1章1・2

[主な著書・論文]

「インド・インドネシアの税務トラブルの最近の傾向」（日本機械輸出組合2016）、「貿易・輸出管理における弁護士の果たす責務」〔共著〕貿易と税関63巻11号（2015）、『税理士が知っておきたい税務争訟・税賠対応50のポイント』〔共著〕（大蔵財務協会2014）、『最新式　英文併記M&A頻出用語辞典～M&Aに関わるすべての実務家のために～』〔共著〕（大蔵財務協会2010）、ほか多数。

白井　紀充（しらい・のりみつ）

弁護士、TMI総合法律事務所

執筆：第1章1・2

[主な著書・論文]

『インドにおけるスタートアップ投資』〔共著〕（MUFG Global Business Insight Asia & Oceania2019）、『企業のためのサイバーセキュリティの法律実務』〔共著〕（商事法務2016）、ほか多数。

秋山　高善（あきやま　たかよし）

共栄大学国際経営学部教授・税理士、（一社）アコード租税総合研究所上席主任研究員

執筆：第1章3

[主な著書]

『キャッチアップ仮想通貨の最新税務』〔共著〕（ぎょうせい2019）、『テキスト法人税法入門』〔共著〕（成文堂2017）、『Q&A国境を越える電子商取引等に関する消費税の実務』〔藤曲武美監修〕（日本加除出版2015）、ほか多数。

赤塚　孝江（あかつか・たかえ）

公認会計士・税理士、日本公認会計士協会・国際租税専門委員会　委員長、国際租税協会（IFA）会員、（一社）ファルクラム租税法研究会研究員

執筆：第2章1

[主な論文]

「BEPS最終報告書後の国際税務の動き①－BEPS最終報告書と実施フェーズの進捗状況」会計監査ジャーナル30巻10号（2018）、「同②－恒久的施設の定義・多国間協定の開発」会計監査ジャーナル30巻11号（2018）、「同③－移転価格税制と価値創造の一致、デジタル経済への対応」会計監査ジャーナル30巻12号（2018）、「外国子会社合算税制による合算義務の判断と、合算課税後の配当に係る二重課税の排除」月刊国際税務2018年5月号、「BEPSと恒久的施設課税①－恒久的施設の定義とBEPS最終報告」会計監査ジャーナル29巻10号（2017）、「同②－AOA帰属主義に基づく外国法人課税」会計監査ジャーナル29巻11号（2017）、「同③－AOA帰属主義の下での外国税額控除と移転価格税制の適用」会計監査ジャーナル29巻12号（2017）、ほか多数。

泉　絢也（いずみ・じゅんや）

千葉商科大学商経学部講師、博士（会計学）、（一社）アコード租税総合研究所研究顧問

執筆：第2章2

[主な著書・論文]

『キャッチアップ改正相続法の税務』〔共著〕（ぎょうせい2019）、『キャッチアップ仮想通貨の最新税務』〔共著〕（ぎょうせい2019）、『仮想通貨はこう変わる!! 暗号資産の法律・税務・会計』〔共著〕（ぎょうせい2019）、「仮想通貨（暗号通貨、暗号資産）の譲渡によ

る所得の譲渡所得該当性―アメリカ連邦所得税におけるキャピタルゲイン及び為替差損益の取扱いを手掛かりとして―」税法学581号（2019）、「テクノロジー（暗号通貨・ブロックチェーン・人工知能）の税務行政への活用―VAT通脱対策とVATCoin構想―」千葉商大論叢56巻3号（2019）、ほか多数。

酒井　春花（さかい・はるか）
（公社）日本租税研究協会・IFA日本支部事務局研究員、明治大学助手、拓殖大学講師（非常勤）、（一社）アコード租税総合研究所会員

執筆：第2章3

[主な著書・論文]
『キャッチアップ改正相続法の税務』〔共著〕（ぎょうせい2019）、『キャッチアップ仮想通貨の最新税務』〔共著〕（ぎょうせい2019）、『OECDモデル租税条約〔2017年版〕』〔共著〕（日本租税研究協会2019）、「我が国における国外転出時課税制度の創設―国外転出時課税制度における基礎理論―」経営学研究論集47号（2017）、「非居住者による土地等売買における源泉徴収制度―東京地裁平成23年度判決を契機とする国際課税の一検討―」経営学研究論集50号（2019）、「米国における出国税規定の歴史的変遷とわが国の国外転出時課税制度」税務事例50巻2号（2018）、「仮想通貨に対する所得税法60条の2 国外転出時課税制度の適用可能性」税務事例51巻1号（2019）、ほか多数。

川田　　剛（かわだ・ごう）
大原大学院大学客員教授、税理士、（一社）アコード租税総合研究所研究顧問

執筆：第3章1

[主な著書・論文]
『税理士・会計士のための基礎からよくわかる国際課税』（ぎょうせい2015）、『国際課税の基礎知識〔10訂版〕』（税務経理協会2017）、『Q&A海外勤務者に係る税務〔第3版〕』（税務経理協会2017）、『租税法入門〔第15版〕』（大蔵財務協会2019）、『基礎から身につく国税通則法〔令和元年度版〕』（大蔵財務協会2019）、『中国進出企業のための移転価格税制ハンドブック』（同文館出版2015）、『Q&Aタックス・ヘイブン対策税制のポイント』（財経詳報社2012）、ほか多数。

多賀谷　博康（たがや　ひろやす）
税理士・米国公認会計士（inactive）、あがたグローバル税理士法人東京事務所長社員税理士、あがたグローバルコンサルティング株式会社取締役、（一社）ファルクラム租税法研究会研究員、（一社）アコード租税総合研究所会員

執筆：第3章2

[主な著書]
『通達のチェックポイント―所得税裁判事例精選20―』〔共著〕（第一法規2018）、『同―法人税裁判事例精選20―』〔共著〕（第一法規2017）、『グループ経営をはじめよう〔第4

版〕』〔共著〕（税務経理協会2018）、「不動産流動化実務指針が法人税22条4項にいう公正処理基準には当たらないとされた事例」税務事例50巻12号（2018）、「法人税法132条の2の適用要件とその射程範囲−ヤフー事件最高裁判決を素材にして−」アコードタックスレビュー第9=10号（2018）、ほか多数。

成田　元男（なりた・もとお）
米国税理士、青山学院大学大学院講師（非常勤）、（一社）ファルクラム租税法研究会会員
執筆：第4章
[主な著書・論文]
『法的紛争処理の税務』〔共著〕（民事法研究会2016）、『財政学』〔共著〕（税務経理協会2005）、「公益財産寄附税制−その寄附控除要件の日米比較」〔共著〕青山ロージャーナル8巻1号（2019）、「コンプライアンス＋α（アルファ）の外国人雇用」KINZAI Financial Plan（2018）、ほか多数。

改正入管法対応
キャッチアップ　外国人労働者の税務

令和元年 9 月 20 日　第 1 刷発行

編　著　酒井　克彦

発　行　株式会社 ぎょうせい

〒136-8575　東京都江東区新木場 1 - 18 - 11
電話　編集　03-6892-6508
　　　営業　03-6892-6666
フリーコール　0120-953-431

〈検印省略〉

URL：https://gyosei.jp

印刷　ぎょうせいデジタル㈱　　　　　©2019 Printed in Japan
※乱丁・落丁本はお取り替えいたします。
ISBN978-4-324-10657-0
(5108526-00-000)
〔略号：キャッチ外国人税務〕